本书得到教育部人文社会科学研究项目"后马克思主义符号消费的意识形态批判研究"（项目编号：16YJA710010）资助

Criticism of Symbolic Idealism

符号唯心主义批判

李军学 ○ 著

中国社会科学出版社

图书在版编目（CIP）数据

符号唯心主义批判/李军学著.—北京：中国社会科学出版社，2021.10
ISBN 978-7-5203-9193-1

Ⅰ.①符… Ⅱ.①李… Ⅲ.①唯心主义—批判—研究 Ⅳ.①B015

中国版本图书馆 CIP 数据核字（2021）第 191534 号

出 版 人	赵剑英
责任编辑	朱华彬
责任校对	谢　静
责任印制	张雪娇

出　　版	中国社会科学出版社
社　　址	北京鼓楼西大街甲 158 号
邮　　编	100720
网　　址	http://www.csspw.cn
发 行 部	010-84083685
门 市 部	010-84029450
经　　销	新华书店及其他书店

印刷装订	北京君升印刷有限公司
版　　次	2021 年 10 月第 1 版
印　　次	2021 年 10 月第 1 次印刷

开　　本	710×1000　1/16
印　　张	19
插　　页	2
字　　数	281 千字
定　　价	118.00 元

凡购买中国社会科学出版社图书，如有质量问题请与本社营销中心联系调换
电话：010-84083683
版权所有　侵权必究

前　　言

　　与其说人生活在自然世界里，不如说生活在符号世界里。符号不但使人类告别了与动物为伍的低级阶段，而且创造了一个日益远离自然世界的属人世界。但是，人类所创造的符号在其发展过程中日益远离了人类创造它的良善初衷，反客为主地成为人类所打造的套在自身脖颈上不堪其负的沉重枷锁，渗透在人类生活的一切领域。在认识领域，人们越来越陶醉和沉溺在自己所构筑的符号世界中，而远离了与自然的亲密接触，以至于人脑被电脑所替代；在经济领域，人们被无情地裹挟在资本符号的钳制中，任其摆布而完全迷失了自我；在日常生活领域，人又无可幸免地被"广告"和"时尚"等媒介符号所支配而生活在"超真实"的王国里。……总之，符号越来越远离其初始功能而反客为主地渗透至人类生活的一切领域令人类不胜其烦。造成这一现象的根本原因就在于索绪尔以横断截流的方式颠覆了符号学的指称功能，而把符号看作特异于实在事物而具有能指与所指结构的观念性存在。如果说，索绪尔的符号学还仅仅局于语言学的狭小天地，那么，到了罗兰·巴特那里，符号学不但被推及社会的一切领域，而且符号结构性中能指与所指的关系也发生了根本性变化，能指凌驾于所指之上，能指与所指的关系也不再具有索绪尔所言的任意性，而完全由统治集团和决策主体来决定。正是符号结构中能指凌驾于所指、共时超越于历时等符号唯心主义特质，使得符号在自身发展过程中，往往不但不指涉外在客观对象，而且因符号自身的任意性特征而使符号成为主体实现对事物任意"编码"的凭借。一旦"编码"结果为人首肯，那么，这一实无所指的符号在"能指优位论"

的作用下便具有了自我的生命和自身发展逻辑，反宰和辖控人类演变为符号暴力，被人们当作理所当然之物而麻木被动地接受，忽视了符号背后所隐匿的意识形态秘密。造成符号这一特征的是意识哲学的唯心主义本质从中作祟的结果。出于意识内在性的意识哲学，因其主体性、同一性、祛时性的特点，在一定意义上，必然使得作为意识哲学外在表征的符号也具有了祛身性、祛时性、涵义论及能指优位论的唯心化特点。

  意识符号的唯心主义特征鲜明地体现在其对"物"的任意性编码方面。这一编码的根本动因在于人类对欲望的膨胀以及欲望符号化的呈现。这一现象在晚期资本主义社会表现尤甚。正如英国思想家伊格尔顿所言，在资本主义早期阶段，符号与资本联系被切断，现在，这两个领域却被不适当地重新结合起来，因为经济领域已经深深渗透到符号领域。以早期马克思思想和晚期鲍德里亚的理论为例，具体分析了物的符号化产生成因、形成机理、运行机制、现实表现及其正负效应。首先，笔者从马克思角度，由物的"功能性"出发，分析了物演变为商品、货币以及资本的符号化过程，进而分析了资本符号的扩张本性及其影响。这可以看作符号唯心主义在资本主义生产主义时代的表现。其次，笔者分析了物的"非功能性"编码。这就是鲍德里亚所发展的有别于马克思政治经济学的符号政治经济学。笔者前提性地分析了马克思与鲍德里亚这一思想形成的缘由，即人的欲望从前期禁欲走向了晚期纵欲，禁欲是资本积累的重要前提，纵欲是消费社会得以进行的重要保障。进而分析了鲍德里亚思想形成的谱系渊源及其所提出的物的符号价值时代背景。不同于马克思的资本符号，这一符号主要指物的意义价值，即炫耀性价值、社会区分价值、象征交换价值。当代的大众传媒与广告则是实现这一符号价值的重要途径。无论是马克思的物的资本化符号抑或鲍德里亚的物的意义化符号，都是符号自身在当代社会对人无一幸免地实施操控的表现，从而给人类身心发展带来万劫不复的诸多危机。这些危机不但表现为价值危机、真实的谎言、物性丧失、生态危机等社会合法化生存危机，而且体现为身体被编码、自然被祛魅和真理被僵化。如何摆脱这些危机，让人类重返和直面物的感性世界，就成为20世纪以来哲学家包括符号学家的致思趋向。

以舒斯特曼和海德格尔为例，笔者认为前者倡导的"身体美学"以及后者对"自然"和"存在真理"的阐发，在某种程度上，均体现了他们拒斥理性呼唤感性，进而扭转意识哲学和意识符号对人钳制的致思旨趣。这一致思旨趣充分表现在从"理性世界"回归"生活世界"，从意识内在性的"思在合一"走向"身在合一"。在此"转向"过程中，人类必然会跳出意识哲学"我思"的藩篱而走向"身体哲学"的"我身"，也必然会产生一种不同于意识符号系统的身体符号系统。在走向这一身体符号系统中，维特根斯坦的语用符号学、海德格尔的形式显示的诗性符号以及梅洛-庞蒂的身体符号学都可以看作这一"符号转向"的理论努力。相对西方，就身体符号系统而言，中国是身体符号的真正故乡，中国古代思想的"象思维"和"非现成性识度"以及《周易》的"言出乎身"的"身体书写"，就是典型的身体符号系统的表达。通过身体符号系统我们通达了物之"真际"而非意识符号的物之"真理"。当代西方身体语言基本转向和中国传统身体符号灵犀相通，或许昭示着一种作为身体哲学的中国古代哲学所表征的身体符号系统，在化解意识符号唯心化趋向上，在新时代展现出无可限量的生机和活力。

目 录

绪 论 ………………………………………………………………（1）
  第一节　缘起 ………………………………………………………（1）
    一　现实缘起 …………………………………………………（1）
    二　理论缘由 …………………………………………………（5）
  第二节　国内外研究现状 …………………………………………（7）
    一　国外研究现状 ……………………………………………（7）
    二　国内研究现状 ……………………………………………（9）
  第三节　研究基本思路、研究方法及理论贡献 ………………（12）
    一　基本思路 …………………………………………………（12）
    二　研究方法 …………………………………………………（13）
    三　理论贡献 …………………………………………………（15）

第一章　符号唯心主义 ………………………………………………（17）
  第一节　人是符号的动物 …………………………………………（17）
  第二节　符号唯心主义：一个常被提及却尚待澄明的术语 …（27）
    一　意识哲学：符号唯心主义的哲学之基 …………………（32）
    二　符号唯心主义的基本特征 ………………………………（39）

第二章　生产主义时期物的功能性编码 …………………………（46）
  第一节　物之追问 …………………………………………………（47）
    一　商品化：物的符号化的雏形 ……………………………（49）

二　货币化：物的符号化抽离 ······················· (50)
　　三　资本化：物的符号化变异 ······················· (53)
　第二节　资本逻辑的本性 ··························· (55)
　第三节　资本符号的诞生秘密：禁欲抑或纵欲 ··············· (60)
　　一　韦伯的财富欲望观 ·························· (61)
　　二　利益：欲望的别名 ·························· (65)
　　三　欲望：符码的解辖域化 ······················· (67)
　　四　物欲的膨胀和消费社会的到来 ···················· (69)

第三章　消费时代物的非功能性编码 ······················ (79)
　第一节　鲍德里亚符号学思想谱系探源 ···················· (79)
　　一　巴特的符号学理论 ·························· (80)
　　二　列斐伏尔"消费受控的官僚化的社会" ················· (87)
　　三　乔治·巴塔耶的"耗费经济学理论" ·················· (96)
　　四　德波的意象统治的景观社会 ····················· (102)
　第二节　物的非功能性编码 ·························· (104)
　　一　物的语义分析 ···························· (104)
　　二　对古物的分析 ···························· (107)
　　三　对艺术品拍卖活动的分析 ······················ (111)
　　四　走向符号政治经济学 ························· (113)
　第三节　符号价值之功能 ··························· (118)
　　一　象征交换价值 ···························· (119)
　　二　夸耀性消费 ····························· (120)
　　三　符号社会区分功能 ·························· (121)
　第四节　符号价值的实现之途：媒介与广告 ·················· (128)

第四章　符号唯心主义危机 ··························· (149)
　第一节　价值的颠覆 ····························· (150)
　第二节　真实的谎言 ····························· (154)
　第三节　物性的丧失 ····························· (156)

第四节　生态危机 …………………………………………… (159)

第五章　面向事实本身：符号唯心主义解构之维 ……………… (163)
　　第一节　从被编码的身体走向感性的身体 …………………… (167)
　　　　一　从实用主义美学走向身体 …………………………… (168)
　　　　二　从身体走向身体美学 ………………………………… (176)
　　第二节　从自然的祛魅到自然的返魅 ………………………… (179)
　　　　一　自然物：自然的异化 ………………………………… (180)
　　　　二　审美：自然的发现 …………………………………… (184)
　　　　三　艺术：自然的拯救 …………………………………… (187)
　　第三节　从存在者的真理到存在的真理 ……………………… (189)
　　　　一　符合：传统真理观的本质 …………………………… (190)
　　　　二　自由：走向真理的前提 ……………………………… (196)
　　　　三　真理：在遮蔽与无蔽之间 …………………………… (198)

第六章　身体符号：化解符号唯心主义的可能性途径 ………… (203)
　　第一节　从"思在合一"走向"身在合一" …………………… (203)
　　第二节　从身体到身体符号 …………………………………… (214)
　　　　一　符号"语义学"转向符号"语用学" ……………… (215)
　　　　二　语言是对存在本源的诗性道说 ……………………… (217)
　　　　三　身体符号：世界之肉身化表达 ……………………… (218)
　　第三节　言出乎身：中国古代《周易》的身体符号特性 ……… (223)

第七章　结论与展望 …………………………………………… (236)
　　第一节　结论 …………………………………………………… (236)
　　第二节　展望 …………………………………………………… (241)

附录一　符号的幽灵
　　　　——符号唯心主义批判 …………………………………… (243)

附录二　消费社会和符码统治
　　　　——鲍德里亚消费社会理论批判研究 …………………（257）

附录三　资本逻辑：符号消费的意识形态秘密 ………………（271）

参考文献 ……………………………………………………………（280）

后　记 ………………………………………………………………（293）

绪　　论

第一节　缘起

选择符号唯心主义作为自己的研究课题，是基于现实与理论的双重思考，就现实而言，我们无往而不在地生活在符号构筑的王国里；就理论而言，符号学是学术研究中一个古老的话题，但人们在此领域并未达成普遍共识，可谓歧见纷呈，莫衷一是。因而这是一个既让我们值得倾力去探究的，也让我们万分着迷的研究课题。

一　现实缘起

长期以来，如何认识人类身处其中的这个社会，一直是有识之士不遗余力深入探讨的一个"斯芬克斯之谜"。不同的人从不同方面对这个问题给予了不同的解答。"不识庐山真面目，只缘身在此山中。"正是这些不同的认识，为我们透析进而揭示这个复杂社会的本真面目提供了重要镜鉴。有人认为当代社会已超越了前现代农业社会和现代工业社会，而进入了"后工业社会"；也有人认为随着便捷交通工具的普及和发达通信技术的运用，我们已进入了"信息社会"和"网络时代"；更有学者指出我们所处的社会是"消费社会"和"全球化时代"。总而言之，这些莫衷一是的看法既说明了把握时代特征之困难，也显示了考察时代特征之多元，还充分显示了我们正处在一个社会的大变革时代。与其他学者的看法略有不同的是，笔者认为我们身居其中的社会是一个"符号化社会"。提出此观点绝不是要全然否定以前人们对这个社会的认识，而只是认为，从符号维度进行分析可能更好地接近我们对这个社会的本质性理解。

人类社会始终离不开符号，正是符号的出现不但让人类告别与动物为伍的低级阶段，而且借助于符号创造了一个更为人性化的、日益发达的符号化社会。较之以往社会，符号在社会中所扮演的角色越来越重要，以至于在社会的一切领域，人类无不受到符号的影响。正如中国当代符号学家赵毅衡教授所言："当今时代面临着一个大变局。文化变型加速，社会的符号活动空前活跃，人类生活的各个方面都出现了'符号满溢'：几乎任何活动都浸泡在符号之中，这是几千年世界历史上从未出现过的现象。"[①] 正是在这一意义上，我们认为把当代社会视为"符号社会"而非"后工业社会"或"信息社会"更为妥当。相较于"后工业社会"和"信息社会"，"符号社会"不只是单维地从生产力的发展或科学技术进步的角度对社会的把握，还涵括了从其他方面对社会的认识。

正像任何事物的发展当其超越了其发展的限度后，必然走向自身的反面。符号，这个人类自身所创造的"文明之花"，却一脉独彰地成为反控和主宰着人类的"主人"，而人却身不由己地成为符号的"奴隶"。更令人可叹的是，人类沉湎其中乐以忘忧。"人们虽然并不完全明白自己生活在符号的洪水之中，他们也感觉到压迫的源头不明。哪怕他们弄清自己是符号的奴隶，牢房却是天鹅绒的，屈从也是享受型的，人很难从自己'自由'使用的符号中解放出来。"[②] 一个有目共睹的现象是，无论是在经济领域还是政治领域，权力和货币这两种符号已成为宰制我们日常世俗生活中隐蔽的"上帝"。这种微观的权力符号已不是一种诉诸军事、政治领域的强制性符号暴力，而是一种隐匿性的让被统治者身陷其害却察觉不到的软性暴力。在经济领域，这种符号的反宰作用更是发挥到了无以复加的地步。时下颇为流行的"房奴""孩奴"无不是符号统治的隐喻性表达，甚至余波未息的美国房地产次贷危机所引发的"多米诺骨牌效应"般的全球性金融危机，与其说是一种经济领域的危机，不如说是人类的一种符号信用危机。进而言之，笼罩全球的生态危机与其说是人

---

① 赵毅衡：《符号学：原理与推演》，南京大学出版社2011年版，第22页。
② 赵毅衡：《符号学：原理与推演》，第372页。

类对外在自然资源不加节制的开发和掠夺的报应，不如说是人类过分痴迷和钟情 GDP 这一符号经济的恶果。

更大的隐忧是，在当今广告与传媒符号力量无所不在的影响下，这种经济符号犹如癌变的细胞那样无往而不胜地扩散至人类生活的一切领域。我们不但失去了自主地辨别事物真假美丑的能力而听凭符号引导，而且我们的生产和消费行为也在无形之中遭受徒有其名而无其实的"广告"和"时尚"等符号左右。人们对于符号的泛滥与污染已经不胜其烦。以至于德国符号学家罗兰·波斯纳（Roland Posner）把符号对人的污染看作一种绝不次于当代生态污染那样对人所带来的危害。他说："在我们的社会，几乎所有以使生活更加便利为初衷的发明创造，最终都适得其反：它们让我们的生活变得更加复杂和困难，正如污染妨碍了基本生活过程一样，困扰基本符号过程的正是我们的符号资源所遭受的污染。因此，将符号污染与物质环境污染作类比是恰如其分的。与环境污染相比，符号污染也被认为是一种威胁，因为：（1）它危害了工业化国家人际交往的基础；（2）它发作缓慢，不可探测，一经发现，几乎无法再去弥补损害；那些符号形成的初衷是为了使人际交往更加便利，但自相矛盾的是，最终恰恰是它们阻碍了人际交往。"[①]

如果认真思考起来，我们就会发现波斯纳的这一提法并非空穴来风和危言耸听。实际上，我们自己正在饱受着这种符号的污染之苦、迫害之痛。个人方面，当你到医院里拿到处方上的药物时，却发现包装盒上的信息不但晦涩难懂，而且大篇幅地写满了药品的禁用对象、服用风险和副作用；当你被迫签署一份购买合同时，却发现不得不仔细阅读长篇累牍的以小字体印刷的所谓相关情况下不宜使用本产品的客户须知；当你想要行动时，却发现不得不事先向律师咨询一下法律上的障碍和风险；当单位工作考核时，你不得不一次一次地去填写那永远填不完的各种履历表格。社会方面，符号在我们身边也上演着令人目瞪口呆的造神传奇：从风靡一时的"超级女声"到市场上的"明星代言"；从"悟本堂"事

[①] ［德］罗兰·波斯纳：《符号污染：对符号生态学的思考》，李红霞摘译，《国外社会科学》2004 年第 4 期。

件到屡禁不止的"现代传销神话";从"华南虎事件"到频现的明星"广告门"事件;甚至在整容化妆变性等呵护身体方面,求美心切的人们不顾自身先天生理基础都一律向"0.618"这一美学的黄金法则靠拢;现实生活中,不谙世事的青少年沉溺在网络的虚拟和仿真的符号世界里欲罢不能;消费领域,人们被符号消费所绑架。总而言之,人们被裹挟进这个小小的符号迷局之中而难以自拔,全然不知这一符号背后所蕴含的思想观念和意识形态的价值取向,忽视了其背后蕴含的意义功能,以至于鲍德里亚提出了"媒介恐惧论"的警世醒言。总之,这一切无不是由符号唯心主义观念在幕后暗中导演,因此,揭开笼罩在符号之上扑朔迷离的层层面纱,澄明符号自身的真实面目就成为我们研究工作的当务之急。

其实,人类在创立符号的同时,我们的先知先觉者们就对符号发展可能带给人们的诸种危机发出过批判与警告。正如英国符号学家怀特海所言:"人类,通过它那一套繁复的符号转移体系,可以养成奇迹般的敏感性,感受遥远的环境,以及未定的将来。但是它也要付出代价,因为每一符号转移都可能含有任意归罪于不恰当特性的危险做法。"① 正是在符号使用过程中这种"任意归罪于不恰当特性的危险做法",才使人类淹没于自己所创造的符号变异之中,使符号置人于被奴役的境地。因此,我们对符号学的研究就是要"揭示符号表面的受权势和社会语言结构侵入而异变的骗人伎俩,让人们明白符号背后所隐含的一切指涉对人的精神、意识的束缚和禁锢,使人不再成为被愚弄的对象,从而获得一种认识上的澄明和精神上的自由自主"②。"让人从充满欺骗的和使人庸俗的对时尚流行的依赖中解脱出来,从而使人获得一种精神上的独立与自由。"③ 即揭示事物的真相,显示客观世界与社会人文的真理。所以,巴特宣称其研究符号学是由于不能容忍自我欺骗和标志一般道德的良心这两者的

---

① [英] A. N. 怀特海:《符号的意义及效果》,周邦宪译,贵州人民出版社2007年版,第101页。
② 项晓敏:《零度写作与人的自由——罗兰·巴特美学思想研究》,复旦大学出版社2003年版,第105页。
③ 项晓敏:《零度写作与人的自由——罗兰·巴特美学思想研究》,第77页。

混合物而产生的。同样，在我国人们消费的恩格尔指数趋于缩小的情况下，我国消费结构从生存性消费转向存在性消费的当代社会，符号消费愈演愈烈，导致人们价值观念、生活方式等方面都发生了深刻变化，破译符号消费的意识形态幻象，使人们从符号消费的极端崇拜和盲目依赖中摆脱出来，适当干预和调控符号消费可能诱发的社会风险，保持对符号消费的理性自觉和辩证反思应是我们责无旁贷的重要使命。因此，通过对符号不同方面的揭示，来启示人们认识社会与人生的本质内涵，就具有人文启蒙的重要意义。

二 理论缘由

除以上所列的现实缘由外，还在于理论本身发展之所需。正如人们认为的那样，符号学是继本体论、认识论之后当代哲学发展的重要转向。就像英国哲学家比尔兹利所言："符号学无疑是当代哲学及其许多思想领域最核心的理论之一。"因而大凡20世纪在哲学史上稍有建树的人，没有不关注符号问题的。但是每个人对于符号学的理解与应用又各不相同。如马克思的资本符号学、拉康的精神分析符号学、罗兰·巴特的结构主义符号学，德里达的解构主义符号学、皮尔斯的实用主义符号学、鲍德里亚的消费社会的符号学、维特根斯坦的分析哲学符号学、海德格尔的生存符号学、麦克卢汉的媒介符号学，等等。这些林林总总的符号学理论让我们在感觉到符号学景象繁荣的同时，又让我们感觉到符号学研究的"众声喧哗"。再加上大众传媒的发展，使本来就云遮雾罩的符号学更充满了扑朔迷离的特性。这就意味着，符号学理论的发展时至今日还没有获得一般符号学的基本理论。对此，中国符号学研究专家李幼蒸先生深有感触："不应把符号学定位为一门新的'学科'，而应将其视为不同学科之间进行沟通和对话的'工作领域'，……符号学研究的固有倾向正表现于其突破现有学科界限和寻求学科间互动的特点上。为此，符号学不应也不可能寻求在单一学科内部建立其理论和实践的基础。"[①] 正是由于这些符号学理论还没有取得普遍一致的理论与知识形态，这就为我们

---

① 李幼蒸：《理论符号学导论》，中国人民大学出版社2007年版，第774页。

进行符号学研究提出了新问题和新挑战。可见，研究这一课题不但具有重要的现实意义，而且具有重大的理论价值。

随着对符号学研究的进一步深入，笔者发现符号学研究虽然基本理论进展甚微，但符号学在人们的日常生活中却表现得异常活跃，广泛地渗透到人类的政治、经济、传媒等一切领域。在这些领域符号学发展自然也最为丰富。① 比如说在经济符号学领域最值得称道的无疑是马克思的《资本论》、西美尔的《货币哲学》、鲍德里亚的《符号政治经济学批判》，等等，这些思想巨著为我们展现了符号学在经济领域的神奇力量。在政治学领域，符号学也充分体现了其强大的生命力，如马克思的《意识形态理论》、葛兰西的话语霸权（Hegemony）理论、阿尔都塞的意识形态国家机器（Ideological State Apparatus），等等。马克思认为，在国家控制和管理方面，除了诉诸军队、警察、法庭、监狱等强制性国家机器（Repressive State Apparatus）等硬性暴力外，采用符号的意识形态的认同机制也是达到社会控制的重要方面，在某种意义上说，葛兰西的文化领导权理论和阿尔都塞的意识形态国家机器既与马克思的意识形态理论一脉相承，又是对其思想的继承和发展。而这一符号的隐匿性特点在福柯的解构理论和布迪厄的性别支配理论中也得到了充分的表现。

福柯从"另类"的角度给我们揭示了意识形态对个人自由的束缚与窒息及野蛮统治的一面，这种符号的无意识统治使人们深受其害而不自知，其可怕之处在于，被统治阶级是在自己不知情的基础上赞同了统治阶级的统治逻辑，协助统治者统治自己。正是这种符号不在场的、看不见的隐匿性的特点，使得统治阶级或者符号权力的拥有者往往把代表社会群体利益的或本质上是某种任意的真理，宣称为普遍真理，从而赢得被统治阶级的认同，在这种意义上，符号权力也就是符号暴力。使社会从一个"受到监控的社会"发展为"自动监控"的社会。而在诸如广告传媒领域，符号学的发展更是势头强劲，麦克卢汉的"内爆"思想，本

---

① 我们从四川大学"符号学论坛"以及中国知网搜索了近几年符号学研究情况，发现在符号学发展历史上，虽然符号学作为人文社会科学研究的一种重要途径已经达成了普遍的共识，但是人们对符号学理论研究的进展却并不令人满意。相反，倒是在符号学的应用研究诸如语言文字、广告、传播、经济贸易等方面的论文却呈现出逐年递增的态势。

雅明的机械复制理论，鲍德里亚的"超真实"理论，无不在告诉我们人类并不是生活在一个真实的世界里，而是生活在一个符号媒介所构筑的"声像世界"或"图像世界"里。

以上简要介绍的现实和理论的双重发展既是我们研究的现实起点，也是本课题研究的理论缘起。

第二节　国内外研究现状

据我们目前所掌握的资料来看，直接以本论文题目作为研究内容的论文还很少见。但这并不意味着它是一个人们从未涉足的话题，相反，学者们虽未以此立论，但是在符号学研究中，国内外学者都涉及了符号唯心主义这一重要的思想话题。

一　国外研究现状

符号唯心主义这一话题进入人们的研究视域毫无疑问和晚期资本主义社会发展不无关系。晚期资本主义社会是一个从生产社会进入消费社会的时代，是一个从匮乏社会走向丰裕社会的时代，也是一个从早期的节俭主义走向纵欲主义的时代。如何解决生产过程中的"生产过剩危机"以实现资本的持续增殖，就成为资本家处心积虑着力解决的问题。要实现资本的增殖就必须提高人们的消费力，而要提高消费力就必须从挖掘人们的生存需求转向挖掘人们的心理需求，这就要从商品的使用价值的需要转向商品的符号价值的开发。而商品的符号价值正是鲍德里亚在汲取索绪尔、罗兰·巴特、列斐伏尔等西方马克思主义思想基础上建构出来的。根据索绪尔符号学理论，符号由能指和所指构成，能指代表声音，所指代表概念，符号并不指涉实在对象，能指和所指的关系是任意的。而巴特则推进索绪尔符号学思想，认为符号任意性是由统治集团或者决策主体来约定，而一旦约定，符号就具有了专制和控制的特点，演变为符号暴力。晚期资本主义在商品功能改善乏力的情况下，就在商品的外观和符号价值上下功夫，这样商品就从使用价值拜物教转向符号拜物教，而符号价值生产就是对"意义"的生产，为了商品的促销，人们就在商品的个性化设计上下功夫，把美丽、欲望、社会地位、时尚等非功能性的文化理念作为可以兜售的东西转嫁到商品身上，正基于此，晚期资本主义到了"符号帝国"统治的时代。在美学领域，德国美学家豪格的商品美学批判，法国美学家利维耶·阿苏利的审美品位的工业化，以及韦尔施在《重构美学》一书中所论及的经济策略审美化等，不约而同地论及了符号价值审美化倾向；在社会学领域，人们往往从角色认同、阶层差异、身份象征等方面来强化符号消费的意义；同样，在心理学领域，叔本华、尼采、拉康、弗洛伊德等打破了笛卡儿"我思"的主体地位，从"我思故我在"转向"我欲故我在"，认为不是我们的理性而是我们的欲望才是人的根基性存在，理性不过是实现欲望的工具。这一切，无不为符号唯心主义的出场提供助力。

在某种意义上，我们把符号唯心主义看作一种意识符号系统，这种意识符号系统是一种深受形而上学意识内在性作用而形成的符号体系。其表现是同一性对差异性的压抑和统治，其现实化身就是资本符号对现实各个领域的渗透和辖控。因而，西方马克思主义尤其是鲍德里亚也常常成为西方学者研究的重点，如卢卡奇对人的物化的批判，阿多诺对同一性哲学的批判，都对我们进行本论题研究提供了隐性的思想支援。随着后现代的到来，媒介、广告、拟象等对人的统治，使得在此研究领域卓有成效的鲍德里亚，成了外国学者关注的焦点，在这方面值得称道的有马克·波斯特（Mark Poster）、道格拉斯·凯尔纳（D. Kellner）、麦克·甘恩（Mike Gane）等的研究。他们指出了鲍德里亚的符号价值迥异于马克思之处，认为其超越了马克思的政治经济学，认为不是马克思的交换价值符号而是符号价值或象征交换价值实现了对人的主导。

如果我们把这种符号并不指涉现实，而是符号的任意性实现对现实的编码看作一种意识符号的话，那么，与之相反，人们也提出了化解同一性意识符号的感性的、审美的、语用的身体符号系统。如海德格尔对形而上学语言符号的批判和对诗性符号的强调，在此基础上对东亚语言符号的推崇，鲜明地体现为一种语言符号的转向，从而使语言符号从认知意义的功能论转向了本体意义上的存在论；与此同时，维特根斯坦则在分析哲学的领域使符号学从"语义符号学"转向了"语用符号学"，从而使人们认识到符号的意义不在于符号单纯的字典上的意义,而在于符号在具体语境中的用法。梅洛-庞蒂则旗帜鲜明地提出了身体符号的思想,从而使一种不同于索绪尔意义上的意识符号系统的身体符号系统在后现代的发展蔚为大观。法国符号学家高概在《话语符号学》中则提出了符号学两种范式:一种是符号学的逻辑范式,一种是符号学的现象学范式。他认为逻辑学范式是一种认识论的、结构主义的范式,而现象学范式则是一种亲身的能感知外物的身体范式,是一种非意识主体的身体主体,与时间、空间等紧密相连,从而有别于符号逻辑学范式的欧几里德的超时空观。① 荷兰符号学家埃罗·塔拉斯蒂(Ero Tarasti)基于梅洛-庞蒂身体符号学思想则提出了生存符号学,并把这种生存符号看作一种处身性的情境符号,这一生存符号是前认识论的、前概念的、前判断、前反思的符号系统,生存符号学将符号视为有生命的、有灵魂的运动事物来研究,而认为这种生存符号学不同于客观、科学、分析、实证的经典符号学。② 两位符号学家都是基于现象学家梅洛-庞蒂的思想而提出这一身体符号系统,为我们后面的研究提供重要的理论支援。

二 国内研究现状

随着经济全球化的推进和我国市场经济的发展,我国业已成为全球第二大经济体,奢侈品消费第三大国,社会领域符号消费也愈演愈烈,符号消费问题自然成为学者们关注的热点话题。据我们目前所掌握的相关资料来看,国内还未发现与此同题的论文。在对符号学研究方面,大多以鲍德里亚思想研究为专题。特别值得一提的是,近年来关于鲍德里亚专题性的深层次研究渐呈繁荣之势,这对于推进和深化本论文的研究有非常重要的作用。在这方面值得称道的研究成果有:一是2004年由中央编译出版社出版的仰海峰博士的著作《走向后马克思:从生产之镜到符号之镜——早期鲍德里亚思想的文本学解读》,是作者从马克思的角度对鲍德里亚四部著作的详细解读,为我们还原和梳理了鲍德里亚思想的

---

① [法]高概:《话语符号学》,王东亮编译,北京大学出版社1997年版,第1—7页。
② Ero Tarasti, *Existential Semiotics*, Indiana University press, 2000, p. 18.

形成和发展演变的内在逻辑线索，是理解和领会鲍德里亚思想的重要著作。二是戴阿宝博士研究鲍德里亚的博士论文《终结的力量》，该书于2006年由中国社会科学出版社出版。全书分上下两篇，上篇为《符号逻辑与历史唯物主义的终结》，主要研究了鲍德里亚的符号学思想；下篇为《超真实及后现代境遇》，主要研究了鲍氏的"超真实"思想。三是张天勇博士的《社会符号化——马克思主义视阈中鲍德里亚后期思想研究》，该著作主要研究了鲍德里亚的符号学思想对于社会的渗透和影响，并运用马克思的观点作了评述。四是夏莹博士的《消费社会理论及其方法论导论》，该著是以一种批判的眼光研究鲍德里亚的重要著作，为我们建构了消费社会的一般批判理论，对于从符号学角度深化理解消费社会现象具有重要的参考价值。五是高亚春博士的《符号与象征——鲍德里亚消费社会批判理论研究》，该书立足于现代性的视角，从鲍德里亚符号与象征的双螺旋结构论述了其符号与象征之间错综复杂的纠葛和逻辑关系，是研究鲍德里亚的优秀之作。六是张一兵教授的《反鲍德里亚——一个后现代学术神话的祛序》，2009年由商务印书馆出版，该部著作也是对鲍氏四部作品的深度解读，分别是《符号政治经济学批判》《生产之镜》《象征交换和死亡》等的解读，对于批判性地理解和剖析鲍德里亚思想具有重要的参考价值。七是韩欲立博士的《物体、消费与符号——让·鲍德里亚早期政治经济学批判研究》，该著作主要是对鲍德里亚的符号政治经济学与马克思主义政治经济学的比较研究，在比较中凸显了鲍氏理论的缺陷与不足。八是汪德宁博士的《"超真实"的符号世界——鲍德里亚的文化理论研究》，这主要侧重于对鲍德里亚的媒介理论和符号学关系的研究，是鲍德里亚研究媒介理论较有深度的一部佳作。

　　从符号学角度研究马克思，我们认为较有价值的有贺来教授与白刚博士的《"抽象对人统治"的破除与马克思的现代性批判》，在该论文中，作者认为马克思展开了对理性和资本对人的抽象统治的双重批判，因而认为资本具有形而上的本质，而形而上学具有资本的本质，二者的姻亲合谋导致了对人的奴役。正如其所言："资本借助形而上的同一化力量，冲破了血缘、地域、民族、国家、语言、宗教、文化界限，使历史第一次具有了世界历史的性质，而正是资产阶级社会里资本与形而上学的

'联姻'导致了'个人受抽象统治'的资产阶级社会现代性实质。"① 与该论文主旨大体一致的有俞吾金教授《资本诠释学》以及张雄教授的《现代性逻辑预设何以生成》等论文,都展开了对资本逻辑的批判工作,因内容大略相似,此处不再赘述。对马克思主义资本符号进行研究的还有王善平博士的《资本主体性批判》和刘梅博士的《马克思"资本主体论"研究》,两篇论文都充分地揭示了资本符号对人类社会所产生的重大影响。如果说资本逻辑的始作俑者是意识符号的唯心主义特征,那么国内把诗性符号或身体符号作为化解意识符号唯心主义危机的代表性学者为张世英教授和张再林教授,前者在《两种哲学,两种语言观》一文中,提出了一种主客关系意义上的符号,另外一种则是诗性符号,并把诗性符号看作一种前主客意义上的符号,认为中国古代言约义丰、含蓄隐秀的诗性符号虽不同于追求普遍一致性的科学符号,但是与交流主体的身体间性也同样达到了共识性目的。② 而同样深受梅洛-庞蒂思想影响的张再林教授则提出了有别于意识符号的身体符号系统。而其身体符号系统与张世英教授的诗性符号意义大体相当。对此,笔者将在后文具体介绍。

总括以上国内外研究概况,我们发现其研究具有以下特点,一是对资本符号进行研究,大多学者只是注重对人物的专题性研究,而未把前后期资本主义一以贯之的资本逻辑对人与物的宰制看作一个整体。二是没有追溯至导致资本符号对人统治的深层根源,即意识哲学的作用,即使大多数学者提出了资本的形而上学本性,但笔者认为其阐释的力度和深度还有进一步挖掘的空间。三是未能把 21 世纪西方哲学破解意识哲学和对资本克服的努力与向感性的回归联系起来。基于此,笔者从符号入手,以人与物的关系为端点,展开对符号唯心主义理论的批判工作,并把回归感性的身体符号看作化解人类符号异化的旨向。

---

① 贺来、白刚:《"抽象对人统治"的破除与马克思的现代性批判》,《马克思主义哲学研究》2009 年第 1 期,湖北人民出版社 2009 年版,第 148 页。
② 张世英:《两种哲学,两种语言观》,《北京大学学报》2000 年第 4 期。

第三节　研究基本思路、研究方法及理论贡献

一　基本思路

就如我们一再重申的那样，符号学研究绝不是研究纯粹符号本身，因此，我们是站在泛符号学的立场上来研究符号唯心主义问题的。正如卡西尔所言，人是符号的动物，符号是我们了解自身和赢获对外在世界认知的重要门户。但卡西尔只看到了符号在人类生活中的重要地位，却并未看到人类所创造的符号反过来对人自己的统治和异化。要揭开符号自身历史之谜，就必须对符号自身的结构进行分析，在这方面，索绪尔、巴特的符号学理论给我们提供了一条分析符号学的重要途径。正是索绪尔对符号的能指与所指、历时与共时的结构分析，为我们开启了一条分析符号唯心主义至关重要的理论指南。符号唯心主义的根本表现就是能指优先于所指、共时优先于历时、语言优先于言语以及符号背后的意识形态意图。笔者以为，正是这一点是导致符号唯心主义得以形成的根本成因。我们如果细绎符号这一特点，它乃是意识哲学作用于符号的结果，正是意识哲学的内在性（inwardness）思想使得符号本身往往并不表达事物本身，而是表达物的"现象"（康德）、"物相"（马克思）。其在现实生活中最充分的表现就是物的资本化，从而使人们越来越远地离开了本真感性世界。

鉴于此，论文以马克思和鲍德里亚为例，具体分析了物的符号化的形成过程、现实表现及其发展危机。首先，笔者从马克思"物"的功能性（有用性）角度出发，分析了物演变为商品、货币以及资本的过程，进而指出了资本的扩张本性及对人的奴役和统治。这可以看作符号唯心主义在资本主义前期的表现。其次，笔者分析物的受资本逻辑的统治，在晚期资本主义社会又以花样翻新的形式变本加厉地实施对人的统治。这就是鲍德里亚所发展的有别于马克思政治经济学的符号政治经济学。而笔者前提性地分析了鲍德里亚这一思想形成的内在缘由，即在于人的欲望从资本主义社会前期禁欲走向了晚期纵欲，禁欲是资本积累的重要前提，纵欲是消费社会得以进行的重要保障，进而分析鲍德里亚思想形

成的谱系渊源以及消费社会对物的非功能性编码。这就是鲍德里亚所提出的物的符号价值。这一符号价值体现为物的非功用性价值。这一符号价值不同于马克思的资本符号，而是物的意义价值，即炫耀性价值、社会区分价值、象征交换价值。现代的大众传媒与广告是实现这一符号价值的重要途径。无论是马克思的资本符号抑或鲍德里亚的物的意义符号，都是符码操控的结果，从而给人类身心带来万劫不复的危机。这一危机就表现为价值危机、生态危机、享乐主义、物性丧失等社会合法化生存危机。如何摆脱这一危机，让人类重返和直面物的本真世界，就成为哲学家包括符号学家的努力方向。

二 研究方法

我们在研究的过程中，主要采用了以下几种研究方法：

首先，跨学科性。随着研究问题的逐步深入，我们发现要研究这一课题并不是一件轻而易举的事情。因为它涉及了很多学科，依据我们所接触的情况来看，要真正搞好这一课题的研究，就必须要了解除哲学之外符号学、传播学、经济学、社会学、美学、广告学等诸多方面的学科知识。因为就符号研究来说，"符号都是某种东西的符号"，所以研究符号并不在纯粹符号本身，而在符号之外。正因如此，法国符号学家吉罗认为，"符号学，顾名思义，是有关符号的科学，其实更准确地讲，应该是研究符号意指作用的科学。因为孤立地考察符号，而不把其与指代对象、与其他符号联系起来，是难以有什么结果的。随着人类认识的发展，符号的概念已不再限于人类言语活动的一些标志，它已经扩展到人文学科所有对象的社会—历史实践"[1]。这就要求我们必须把与符号学相关的学科纳入问题的论域中去，这也必然就涉及与符号学关系最为密切的经济学、政治学、广告学、传播学等学科领域。因此，进行跨学科研究对于我们从事这一符号唯心主义的批判工作尤为必要。虽然我们竭尽所能地阅读了与此相关的书籍，涉及了在此领域颇有建树的诸多大家，以及诸多学说之间的复杂对话，但常常自感学科之众，门派之多，常觉在镕

---

[1] [法]皮埃尔·吉罗：《符号学概论》，怀宇译，四川人民出版社1988年版，第1页。

裁方面心力不济。

其次,理论联系实际的方法。进行这一课题的研究,不仅仅在于对理论本身的兴趣,也不在于追风趋时,也非符号学成为时代的显学自己就紧跟热潮。选择这一课题进行研究,主要在于以符号学的知识来分析批判社会的现实,探究社会现象的本质。因而在行文过程中,参考和借鉴了许多西方符号学家的相关理论,我们感到这些理论对于分析现实生活中的诸多现实问题具有重要的现实指导价值。当前的社会现实中的很多现象或许通过符号学透视才可能真正地对其作出科学的分析和认识,从而揭示和还原在扑朔迷离的符号现象背后其深层的现实根源。因此,我们在研究过程中竭力把理论研究和对现实社会批判紧密地结合在一起,这既是学术研究所应奉行的基本法则,也是学术研究富有生命力的价值之所在。

再次,文本细读法。学术研究绝不像作家创作那样,可以随兴所至地抒发感想和表达情感。因为论文写作必须建立在文献阅读的前提下,尽力使自己论文写作建立在严谨求实的理论基础上,杜绝在论文写作中出现"天马行空"式的臆想和妄论。尽力避免在写作的过程中因对自己观念的东西的盲目和片面的偏爱而穿凿附会、随心所欲地"引经据典"。防止省略自身思维程序的展开和对自己立场的论证,就遽然轻下断语。而要达到这一要求,就必须进行大量细致的文献阅读。在阅读过程中又不能局限于一知半解,而必须在文本"细读"上下功夫,正是通过"对文本作详尽的分析和诠释,非常审慎地读解作品的词语,体会它的本意与言外之意,以及上下文之间微妙的关系对其中某个词的影响"[①],才能真正地对文本进行详尽的理解和把握。在此基础上创造性地延伸和推导出自己的结论,避免支离或歪曲性"误读"(尽管难以避免,但应降到最低),尽力避免在论文写作过程中生拉硬扯和牵强附会,有失学术工作基本精神的不良学风。

又次,唯物主义辩证法。虽然我们把符号唯心主义的批判作为自己论文的一个研究课题,但是,我们深知这一研究课题并不是一概以否定

---

① 凌晨光:《当代文学批评学》,山东大学出版社2001年版,第212页。

和消极的理论姿态来揭示符号的负面影响。而是竭尽所能以辩证唯物主义的理论研究方法作为这一课题研究的基本主张。就像真理往前多走一步就会变成谬误一样，任何理论都有自己的理论边界和适用范围，如果僭越了这一理论本身应有的界限，理论就会走向真理的反面。因此，对符号唯心主义的批判并不是一味地以否定的姿态来进行研究，而是更多采取了康德批判意义上的基本含义，就是辨析、划界，以提醒人们不恰当的符号运用给人们可能带来的不良后果，从而使人们在感受到符号积极价值的同时，对其负面所带来的危机保持一定的理论的自觉和意识的警醒。

最后，比较研究的方法。"心生而言立，言立而文明，自然之道也。"①（《文心雕龙·原道》）。符号作为人类发展过程中的内感外化之桥，基于不同的生存境遇和理论视野，可能形成不同的符号表达系统。而这一开端性的符号表达系统，反过来加深和强化着人们认识外在世界的方式。因此，我们在进行这一论题的研究过程中，并未单纯局限于符号学本身的研究，而是立足于中西比较符号的视野来透视和深察中西符号各自的特征及其形成的内在基因，在此基础上分析各自符号的优劣异同。通过这一比较和跨学科研究，重新检讨和克服不同符号所具有的理论局限，从而丰富和拓展了跨文化符号学研究尝试。这种比较，一方面有利于促进中西符号学的自我反省和调整；另一方面，有助于促动中国符号学民族特色的凸显及其在当代的价值与意义。

三 理论贡献

本论题的理论贡献在于：首先，明确地提出了符号唯心主义这一概念，并就其理论基础、基本特征、运行逻辑、现实表现及其正负效应等进行了深入细致的理论探讨。符号唯心主义的理论基础根源于意识哲学，其深层动因在于资本逻辑。无论在资本主义生产领域还是消费领域，符号唯心主义都表现为意识符号对"物"的任意编码，进而反客为主地反宰于人类，并带来诸多社会危机。从而使人们认识了符号唯心主义的基

---

① 周振甫：《文心雕龙今译》，中华书局1998年版，第10页。

本特征。

其次，在批判符号唯心主义的基础上，创造性地提出了身体符号系统，并将其视为人类克服符号唯心主义危机并回归感性世界的可能性方向和途径。符号唯心主义的哲理根基在于意识哲学思想，而意识的外在表征必然是意识符号，而要克服意识符号就必须跳出"思在同一"的牢笼，而走向"身在同一"的境界，这样从身体出发自然就形成了一种身体符号的表达系统。而这种有别于同一性、祛身性、共时性的意识符号的身体符号，以其差异性、亲身性、历时性的特点或许是破解意识符号危机的一把钥匙。

最后，在提出身体符号系统的同时，通过对《周易》符号系统的发掘，提出并论述了中国哲学的身体符号系统特性及其当代的价值。

第 一 章

符号唯心主义

　　但人居于蓬屋茅舍，自惭形秽，以粗布裹体，从此更真挚也更细心地，人保存精神，一如女巫保持天神的火焰；这就是人的理智。因此人便肆意专断，类似于诸神，被赋予颐指气使和完成大业的更高权能；因此人被赋予语言，那最危险的财富，人借语言创造、毁灭、沉沦，并且向永生之物返回，向主宰和母亲返回，人借语言见证其本质——人已受惠于你，最神圣的东西，那守护一切的爱。①

——荷尔德林

第一节　人是符号的动物

　　我们究竟如何认识我们身处其中的外在世界？自人类伊始，古今中外无数的先哲贤达无不为此问题而费尽心机、伤透脑筋，但真正能窥得天机而不孚众望者却寥若晨星。以至于人类至今仍然走在探索这一问题的路上。无论如何我们仍有必要回顾和反省，在通向认识外在世界的道路上人类自身所经过的艰辛历程，从而为我们解答这个长久以来令人困惑不已的问题提供重要启示。

　　其实，人对外在世界的认识也只有在对自己认识的前提下才是可能的，正是人对自己的认识才决定着人对外在世界的认识。一如卡西尔所

---

① ［德］海德格尔：《荷尔德林诗的阐释》，孙周兴译，商务印书馆2000年版，第38页。

言:"不先研究人的秘密而先研究自然的秘密那是根本不可能的。"① 虽然古希腊德尔斐神庙上把"认识你自己"高悬为哲学的第一要务,但是人们在此问题上却并没有随着人类认识能力的提高和占有材料的丰富而有丝毫进展。相反,每一个人都从自己的经验出发,武断地提出了关于人的科学认识,以至于在人的认识问题上总是歧见迭出、莫衷一是,从而使"认识你自己"这一哲学领域的崇高问题充满重重危机。而新康德主义者恩斯特·卡西尔独具慧眼地提出"人是符号的动物",才一扫过去人们对人的认识问题上的诸种歧见,实现了在人的认识问题上巨大的理论飞跃。

卡西尔之所以把人看作"符号"的动物,以区别于以前大行其道且颇为流行的"人是理性的动物",源于他对人的独特理解。卡西尔认为,正是由于把人看作"理性"的动物,而对"理性"的认识又仅仅局限于"认识理性"的领域,因此,人们往往把对外在自然的认识方式作为人类认识的全部,因此无论是古希腊诸多自然哲学家抑或近代哲学家,要么把具体可见的某一自然物,要么把某一抽象的实体作为我们认识外在世界的始基。前者如泰勒斯把"水"、赫拉克利特把"火",后者如毕达哥拉斯把"数"、柏拉图把"理念"视为我们把握外在世界的基质,以此演绎对外在世界的理解。到了近现代,这种始终囿于不可致诘的"实体形而上学"并未得到根本改观。休谟仍坚持经验主义的认识路线,而深受休谟影响的康德虽然在其三大批判中提出了区别于认识理性的实践理性和目的论思想,但其整个思想仍倚重于对"数学"和"自然科学"何以可能的理性认识形式的探索上。继康德之后的黑格尔则完全以"思辨理性"来统摄人类的一切领域。

在卡西尔看来,以理性的方式尤其是以"认识理性的方式"理解人,进而以此方式把握外在世界,不但是不充分的也是不全面的。正如他所言:"对于理解人类文化生活形式的丰富性和多样性来说,理性是个很不充分的名称。但是,所有这些文化形式都是符号形式。因此,我们应当

---

① [德]卡西尔:《人论》,甘阳译,上海译文出版社1985年版,第6页。

把人定义为符号的动物来取代把人定义为理性的动物。"① 理性之所以是不充分的,就在于人不仅仅是一个类似于外在自然物的具有血肉之躯的外在客体,可以像对待客观事物那样对待之,更重要的是,人是一个具有内在自我意识且生活在经验世界中一个不断自新的人。所以"我们不可能用探测物理事物的本性的方法来发现人的本性,物理的事物可以根据它们的客观属性来描述,但是人却只能根据它们的意识来描述和定义"②。不但人是这样,自然界之外的其他文化诸如宗教、神话、艺术等人类所创造的一切领域,都不能用单一、简单的理性去分析。基于此,卡西尔认为我们必须扩大理性批判的狭隘识见,寻找能综括这些现象的途径来把握万象纷呈的世界,这一途径就是他所发现的符号。

卡西尔认为,符号不但是人与动物的根本性区别,而且是人类赖以认识外在世界的重要媒介。卡西尔这里所讲的符号,不是一般动物所具有的物理意义的信号,这种信号就如巴甫洛夫所做的动物在物理刺激情况下一种对信号的条件反射行为实验,一如生物学家乌克威尔（Johannes von Uexkull）所认为的,人除了具有动物所具有的感受器系统和效应器系统之外,还具有动物所不具有的符号系统。③ 正是人所具有的符号系统,使人从单纯的物理世界步入了意义世界,使人摆脱了与实物打交道的历史而展现了一个更为丰富的知识符号世界。而这一符号世界既可以指称外在的世界,也可以通过这一符号给人们创造世界上所没有的东西。在这里,信号和符号不可同日而语,信号是物理性、事实性的,是对外在世界的被动接受,动物是以所属中的本能活动获得信号,被动地适应外部环境,例如巴甫洛夫所做的狗的第二信号系统实验表明,铃声作为"食物"的信号仅仅是一个物理事实,仅仅是物理世界的一部分。信号不能和人的"符号"相提并论,符号是思想性、功能性、意义性的存在,是人类意义世界的一部分。人类有了符号,不仅可以对来自外部世界的影响做出被动的反映,而且能够凭借自己创造的符号主动

---

① ［德］卡西尔:《人论》,第34页。
② ［德］卡西尔:《人论》,第8页。
③ ［德］卡西尔:《人论》,第31—33页。

地把握世界，以自己的精神力量能动地改造对象世界，使世界满足人类的需要，使人类从动物的纯粹自然升华到人的文化世界。① 从而开启了人类心智生命的一个崭新阶段，使人的生命离开了纯然本能的层面，离开了作为各种需要的直接影响，不再囿限单纯的当下和当前。而这种符号不仅要问"所指"的对象，而且更重要的要问"所指"的"意义"，而"意义"就是指人对世界的理解。这种"意义"是人之为人的根本特点，是动物根本不过问而人却须臾不可或缺的。正如有学者所言："探求意义的问题对于人类来说是不可避免的。动物似乎是无忧无虑地过日子，对于它们来说意义问题是通过它们本能调适的整个环境来决定的，而人为了将他的行为准则置于中心并描绘出来，以及为了整理和运用它们的环境经验，必须亲自操作。这总需要一个主导性的计划，人从中获得意义，并能够忍受相当大程度上的不统一和不清楚。"② 这种意义对于人来说如此重要，以至于"意义之病比身体的病患还要有害。人们能够忍受身体的病患，而忍受意义之病却不一样，在那种情况下常常体验到的是：对意义之病的忍受实际上是加深和加强了这个病痛，而不是减弱和解决"③。这种"'意义'既不是简单的现成在手的，它也不能从任何地方被得到或呈现上来，意义，作为意义世界，必然是发展地并且从自身的结果中生长出来"④。这种变动不居的意义就必须通过符号（语言）来体现，所以，中国当代著名符号学家赵毅衡教授认为："符号是携带意义的感知：意义必须用符号才能表达，符号的用途就是表达意义。"⑤

---

① 柳洲：《后现代经济的本质：广义符号经济》，《经济学家》2007 年第 1 期。
② ［德］罗姆巴赫：《意义：哲学和现象学探求意义和价值的基本问题》，王俊译、张祥龙校，《外国哲学》2009 年第 20 期。
③ ［德］罗姆巴赫：《意义：哲学和现象学探求意义和价值的基本问题》，第 16 页。
④ ［德］罗姆巴赫：《意义：哲学和现象学探求意义和价值的基本问题》，第 25 页。
⑤ 赵毅衡：《符号学：原理与推演》，南京大学出版社 2011 年版，第 1 页。

如果我们对卡西尔这一把人看作符号的动物的思想还心存疑虑的话，那么，当代法国思想家巴塔耶也从人与动物的比较中得出了符号创生的思想，可以看作对卡西尔思想另一层面的有力旁证。和卡西尔略有区别的是，他认为人异于动物的地方在于人有"分解活动"，这种分解活动——知性的力量和工作（在笔者看来就是理性的别称）——就是要使"偶然的事物""离开它自己的环境与别的东西联系着"。而这一从事物的因缘整体性中独立出来的事物，由于它摆脱了事物所在的"此时此地"的因缘整体的限制，即符号的形成过程。由此看来，"符号的形成过程就是具体事物的'肉身'虚无化的过程，是具体事物'无'、'空'或'缺乏'的过程。它使'偶然的事物本身'消亡了，并且因其'不在'而'在'。它是事物死亡的痕迹"①。事物的死亡和符号的诞生，使得符号和事物之间充满着悖论性的张力。符号越是全面真实地接近所反映的事物，就越是疏漏和远离事物，因为这一物的符号不再是具体的某物，而是一般性的某物。如此看来，某物的概念与某物并不同一。而是以某物"本质性的方式"存在，"它能够脱离'现时现地'的处境而'随时和随地'的供人调用，成为恒久不坏的'万世财富'"②。如此，符号就成为一个肉体已经消亡而具有独立主体的能指。与此理解相同，黄玉顺教授也认为："符号就是从混沌的'在生活'情境之中生成的人的主体性的一种'去生活'的方式。"③ 这一思想与中国古人对符号学的认识不谋而合。中国古代哲人很早就看到了语言符号不能完全指称对象的窘境，《周易·系辞上传》言："子曰：'书不尽言，言不尽意。'然则圣人之意，其不可见乎？子曰：'圣人立象以尽意，设卦已尽情伪，系辞焉以尽其言'。"也就是说，中国古人很早就意识到了语言符号自身"言不尽意"的自我局限，而主张寻言以观象，寻象以观意的得鱼忘筌的语言符号策略。

---

① 程党根：《游牧思想与游牧政治试验》，中国社会科学出版社2009年版，第274页。
② 程党根：《游牧思想与游牧政治试验》，第274页。
③ 黄玉顺：《符号的诞生——中国哲学视域中的符号现象学问题》，《中山大学学报》2009年第3期。

与动物所具有的信号相较,符号具有普遍性、多变性和有效性的特点,因为符号具有"能使流逝变易者得以固定的能力"①。符号的这种能力使我们对外在对象的把握摆脱了偶然性和随意性而走向了普遍性和必然性。正是符号的普遍性才使人们不再拘执于把符号作为机械式的信号和暗号,从而打破了狭隘的时空局限,既可以了解遥远的过去,探索未知的领域,也可以把别人从未感知的东西告诉别人,极大地丰富和扩大了人类自身的生活经验。为人们打开了了解和认识外在世界的窗口。"没有符号系统,人的生活就一定像柏拉图著名比喻中那洞穴中的囚徒,人的生活就会被限定在他的生物需要和实际利益的范围内。就会找不到通向理想世界的道路。"② 正是"语言符号理论开启了精神和理智生命的新天地,生命由执着于眼前的和直接的需求的本能冲动转向'意义'。这些意义是可以重复且能不断再现的,即是说,它们不是被囿于直接的此时此地,而是在无数生命的场合中和无数他人的运用中被意指和理解为同一的东西"③。从而使人超越了自然和生命的实在。正是在这一点上,卡西尔说:"符号的抽象性使人的生活超越了他的生物需要和实际利益的范围,有了通向理想世界的道路。"④ 符号的多变性则意味着,在不同的社会情境中同一符号可能有不同的称谓,或不同的称谓可能在不同的情境中指谓同一事物,这显然和一个信号和暗号只能指称一种唯一确定的事物是根本不同的。符号的有效性则是意味着符号的现实效力。同时,"符号既有确定性和任意性。这里所说的确定性是指符号与它所意指的东西具有相对固定的关系,否则,符号所传达的意义就无法为人所理解。符号的任意性是指符号的选择一开始是不确定的,个人的。但一旦符号的指称关系得到社会的认可,该符号特定的指称功能就被固

---

① [德] 卡西尔:《人文科学的逻辑》,第 34 页。
② [德] 卡西尔:《人论》,第 53 页。
③ [德] 卡西尔:《人文科学的逻辑》,第 49 页。
④ [德] 卡西尔:《人论》,第 53 页。

定下来。符号的约定性就体现在这一过程中"①。这样,"符号系统的原理,由于其普遍性、有效性和全面的适用性,成了打开特殊的人类世界——人类文化大门的开门秘诀!一旦人掌握了这个秘诀,进一步发展就有了保证"②。

"符号化的思维和符号化的行为是人类生活中最富有代表性的特征,并且人类文化的全部发展都依赖于这些条件,这一点是无可争辩的。"③正是由于符号的发明,才真正地为我们开创了一个新的时代,使我们摆脱了自我狭小天地的实在世界,看到了一个更为丰富和多样的符号世界。正如卡西尔所说:"人不再生活在一个单纯的物理宇宙之中,而是生活在一个符号宇宙之中,……人不再能直接地面对实在,他不可能仿佛是面对面地直观实在了,人的符号活动能力(symbolic activity)进展多少,物理实在似乎相应的退却多少。在某种意义上说,人是在不断地与自身打交道而不是在应付事物本身。他是如此地使自己被包围在语言形式、艺术想象、神话的符号以及宗教的仪式之中,以致除非凭借这些人为媒介

---

① 在符号的历史上,人们对于符号这一概念的使用一直处于混乱不堪的状态。比如巴特就说:"记号这个词出现在(从神学到医学)各种不同的词汇系统中,它的历史也极其丰富(从福音书到控制论),不过这个词本身含义却很模糊。因此在我们论述索绪尔对这个词的解释之前,应当先谈一下这个意义多变的词在其中出现概念之范围。实际上记号这个词可随作者之意与一系列接近和类似的词来使用,如信号(signal)、指号(indice)、肖像(icon)、象征(symbole)譬喻(allegorie)等等,都是记号的主要替用词。"(《符号学原理》,李幼蒸译,中国人民大学出版社 2008 年版,第 23 页)。其实,在汉语语境中,这些词具有一定的联系,但基本上都有其具体的所指。信号是人和动物都具有的特点,但人又具有超越于信号而具有符号的特点,譬如动物都具有特定的信号可以获取猎物或交流。而记号只是为了辨认和助记发挥限定和区别的作用,记号和所指物之间是互相对应的关系。记号按其透明性的程度可以分为标记和暗号。标记具有公共性,而暗号就有私人性。(汪堂家:《记号、符号及其效力》,《复旦学报》2004 年第 3 期)。美国的符号学家 C. M. 莫里斯则认为符号和信号有区别,他说:"如果有机体给它自己提供了这样一个指号,这个指号在控制它的行为方面代替了另一个指号,意谓那个被替代的指号所意谓的东西,那么,这个指号就是一个符号,这个指号—过程就是一个符号—过程;如果情况不是这样,那么,它就是一个信号,这个指号—过程就是一个信号—过程。说得简单一点,符号就是符号的解释者所产生的、作为一个与它同义的指号的替代物而起作用的那种指号;所有不是符号的指号都是信号。"(参阅[美] C. M. 莫里斯《指号、语言和行为》,罗兰、周易译,上海人民出版社,第 27 页)。

② [德]卡西尔:《人论》,第 45 页。
③ [德]卡西尔:《人论》,第 35 页。

物的中介，他就不可能看见和认识任何东西。"① 正是由于这一点，与其说人是通过符号来把握外在的实在世界，不如说人所认识的直接就是一个符号的世界。用德国哲学家密特西特拉斯（Jurgen Mittelstralas）的话说："我们并不直接认识我们的世界，我们总是通过符号来感受我们的世界。"② 于是，"人类并不是孤立地生活在客观世界上，也不像人们通常所理解的那样孤立地生活在社会活动的世界上，相反，他们完全受已成为表达他们的社会之媒介的特定语言所支配。想象一个人不用语言就可以适应现实并且把语言仅仅看作交往或思考中的特殊问题的一种附属手段，这纯属幻想。事实上，'现实世界'在很大的程度上是建立在团体的语言习惯之上的。绝没有两种语言在表现同一个社会现实时是被视为完全相同的。不同的社会所生活于其中的世界是不同的世界，不只是贴上不同标签的同一个世界……我们确实可以看到、听到和体验到许许多多的东西，但这是因为我们这个社团的语言习惯预先给了我们解释世界的一些

---

① ［德］卡西尔：《人论》，第33页。
② 不过在这里，我们要提醒的是，在人类发展史上，正是认识到符号是我们通向外在世界的门户，但符号也可能因此歪曲和虚假地反映世界的真实，所以一些思想家极力地否定符号在了解和认识外在世界的作用，认为符号不但不能使我们认识一个"本真自然"的世界，而是对世界的歪曲。譬如中国古代的道家和禅宗就极力否定语言符号的价值，如道家讲"道可道，非常道，名可名，非常名"，禅宗讲"不立文字，绕路说禅""言语道断"等思想。不惟中国，西方亦然，希腊哲学史上的高尔吉亚，就认为"无物存在；如果有实物存在，人也是无法认识它；即便可以认识它，也无法把它告诉别人"。又说，"我们告诉别人时用的信号是语言，而语言并不是给予的东西和存在的东西；所以我们告诉别人的东西并不是存在的东西，而是语言，语言是异于给予的东西的"。（《西方哲学原著选读》，北京大学哲学系外国哲学教研室编，商务印书馆2005年版，第56页）。柏拉图在其对话录《斐德诺篇》中讲述了一个故事：古神图提去见埃及国王，他向国王献上自己的包括数字、文学、天文学等在内的一系列发明。他献上文字时，对国王说这项发明"将使埃及人民更为聪明，而且给他们更好的记忆力"。可是国王经过三思，拒绝了这项礼物，并且对图提说："哦，最善创造发明的图提啊，一项技艺的发明并不一定就对其使用者最为有利。你，作为文字之父，为了爱你的子民而贡献给他们的，却是他们无法消受的。你的发明——文字——会造成学习者灵魂的健忘，这将造成人民不再使用他们的记忆。因而，你所发明的这剂药，只能医再认，不能医记忆。你所拿给学生的东西是真实界的形似，而不是真实界本身。因为借助文字的帮助，你们无须教练就可以吞下许多知识，好像无所不知，而实际上却一无所知。"（［古希腊］柏拉图：《柏拉图文艺对话集》，朱光潜译，人民出版社1963年版，第169页）。海德格尔也正是看到了语言的"解蔽/遮蔽"功能，而陷入"说不可说之神秘"的悖论。

选择"①。因此，正是凭借符号的作用，人类创造了一个迥异于物理世界的符号世界。

卡西尔这一符号学思想理论提出，与西方哲学的"语言学转向"不谋而合，充分显示了卡西尔符号学理论所具有的重要的时代价值和理论意义。② 综观西方哲学发展的历史，西方哲学大致经历了三大发展阶段，古典时期的本体论（Ontology）阶段，它要回答的问题是：世界是怎样的？哲学就是去认识和掌握世界的规律，于是哲学就表现为各种各样关于世界本体的观点。这一时期许多哲学家都在探索和寻找支配这个流动不居的世界现象背后永恒的本体是什么？譬如泰勒斯的"水"、德谟克利特的"原子"、毕达哥拉斯的"数"、柏拉图的"理念"等，都是哲学家们在把握世界的本体时所取得的认识；现代时期之所以进入认识论（Epistemological）阶段，就在于哲学家们逐渐地认识到研究世界的本体固然十分的重要，但在人们还没有搞清楚认识世界现象的前提——人是否具备认识世界的能力——之前，就奢谈世界本体根本是不切实际的，所以现代哲学把人的认识能力作为自己研究的焦点，从笛卡儿的"我思故我在"到康德的"人的认识能力是如何可能的？"都把认识论作为研究的根本；后现代时期人们则发现无论人们对本体论的研究，还是对认识的研究，其最终都归结到语言论（符号论）（Linguistic）的表达问题，如果我们在使用语言（符号）问题时犯了错误，那么，就难以保障前两个问题的正确性，对语言符号的分析就成了后现代时期哲学研究的中心，"当代几乎所有重要哲学派别的研究都涉足于符号问题，他们也都有自己的符号学"③。无论是语言分析哲学、现象学抑或结构主义都把对语言符号的

---

① ［美］萨丕尔：《关于语言、文化和个性的论文选》，引自霍克斯《结构主义和符号学》，瞿铁鹏译，上海译文出版社1987年版，第23页。

② 语言学转向（Linguistic Turn）是用来标识西方20世纪哲学与西方传统哲学之区别与转换的一个概念，即集中关注语言是20世纪西方哲学的一个显著特征，语言不再是传统哲学讨论中涉及的一个工具性的问题，而是成为哲学反思自身传统的一个起点和基础。换句话说，语言不仅被看成传统哲学的症结所在，同时也是哲学要进一步发展所必然面对的根本问题，由于语言与思维之间的紧密关系，哲学运思过程在相当程度上被语言问题所替换。

③ 黄玉顺：《符号的诞生——中国哲学视域中的符号现象学问题》，《中山大学学报》2009年第3期。

分析当作哲学研究的重心。

关于哲学史上的这两次"转向",朱立元教授给我们做了精当的概括,他说"可以说,西方哲学的两次'转向',使得它的立论基点与前大为不同。17世纪以前的哲学更多关注'世界的本质'是什么,似乎弄清了它,其他疑难都可迎刃而解;认识论的哲学关注'我们如何知道世界的本质',它要求在对世界作出判断以前,应先对意识的可靠性和可能性作出回答;而语言论的哲学则关注'我们如何表述我们所知晓的世界的本质',他对前两类问题并未简单否定,但强调在语言层面上检验命题的真伪"①。和朱立元教授一样,汪民安教授也认为:"前者确信,事物背后有一个神,一个理念,一个逻各斯在支配和主导着,世界由它们控制,由它们操纵,由它们派生出来,这乃是典型的柏拉图哲学模式;后者(认识论模式)不再探讨本质为何物了,但却探讨怎样认识本质,它的基本问题乃是人的意识和世界的关系问题,人对世界认识的可能性问题,这样,最终滑向了人/世界的二元论哲学,也即包括唯物论和唯心论的两种模式的认识论哲学。"② 而符号论则探讨符号和世界的关系,在这里,"主体(人)被消灭了,他不存在于这一哲学问题中,意识也不再是意义的源泉或者生产的场所,也不是知识可靠性的保证,意识也被这一哲学驱逐走了。现在,只有语言存在着,语言符号和世界发生着关系,世界依赖于语言符号,它是语言的体现,语言的潜在反映,语言的面孔"③。因此,符号学(语言学)的出现,改变了人们对待事物的方式。正是在这一点上,我们发现符号学与20世纪分析哲学和存在哲学灵犀相通。20世纪凡在哲学上颇有建树的思想大家诸如维特根斯坦、海德格尔等无不涉及符号学领域,对于维特根斯坦来说,语言的界限就是世界的界限。对于海德格尔来说,词语破碎处,无物存在,正是语言的命名才使世界变得澄明起来,世界是因为语言才存在的。这一切都为我们从事符号学的研究提供了重要的思想启迪。

---

① 朱立元:《当代西方文艺理论》,华东师范大学出版社1997年版,第7页。
② 汪民安:《谁是罗兰·巴特》,江苏人民出版社2006年版,第86页。
③ 汪民安:《谁是罗兰·巴特》,第86页。

第二节　符号唯心主义：一个常被提及却尚待澄明的术语

卡西尔的符号学思想为我们揭橥了人的符号性思维和符号化的世界，凸显了符号在当代社会中的重要作用。实际上，符号与人类的发展是相伴始终的，只不过随着社会的发展，以前符号学的发展没有今日在全球化和传媒业飞速发展、商品广告无孔不入的时代异常突出罢了。如今面对符号泛滥、意义相对匮乏的现状，符号学的研究日益引起了学者们的重视。相对而言，在前现代社会，由于生产力水平的限制，人类生产符号的能力还较为落后，人们所生产的符号数量还相当有限，人们有足够的余暇去消化和规整所生产的符号。因此，符号与其所指称的事物存在着一定的对应关系；但是，到了工业或后工业社会，由于信息技术尤其是传媒业的飞速发展，使得人们的符号生产能力空前提高，这样人们还未来得及消化刚生产的符号，新的符号就接踵而至，人们便迷失在令人眼花缭乱的符号天地中。不是符号对物的指称而是符号自身成了人们生存的指引。符号本身所表达的内容与该符号本身并无必然的关系，而是任意的。"生活世界的秩序充满能指（signifier）流动，其所指涉的对象或客体已经不重要，人们的交往空间似乎从自然世界被带入了信息化的社会世界中，此时的符号只是信息的仿真。"① "人类进入了一个多媒体表达的疯狂时代，一个媒体绑架思想、控制认识、俘获意义、禁锢主体的符号牢狱世界。"②

当代德国著名的符号学学者梅勒（H. G. Moeller）从结构主义符号学出发，从结构主义符号学能指（signifier）和所指（signified）的两个核心观念出发，把符号学这三个发展阶段分为存有性结构（presence）、代表性结构（representation）和标记性结构（significance），这三种结构分

---

① 林信华：《社会符号学》，东方出版中心2011年版，第103页。
② 胡潇：《语言符号能指、所指关系建构机理的认识论分析》，《哲学动态》2010年第11期。

别对应于符号学的发展前现代阶段、现代阶段和后现代阶段。它们之间的关系可以用表 1-1 表示：

表 1-1　　　　　　　　梅勒关于符号发展阶段的结构表

	存有领域	标记领域
存有性结构	所指—能指	
代表性结构	所指	能指
标记性结构		所指—能指

从表 1-1 来看，在存有性结构中，能指和所指都处于存有领域，能指和所指互为一体，能指即代表着所指，即符号的指称代表着现实生活中具体的事物，是一种"名副其实"的符号学。梅勒认为中国古代的符号学思想是这一类型的典型代表；而在代表性结构中，则能指和所指处于分离的状态，能指代表所指，但是作为代表和反映人"现实"的能指并不能总是如实再现实际事物，它不过是人们心灵意象（mental image）和声音（sound）的组合，这样，作为符号的能指，由于不同的人可以对不同的事物有不同的称呼，甚至对同一称呼可以有不同的书写，因此，能指并不能如实地反映外在的事物，可能歪曲和欺骗所指。所以能指和所指都具有各自独立的意义；在标记性结构中，能指和所指都处于标记领域，它和存有性结构一样，能指和所指共为一体，但是和存有性结构不同的是，能指凌驾于所指之上，将所指变为能指，而使得现实变为符号的目的。① 在标记性结构中，则能指和所指都存在于标记性领域，所指即使作为存有仿佛也具有标记的特征，现实仿佛变成了符号，标记结构的思想，是推崇能指或"标记"的思想，后现代哲学正是通过将所指变成能指，将本质变成现象，将存有变成标记，将现实变成符号，而得出

---

① 饶有意思的是，梅勒在这里给我们举了一个典型的例子，来说明代表性结构这种符号所具有的潜在的欺骗性，希腊的两个著名画家 Zeuxis 和 Parrhasios 在比赛谁的画更逼真，Zeuxis 所画的葡萄惟妙惟肖吸引了空中的鸟儿前来啄食，而正当 Zeuxis 陶醉在自己的成功的习作而志得意满时，结果他却被 Parrhasios 所画的更为逼真的窗帘所欺骗。Zeuxis 所画的作品只骗过了小鸟，而 Parrhasios 所画的画骗的却是画家。这一切反映了代表性符号所具有的欺骗性的特性。

其所谓无中心的平等主义（Egalitarian）主张。"符号本身越来越具有其自主性，能指的运作可以在一些层面上脱离所指，谁是收讯者也不重要，符号的再现也在同样的逻辑下越来越脱离文化的物质性、与其关联的自然性和意识的理念性。"① 正是由于以上的情况，梅勒指出了西方符号学的发展危机。②

其实，这种符号学的危机，就在于符号脱离了符号初期对物的指称功能，而成为具有独立意义的自洽的符号系统。③ 也就是说，符号的能指（signifier）仅代表符号的声音（sound），所指（signified）代表符号的概念（concept）或者该事物的心理表象，而不是具体的一件事物。而符号不指称外在事物的这一特点，对于理解索绪尔的符号学思想来说特别重要，但却往往最容易被人误解和忽视。之所以会产生这样的认识，就在于符号学有其一套独立、自足的系统，但是，这一独立、自足的系统却不像数学、逻辑学等学科那样拥有一套自己独立的语言符号系统，它所使用的符号大多来源于人们日常生活中的语言，虽然它们使用同一套语言符号，但它们却遵循不同的"游戏规则"，日常生活符号主张符号与实存之间的纵向对应关系，讲究"辞事相称"；而符号系统则通过符号与符号之间的横向差异来体现符号自身的意义。也就是说，符号是由能指和所指二者之间的"差异性关系"来实现的，符号的能指和所指组合是任意的，以一棵树为例，它的能指即某一音响形象，如汉语的 shu、法语的 arbre、德语的 baum、拉丁语的 arbor、英语的 tree 等；它的所指即概念，是大地上生长着的实际树木的心理形象。这两方面的结合就构成了一个语言符号。"我们把概念和音响形象的结合叫做符号。"④

而能指和所指是对立的统一体，正如索绪尔所言，就像水是氢和氧

---

① 汪民安：《谁是罗兰·巴特》，江苏人民出版社 2006 年版，第 140 页。
② Hans-Georg Moeller, *before and after representation*, semiotica. pp. 69–77。
③ 在某种意义上说，正是符号不指称实在事物的特点使符号获得了极大的解放和表现力，也就是说使一些人类的抽象观念也在符号的意义上有了称谓。但也为人类自身的发展埋下了隐患，后文详论此点。
④ [瑞士] 费尔迪南·德·索绪尔：《普通语言学教程》，高名凯译，岑麒祥、叶蜚声校注，商务印书馆 1980 年版，第 102 页。

的结合,分开来考虑,每个要素都没有水的特性一样,符号的能指和所指也像水由氢和氧的组合一样,是彼此不能分开的。不过符号的能指和所指之间的关系不像水那样是必然的,而是任意的和约定的,这种任意性和约定性取决于使用者之间的动机和协议。就像索绪尔所言:"事实上,一个社会所接受的任何表达手段,原则上都是以集体习惯,或者同样可以说,以约定俗成为基础的。例如那些往往带有某种自然表情的礼节符号(试想一想汉人从前用三跪九叩拜见他们的皇帝)也仍然是依照一种规矩给定下来的。强制使用礼节符号的正是这种规矩,而不是符号的内在价值。所以我们可以说,完全任意的符号比其他符号更能实现符号方式的理想;这就是为什么语言这种最复杂、最广泛的表达系统,同时也是最富有特点的表达系统。"① 也就是在这种意义上,符号的称谓并不是与生俱来的,而是在人们的后天环境中形成的,由于人们在后天环境中的生存境遇的不同,就形成了对符号的不同指称。也就是在此意义上,"符号的任意性并不是意味着符号本身的选择完全交由言说者来决定,而是意味着符号本身与它所表达的对象内容之间不存在自然的联系,事实上,在社会当中使用的每一个表达中介都必须以约定俗成的集体行为为基础"②。

我们在承认符号具有任意性特点的同时,也要看到符号具有理据性的特性。③ 这种符号的理据性体现在符号的产生在其初期虽然具有一定的任意性,但是这种任意性的符号一旦被人类社会群体所认同以后,这种符号的任意性也就逐渐地具有比较稳定的含义和用法,其变化的可能性

---

① 索绪尔正是在这一点上,把符号(sign)和卡西尔所说的象征(symbol)区分开来,如果说符号的特点是任意的话,那么象征的特点就不是任意的而是具有理据性。诚如索绪尔所言:"曾有人用象征一词来指语言符号,或者更确切地说,来指我们叫做能指的东西。我们不便接受这个词,恰恰就是由于我们的第一个原则。象征的特点是:它永远是完全任意的;它不是空洞的;它在能指和所指之间有一点自然联系的根基。象征法律的天平就不能随便用什么东西,例如一辆车来代替。"([瑞士]费尔迪南·德·索绪尔:《普通语言学教程》,第104页)。

② 林信华:《社会符号学》,东方出版中心2011年版,第114页。

③ 关于符号任意性和理据性的关系人们也是从词源学角度加以解释。符号一词的希腊文是分成两半用以辨认持者身份的信物,而任意性体现在信物在分裂时是任意的,而把两者合并以证明身份则是具有理据性的。

相对来说较为缓慢。① 使用者对这种符号既不能改变也不能更换。"语言并不同大众社会商量，它所选择的能指不能用另外一个来代替。……已经选定的东西，不但个人即使想改变不能及时改变，就是大众也不能对任何一个词行使它的主权；不管语言是什么样子，大众都得同它绑在一起。"② 由于存在这种不自由性，符号学在其运用中才将某种特定的规则作为目标。不无惊奇的是，这种符号的约定性在早期的中国古人那里也得到了相同的认识，荀子讲："名无固宜，约之以命，约定俗成谓之宜，异于约则谓之不宜；名无固实，约之以命实，约定俗成谓之实名，名有固善，径易而不拂，谓之善名。"③ 正是符号间的约定性成为主体间可交流性得以可能的必要前提。

巴特在继承索绪尔符号学理论的基础上，进一步修正和改变了符号学的发展方向。打破了符号学自我封闭的狭小天地，进入了对各种社会生活现象的分析，从而使符号学由普通符号学发展至社会符号学。④ 在巴特那里，汽车、服装、拳击以及细微不足的一切物什都可以进入巴特符号学分析的法眼，从而极大地拓展了符号学表现范围。较之索绪尔，巴特在以下三个方面拓展了索绪尔的符号学理论。首先，如果说索绪尔的语言符号只注重语言符号的形式而不注重语言符号实质的话，那么，巴特的符号学则依据的不是具体的非语言的实物，是这些实物的"实用"关系和意义。其次，如果说索绪尔所谈及语言符号的理据性来自于社会的约定俗成，来自于社会的契约关系，那么，巴特则认为符号的这一理据性是由少数的技术专家、决策集团来制定的。虽然决策集团或技术专家会考虑个体的心理需求，但更多的方面是由决策集团或技术专家制定的，他们决定着符号的生灭变化。比如服装或汽车符号的语言就不是约

---

① 正是在这一点上，在符号的创造问题上，有波兰眼科医生柴门霍夫（Zamenhof）创立的由 28 个字母和 16 条语法规则组成的世界语并未普及，以及中国语言文字的拼音化道路障碍重重都可以从这一点得到说明。这也可以说明父母为何在自己的孩子初来人世时，总是绞尽脑汁为孩子命名的道理所在。
② ［瑞士］费尔迪南·德·索绪尔：《普通语言学教程》，第 107 页。
③ 王先谦撰：《荀子集解》，中华书局 2010 年版，第 420 页。
④ 巴特的符号学思想笔者在后文 4.1.1 节做进一步阐述。这里从略。

定俗成的，而是由决策集团的任意性决定的，并通过杂志书写、媒体展示等形式传达出来，被大多数群众所接受。最后，如果说语言学中符号的任意性主要是指某一事物最初的符号建立是任意的，而这一对事物的任意称谓被人们认定后形成了一种约定俗成的能指与所指的关系时，这一符号所意指就不是任意的，那么，巴特的符号学所强调的符号任意性其不是通过约定俗成而是由决策集团方面任意制定并通过杂志、书写媒体传达出来的。①

我们对索绪尔与巴特符号学的发展做了简略的回顾之后，如果细加梳理符号学在其发展过程中的内在理路，便会发现从索绪尔所论及的符号学并不涉及其指涉物，到巴特的符号学虽指涉外在物，但其中所具有的意义并不是由物本身来呈现，而是由制定符号的技术专家和决策集团来决定。这一切无不告诉我们，符号作为人与物沟通的中介，它不过是人的意志任意地给物"赋义"的过程。这不免使符号具有了唯心主义的特质，就是说，就纯粹符号本身而言，符号并没有"唯心""唯物"之分，但由于符号使用者基于利益与意识形态等方面的目的，而使符号具有了唯心的倾向。符号的这一特质在现代社会以花样翻新的形式渗透在人类生活的各个领域，成为奴役我们的强制性力量。成为我们的时代图腾，而人们却乐此不疲浑然不觉。这一切都需要我们鞭辟入里地去探索符号唯心主义的来龙去脉，以便为克服符号统治的重重危机，寻求一条解决之途。由此，人类所创造的符号的良初愿望，但在后来的发展过程中却逐渐地偏离了人们的预初设想，反过来成为高高在上统治和主宰人类自身的"上帝"。这种符号形成的合法化危机就表现在符号的唯心主义的统治。这种符号的唯心主义自有其深刻的哲学渊源。这一深刻的哲学渊源就是意识哲学从中作祟的结果。

一 意识哲学：符号唯心主义的哲学之基

基于以上认识，我们不妨简单地给符号唯心主义做以概括性的界定。

---

① 项晓敏：《零度写作与人的自由——罗兰·巴特美学思想研究》，复旦大学出版社2003年版，第116—117页。

符号唯心主义就是符号自身并不反映外在的客观物象，而只是主体对外在客观物象建构和任意赋义的过程，尤其在现代社会受资本逻辑及其传媒意识形态的影响下，这一符号具有了更为强大的扩张势力和宰制力量，从而远离了符号自身的初始意义。虽然这样的概括略显粗糙，难免挂一漏万，但对我们简明扼要地理解这一概念却有很大助益。穷原竟委，接下来我们的工作是要对这一符号唯心主义的哲理基础做深层追问，追问使我们认识到这一符号唯心主义是根深蒂固的意识哲学从中作祟的结果。为什么意识哲学是导致符号走向唯心主义的罪魁祸首呢？

在中国，"唯心主义"（Idealism）一词，大都与反动哲学和主观偏见联系在一起，多被抹杀和贬斥，从而使该词遭受了丑诋和蒙上了诸多的污名。为此，有必要对"唯心主义"作一番清理性的工作，以还原对"唯心论"的科学认识。[①] 笔者认为这种唯心论的哲学就是一种意识哲学，这种意识哲学可以说是西方传统哲学的一条主线，这一主线就是从"心"而非从"身"出发对外在世界的把握。这里的"心"绝非心理意义之"心"，而是逻辑意义之"心"，即心即理也。西方传统哲学即是以"心"对感性世界的否弃而对超感性世界的追求为始终的。因为对于变动不居无物常驻的感性世界来说，是无从把握的，而只有从"心"出发，才能把握住这多变的万象。因此，从巴门尼德之"存在"，柏拉图的"相"，亚里士多德的"形式"，到笛卡儿的"我思"，康德的"先验自我"，以

---

① 关于唯心论的见解，传统教科书往往把物质和意识何为第一性的回答视为划分唯心和唯物的基本判准。这样的划分在我们看来失之笼统和简单。谢幼伟教授在对贺麟教授《近代唯心论简释》一书的评论文章中，曾就"唯心论"这一术语做过详细而周备的总结。他把"唯心论"分为五个方面。主观唯心论（subjective idealism）认为存在不离思维或观念。客观唯心主义（objective idealism），认为宇宙是绝对理念、精神或心灵的表现。柏拉图的唯心主义（platonic idealism）认为感觉和经验世界之后尚有一种理性世界，此理性世界乃感觉世界之所本。批判的唯心论或现象论（critical idealism or phenomenalism）认为吾人所见之事物，皆曾经吾心所具之各种形式或范畴所综合与组织。事物经过心灵范畴之综合与组织后，已非事实之真相，而为现象与观念，事物的本身或"物如"（thing-in-self）不可知，所知者，现象耳，或观念耳。神学的唯心论（theistic idealism）认为神为最高的实在，神之观念，即其创造世界及支持世界之模型。由此看来，唯心论是一个指涉丰富的术语，远非教科书那么简单。详参《何谓唯心论——兼评贺麟著〈近代唯心论简释〉》，该文收录于贺麟《近代唯心论简释》一书，上海人民出版社2009年版，第284页。

至于黑格尔的"绝对理念",无论这些哲学前提性基点如何变化,都一以贯之地以人的"意识"为根本。他们所反映的现实不过是自我编织的超验世界,外在的感性现实依然在他们的视线之外。确切地说,人们并不把感性的世界当作真实的世界,而是把超感性的理性世界当作真实的世界,从而使这种实存的感性世界成了被遗忘的历史。正如海德格尔所说的那样,"自柏拉图以来,更确切地说,自晚期希腊和基督教对柏拉图哲学的解释以来,这一超感性领域就被当作真实的和真正现实的世界了,与之相区别,感性世界只不过是尘世的、易变的,因而完全是表面的、非现实的世界"①。自然,表达这一意识哲学的符号自然也是唯心主义的符号。尽管这一独立、自足的意识符号系统看起来和日常生活的符号系统貌似无异,但其实却有本质性的区别。在这里,符号的意义完全来自逻辑的规定,即不同符号之间的相互作用,而与任何感性经验对象了无瓜葛。下面,我们从三个方面更进一步地阐明意识哲学的特点。

首先,意识哲学是一种主体性的哲学。在西方哲学史上,人们一直就把如何认识和把握外在的客观世界当作自己孜孜不倦追求的首要任务。因为只有认识清楚了外在的客观世界才是我们进一步实践和改造自然的前提,但是,如何认识外在的客观世界却一直是令哲学家们伤透脑筋的一件事情,因为对处于一种稍纵即逝、流动不居状态的外在世界来说,人类是很难给予精确把握的。因此,西方哲学家认为在这种流动不居的现象背后一定有一个支配事物得以运动的内在本质,只有抓住了事物运动的内在本质,亦即把握了事物的外在现象。因而自古希腊以来,哲学家们始终把寻找支配事物运动的背后之不动部分,作为哲学工作的核心,似乎谁掌握了支配这个世界得以运行的秘密,谁就可以因此而掌控了外在世界,但是,在如何认识这个世界的本质问题上,哲学家们却从未达到普遍一致的共识。早期的哲学家们倾向于用外在实在性的事物或抽象的理念作为我们掌握世界的阿基米德点,譬如泰勒斯以"水"、毕达哥拉斯以"数"、柏拉图以"理念",作为我们认识世界的根本。尤其是柏拉

---

① [德]马丁·海德格尔:《海德格尔选集》,孙周兴编,生活·读书·新知三联书店1996年版,第770—771页。

图的理念论思想可以说奠定了整个西方传统意识哲学发展的趋向，认为理念且唯有理念才是我们理解世界的秘籍。难怪哲学家怀特海（Whitehead）一针见血地指出，两千五百年以来的西方哲学史不过是对柏拉图思想的一个脚注。如果说以追问外在世界的本质为核心的古希腊哲学为主体性哲学的滥觞，那么，文艺复兴之后则是主体哲学的进一步发展。以笛卡儿的"我思故我在"为发端的近代哲学则凸显了主体哲学的进一步发展。笛卡儿认为不仅我们身处其中的外在世界，而且"我思"灵魂之外的身体也是极不可靠而悬置待审的。这样，"我思"就成了笛卡儿哲学思想的逻辑起点，外在世界的存在只有建立在主体意识的基础上才是合法的。到了康德，则把意识哲学的主体性推进到巅峰，康德旗帜鲜明地提出"人为自然立法"，主体通过建立先验范畴来规范外在的对象，这样，外在的世界只有进入主体的所设定的先天范畴才能为人们所把握，而独立的"物自体"是不可认识也无从把握的。逮至黑格尔，则完全把康德还留有余地的"物自体"撇在脑后，一切都在理念的掌控之中，世界就是"绝对理念"的自我运动。从而完成了主体性哲学的彻底革命。

主体对客体的统治一直以来是形而上学的一条主线。自古以来，形而上学就一直试图探讨终极实体，近代哲学的主客二分则为人们奠定了形而上学研究的基本框架。主体性哲学维持了主体对客体的优势地位，而现代形而上学则使这种状况合法化。然而，风云突变，人们对主体的观念有了重新的体认，这种重新体认的结果就在于主体哲学遭遇到了"偶像的黄昏"，主体情况发生了颠倒性变化，主体在这场战斗中丢掉了自身的幻觉和傲慢，丧失对客体的统治权。人们发现主体性哲学并没有取得实质性的胜利，它仍然没有摆脱被外在客体来建构的历史宿命。"物"一改往日受人役使、受人摆布的被动命运，开始变得主动，向人进行反击，对主体实施报复。被创造者要消灭创造者，往日的奴隶变成了今日的主人。所以，摆脱了上帝和理性对人的统治，但是"新的上帝和理性"又乔装打扮粉墨登场了，诸如资本、自我、信息、媒体、技术、符号等客体超越了自身的限制，逃脱了主体的控制而具有了自己的计谋和策略，反宰于对主体自身的控制。这样传统哲学中无生命的平凡之物，反而成了令人恐惧的"致命之物"，主客体之间的辩证关系失去了平衡。

"物（客体）已经找到了避免意义辩证法的途径，它通过无限的扩散，增加潜力，超越自身攀登至极限。由此，淫秽就成为其内在的命定性和无意义的理性。"所以，后现代一系列思想大家，都不约而同地展开了对主体宿命论的揭示，拉康主张主体是"幻象"，实际上是"大他者"建构的结果，福柯惊世骇俗地提出"人之死"，而巴特则提出了"作者之死"，列维纳斯则提出了"他者"的哲学，而鲍德里亚则提出了"超真实"对主体的统治。外在的客体开始了对人的摧毁和报复。"主体的欲望再也不是出于世界的中心，反过来处于核心地位的是物的命运。"① 这一切都喻示着主体的虚妄和客体对人的统治时代的到来。所以，"尽管人们无数次宣布主体已死，但这种主体意志操纵社会世界的思想逻辑仍然在无主体的主体论逻辑中阴魂不散。于是，这个主体缺席的主体论逻辑就变成了一个无名主体的'幽灵'，它在哈贝马斯是亚系统的统治，在海德格尔是主客关系的座架，在德里达是逻各斯中心主义，在福柯是无主体的现代知识分子系统"②。后现代哲学主客体的"翻转"命运的罪魁祸首是谁呢？是谁具有如此巨大的威力来颠覆传统哲学主客体关系，并且把充满自信的人类"主体"置于被扼杀的绝境呢？这不能不归结于人类自己在其发展过程中所种下的恶果。人所种下的这些恶果是人类自身始料未及的。要提及的是，我们这里强调的外在物对人的统治，这里的物和过去的物今非昔比。如果说早期的物与资本的捆绑造成了人的异化和物化，那么，现代的物已经是含有高科技的物，是仿真的诱惑之物。我们今天更多的人所患上的网瘾症、物欲症等无不是这一主客颠倒的哲学思想在当代社会现实中的体现。

其次，意识哲学是一种抹平差异走向同一性的哲学。正是由于意识哲学是一种符号意义上的哲学，自然也就是一种追求同一性的概念符号的哲学。它仍把客体作为我们把握外在世界的中介，把先验作为把握经验的中介，把对外在丰富多彩的事物的普遍本质的追求当作了哲学工作

---

① Baudrillard, L' Autre par lui-mime, habilitation, Galitation, Galilee, 1987, p. 69.
② 吴兴明：《重建生产的美学——论解分化及文化产业研究的思想维度》，《文艺研究》2011年第11期。

的全部，然而，这种对事物的抽象把握遮蔽了事物自身所具有的具体规定性，使事物本然面目在这种同一性思维范式的辖制下面目全非。因而这种同一性的哲学也是一种消除差异、消灭他者的暴力哲学，宗教裁判所对异端的火刑，纳粹对犹太人的屠杀，都是这种追求同一性哲学排斥他者的表现。因此俄籍法国哲学家科耶夫称黑格尔用符号概念（词语）来统摄外在一切事物的武断做法是"词语对事物的谋杀"。正如科耶夫所说：

> 在《精神现象学》的第七章，黑格尔说所有的概念理解等于是谋杀者。那么，让我们回顾一下他念念不忘的东西。只要意义（或本质、概念、逻各斯、理念等）体现在一个经验的存在实体中，这个意义和本质，一如这个实体，是活的。例如，只要"狗"这个意义（或本质）体现在一个可感知的实体中，这个意义（或本质）就是活的：它是真实的狗，一只在跑、在饮水、在吃东西的狗。但当"狗"这个意义（本质）进入"狗"这个词中——即成为不同于可感知现实的抽象概念，而正是概念揭示了现实的意义时，意义（本质）就死了："狗"这个词不会跑、不会饮水、不会吃东西；词中的意义（本质）不再是活的——即它死了。而这就是为什么对经验现实的概念理解等于是谋杀者的原因①。

也就是说，一旦概念表征了外在的事物，事物本身就会呈现于词语、概念之中，而词语、概念又不是呈现直接的物理现实。一如拉康所言，语言的存在就是客体的非存在。"只有通过非存在的形式，才能将无法说出的存在说出来，并将说出来的存在'冒险地'成为真正的存在替代物。这是人类语言和文化的吊诡、矛盾和悲剧，也是人类无法避免和逃脱的。人类要谈论与自身密切相关的客观对象，但又无法在谈论时将对象实实在在地拿来拿去或随人的言谈而调动它们，因此，人类只好借助于语言

---

① Kojeve, *Introduction to the reading of Hegel*, P.140. 转引自严泽胜《穿越"我思"的幻象——拉康主体性理论及其当代效应》，东方出版社2007年版，第140页。

或类似于语言的各种符号来意指其所谈论的对象。这样一来，语言这种'非存在'就成为真正的'存在'的替代物，或甚至把符号当成真正的对象来看待。殊不知这样一来，替代物往往冒充为被替代的东西，甚至'喧宾夺主'地声称替代物优越于被替代物，将各种类似语言的符号当成'真理'的象征。在许多情况下，人们还更抽象地、不直接指涉其实际对象而使用语言等符号，使语言等符号比实际事物更频繁地被人们使用着，尤其更多地被使用到交谈和书写之中。语言等符号就是这样越来越脱离其对象而被使用，并被赋予更抽象和更复杂以及更曲折的内涵。"① 从具体事物身上抽离和派生出来而形成的概念（符号）就成为人们重复性使用和再现事物的重要通道。而正是在这样对符号的重复性使用中，符号的同一性被建立起来。因而意识哲学作为一种以概念为主的一种哲学就是一种同一性的哲学，这种同一性的哲学并不以对事物本来面目的反映为中心，而是主体先验建构而成的哲学，这种同一性的哲学是一种"暴力"统治意义上的哲学，它是以夷平物的差异性和丰富性为代价的暴力哲学。因为外在世界的一切事物都在语言符号的统摄之下才能进入人们的视线。吊诡的是，健忘的人们却往往把作为指称意义的中介符号当成了理解外在世界的终极目的。这一点恰如马克思所说："语言是思想的直接现实。正像哲学家把思维变成一种独立的力量那样，他们也一定要把语言变成某种独立的特殊的王国。这就是哲学语言的秘密，在哲学语言里，思想通过词的形式具有自己本身的内容。从思想世界降到现实世界的问题，变成了从语言降到生活中的问题。"② 事实上，语言是对现实世界的反映，但是，现在却反过来，现实世界却成了语言的例证，语言的这种颠倒作用是唯心主义产生的重要根源。

最后，意识哲学是一种祛时性的哲学。既然意识哲学是一种以概念为主的同一性哲学，这种哲学在对事物进行认识时，总是以静止的、共时的方式实现对物的认识，而完全无视物的"过去"抑或"未来"的变化，所以事物的时间问题并不进入这种哲学研究的视野。因为他们以为

---

① 冯俊等：《后现代主义哲学演讲录》，商务印书馆2003年版，第559页。
② 《马克思恩格斯全集》（第3卷），人民出版社1960年版，第525页。

感性事物之所以变动不居的根源就在于时间，只有将时间剔除出去，我们才能得以本质性地把握世界，正是意识哲学以否弃"过去"和"将来"而凸显"现在"，这种总以事物现存状态的认识当作普遍性的认识，显然并不能反映事物的真实状况。正如赫拉克利特所说："我们踏进又踏不进同一条河，我们存在又不存在。"因为任何事物都处在变化和运动之中。意识哲学总是企图以一种先验范畴来匡正和规范这个流动变化的世界，总是把对某一事物在特定时期的认识当作了对这一事物的本质性认识，显然是一种机械武断的做法，缺乏对事物的存在论纬度，这样实际上远离了物本身。这种抓住一点不及其余的盲人摸象的做法，使具体、丰富、多样且蕴含着无限生机与活力的感性事物逐渐中介化为僵硬、死寂且无时间性的东西，但却又偏偏让这无时间性的东西在变动不居的感性中显现。看似对物的把握，事物似乎离人更近了，实则离人更远了，实际上人们接近不了事物本身。这一点在康德及其之前的哲学中表现得尤为突出，这仍然是受限于自古希腊以来本体论思维影响的结果。正如洪汉鼎先生所言："形而上学本质上是超时间世界而走向无时间的世界。"① 形而上学为何无视时间的存在呢？叶秀山先生就此分析道："传统形而上学又为什么超越了时间之外了呢？原来，凡经验的时间都被看作是无限的，如问事物经验之起源，则可无穷地问下去，绝无止境；但形而上学又非要问个头来不可，于是，这个'头'就只能'在'时间之外了。传统的形而上学的寻根问底精神，逼出了一个纯思想的天地，一个理念的天地，这个天地倒也美丽，却是一个空中楼阁、海市蜃楼，它'不存在'。"② 这种思想遭到了后期哲学家的极力批判，时间问题也渐次走入了哲学家的理论视野，这一点在黑格尔尤其后来海德格尔思想中得到了有力的体现，从而使意识哲学对时间的忽视大为改观。

二　符号唯心主义的基本特征

这种意识哲学表现在符号领域就体现在符号的唯心主义特征，这种

---

① 洪汉鼎：《诠释学——它的历史和当代发展》，人民出版社2001年版，第4页。
② 叶秀山：《论时间引入形而上学之意义》，《哲学研究》1998年第1期。

符号唯心主义的特征具体而言体现在以下几点：

首先，这种符号唯心主义的特征体现在符号的"祛身性"，这种符号的"祛身性"就体现在符号系统是一种非涉身的具有独立、自足系统的意识符号系统，它强调能指和所指、历时和共时的严格二分。这种符号系统一旦确立就会具有符号自己的运行逻辑，反宰对人自身的统治，与外在的现实世界了无瓜葛。正是由于符号唯心主义斩断了身体之于符号形成过程中的始源性意义，因此，在西方哲学发展历程中，人的身体一直受到贬抑，这一思想由柏拉图首开其端，其后思想家将其进一步地发扬光大。在柏拉图哲学中，身体不但没有应有的地位，反而是我们通达理念世界的包袱，"带着肉体去探索任何事物，灵魂显然是要上当的"①。因而身体是污秽的，只有灵魂是不朽的。而基督教哲学更是把身体视为人的原罪，正是身体的欲望才导致人类的堕落，把身体视为邪恶和荒淫的化身。近代认识论更把身体看作我们通达真理的障碍，认为与纯粹的心灵相比，身体是机械性的和毫无生机的，是值得怀疑因而也是不可靠的，"我们对心灵或思想的事物比对身体知道得更清楚，因为他可以怀疑自己的身体，他就不能认为一切肉体的东西属于他的本质"②。而作为理性主义哲学集大成的黑格尔也没有给身体应有的地位，只是把身体看作人的精神外在化、个体化的对象，身体仍处于被灵魂所宰制的卑贱地位。正是由于人们长久以来对身体的久怀敌意，所以身体在西方哲学史上未受到人们的充分重视。在这一意识哲学思想主导下，身体始终处于被遮蔽和缺席的境地。无论过去抑或现在，即使人们对待身体，也是把身体视为一个符号编码的对象，身体长期以来一直成为被美丽、被祛魅、被反身、被异化的身体。在过去，受宗教观念和认识论影响，人们往往把身体视为心灵的牢笼、丧志的玩物、罪恶的渊薮、堕落的祸首、通达真理的障碍。在当代，人们又把身体要么理解为帅哥、靓妹的自我妆饰的美体之学，要么理解为强筋健骨、延年益寿的养生之术。前者体现为，

---

① ［古希腊］柏拉图：《斐多》，杨绛译，辽宁人民出版社2000年版，第15页。
② ［荷兰］斯宾诺莎：《笛卡尔哲学原理》，王荫庭、洪汉鼎译，商务印书馆1997年版，第54—55页。

在大众媒体诱导下，在坊间颇为火热的美容化妆、整容变性、塑身减肥以增强自己的魅力指数；后者体现在，受媒体广告的撺掇，受众服用长生不老的灵丹妙药，或到健身场馆把自己形塑成阳刚威猛或窈窕多姿的俊男美女。身体的主体意识依然付诸阙如。符号的祛身现象正是意识哲学作用的结果。而正是符号的祛身现象使符号得以形成的原初处境隐而不彰，并进而上升到了一种意识符号系统。

其次，这种符号唯心主义的特征还体现为对符号"祛时性"的强调。符号的"祛时性"就表现在这种符号是一种静态的符号，它忽视了符号在意指外在事物时物本身在世界上的动态性，缺乏符号与"物"的与时俱进，因此这种符号往往把外在事物视为僵死的、缺乏生命的凝滞的符号，往往用主体预设的先验概念去架构外在客观的事物，而忽视了事物本身的具身性、生态性和丰富性，忽视了这一符号得以形成的因缘整体。而这一对符号祛时性的强调与索绪尔注重语言符号的"共时性"而贬斥"历时性"符号学思想密不可分。对于索绪尔而言，从"历时性"出发，符号就带有个体性、随机性的言语符号的特征，是无法进行对符号学本身的研究。只有我们从语言符号的"共时性"特点出发，我们才能找到符号的结构规律。对于语言符号的研究，就像国际象棋中棋子和棋盘的走棋规律关系一样，它不关注每个棋子本身而重在研究下棋的规则。相对于规则而言，棋子本身是无关紧要的。与此同理，索绪尔认为语言符号的历时性特点由于其多变性、随机性特点而不易为人把握，只有从符号的共时性着眼，才能真正地把握符号自身的特点。这样，符号自身在形成过程中与时俱进的特性就被舍弃了。从而使符号变化性、语境性的特点在意识符号中付诸阙如。

再次，这种符号唯心主义的特征还体现为符号的涵义论（meaning）而非符号的意义论（signature）。即这种符号是一种本质主义的科学符号，这种科学符号只以反映和表现物的内在本质为旨趣，而丝毫不表现物本身的价值旨趣和意义机制。或者说它只注重符号的认识论而忽视了符号的价值论意义。按照杨国荣教授的理解，意义是人在对外在世界改造（成物）与自我改造（成人）的过程中所形成的，在这一意义的形成过程中，包含着两方面的内容：一方面是所改造对象的认知之维，是对对象的实然性的理解,它是我们把握和改造世界的前提基础,它外在于人的存在过程而蕴含于对象之中。另一方面是所改造对象的价值之维。人在改造对象的过程中,不仅仅局限于对对象自身的单纯的对象性规定,这一改造对象的过程又被理解为一种人的一个规划和筹划活动,规划和筹划以人的自我设定、自我实现为指向,它意味着通过人的生存活动把可能的存在化为现实的存在。此即所改造对象的价值之维,是对对象的应然性理解,是按照人的目的和理想来变革外在世界和人类自身。成己与成物构成了意义的生成之源。对此,杨教授做了更为精当的论述:"从深层的视域看,作为成己与成物的实质内容,认识世界与认识自己,改变世界与改变自我的过程既包含对世界与人自身的理解,也与价值意义的实现相联系……理解或认知之维的意义首先与'是什么'的问题相联系,'是什么'的具体内容涉及事物的规定和性质、事物之间的关系、符号的内涵等等。价值层面的意义所追问的,则是'意味着什么',作为价值的问题,'意味着什么'的具体内容涉及广义的利与害、善与恶、美与丑等等。宽泛而言,'是什么'的问题本于实然,'意味着什么'的问题则往往引向当然,而在成就自我(成己)与成就世界(成物)的过程中,实然与当然无法彼此分离,按其实质的内容,成己与成物表现为一个化当然(理想)为实然(现实)的过程,当然或理想既体现了人的需要和目的,又以现实的存在(实然)为根据。同时,自我的成就和世界的变革不仅涉及'应当'(应当做什么),而且关联着'如何'(如何做),如果说,作为发展目标的'应当'更多体现了价值的要求,那么,与实践的具体展开相联系的'如何'则离不开对现实存在形态的理解和认知。不难看出,以成就自我(成己)与成就世界(成物)为指向,'是什么'与'意味着什么'、'应当'与'如何'呈现了内在的相关性。'是什么'展示的是理解—认知层面的意义,'意味着什么'所蕴含的,则是目的—价值层面的意义,正是实践过程中以上两方面的彼此相关,构成了意义的理解之维和价值之维相互关联的现实根据。"[①] 但是符号唯心主义则只注重符号的理解——认知之维,也就是只重视符号自身的含义,而对符

---

① 杨国荣:《何谓意义——论意义的意义》,《文史哲》2010年第2期。

号之于人的价值之维视而不见。这样使符号学成为一种"见物不见人"的科学意义的符号。因而贺麟先生也把这种仅是理智意义上的符号称作"唯心论哲学"。①

最后，这种符号唯心主义的特征还体现在符号中能指僭越于所指之上，导致人们愈骛愈远地离开了人类赖以为生的真实世界，而生活在一个符号虚拟的超真实世界里。我们知道，人们创造符号的初衷就是实现对外在事物的指称功能，最终为人们把握和改造外在世界提供方便。但是，符号一旦产生，便可能摆脱了早期的指称功能，而具有了自己的生命，人们可能出于不同的动机或文化心理，而使符具有了不为人所驾驭的运行逻辑。这一点福柯为我们进行了深刻的论述，赵毅衡先生对此有着非常精辟的评论："福柯在《词与物》中对符号的这种自行创造意义的力量，颇感悲哀。在《词与物》中，他认为人类最初使用符号时，语言符号是物的完全确实并且透明的符号，但是文化让符号有可能超越于具体的对应，而指向自身，词语—物关系的逆转，是现代社会知识型上的根本断裂。最终，符号作为传播媒介，就像货币作为流通媒介一样，只关心自身的增殖潜能，而将其与物的关系通道全部切断。应当说，福柯的这个看法非常尖锐正确：当代文化中符号泛滥，是因为能指优势吞没了几乎所有文化。"② 这种符号对事物的指称功能的丧失和能指优势地位，在索绪尔和拉康的符号学理论中，为我们进行了详尽的论述。符号学发展至索绪尔，是符号学发展的一个根本性的变革，这一变革就体现在索绪尔颠覆了符号学的基本功能，认为符号并不指涉外在的事物，符号是由能指与所指构成。能指"是声音留下的印迹，是声音给我们的印象"。代表事物的声音，所指代表社会性的"集体概念"。两者都不代表客观的物理实体，"语言符号连接的不是事物和名称，而是概念和音响形象"③。因此，索绪尔称符号学是"形式，而不是实质的科学"。"在哲学史上，索绪尔的这一区分有着革命性的意义，它表明语言符号是

---

① 贺麟：《近代唯心论简释》，上海人民出版社2009年版，第5页。
② 赵毅衡：《符号学：原理与推演》，南京大学出版社2011年版，第93页。
③ ［瑞士］费尔迪南·德·索绪尔：《普通语言学教程》，第101页。

一个自足的意指系统,符号的意义不是来自其与所指指涉的对象之间的某种联系——如传统认识论中符号与对象的反映关系——而是来自符号系统内部能指和所指的结合。"① 一个所指可以有多个能指,一个能指也可以指向多个所指。前者如同一事物在不同的文化环境里人们对其有不同的指称,如我们前面所举的索绪尔以"树"为例。而后者则体现在同样一个词可以指代不同的事物。譬如,外国人对其血缘关系的重视程度显然就不如中国人的重视程度,英语世界中一个"uncle"在中国却分别指舅舅、伯伯、叔叔、姑父、姨父等称谓。索绪尔的符号学到了拉康那里又得到了进一步的发展。在索绪尔那里,符号的能指和所指作为构成符号不可或缺的两面有着同等的重要性,两者是相互依存不可分开的。但是,拉康却从精神分析学的角度以激进的方式颠倒了二者之间的稳定关系,认为能指优先于所指。一如索绪尔所理解的那样,能指不同于一般的记号,它并不具体地指涉某个对象或某个事物一样,它是不指涉任何对象的符号,相反,它是以僵死的符号对物的活生生的经验的抹杀,那么,作为孤立的符号,其本身并不代表任何意义,它只有在与其他符号的对比中,才能显示其自身的意义。符号的这一意义也正是在符号差异中才体现出来的。所以,符号与其说是能指和所指的结合,不如说是能指的分节(articulation)的结果。正是能指书写或音节的差异的分节效果而使其所指的效果不同。正是在这一意义上能指凌驾于所指之上,能指的运作在一些层面上脱离了所指,符号在这样的逻辑下越来越脱离符号的物质性,与其关联的自然性和意识的理念性。导致了符号唯心主义的结果。

对于符号的能指优势地位我们可以从国人对一些数字的迷信中窥斑见豹,报载一些吉祥的电话号码和车牌号码在拍卖市场拍出惊人高价都是能指崇拜的体现。这种对能指的优先优势同样体现在德里达对"本原"(本源)的解构中。这里的本原是指"所有那些对经验来说构造性的概念

---

① 吴琼:《雅克·拉康:阅读你的症状》,中国人民大学出版社 2011 年版,第 332 页。

的本原"①。本原问题是传统形而上的首要问题，而本原问题之所以是传统形而上的首要问题，按照海德格尔的说法，此问题的"首要性表现在三个方面：首先，它是最广泛的问题；其次，它是最深刻的问题；最后，它是最本源的问题"②。因此，是西方哲学的根本性问题。但是本原也只有在符号能指的"延异"（difference）中才能表述出来，而人们也只有通过符号的无限延异的踪迹（trace）中，才可能无限地接近那"本原"。这种符号在符号系统中不断地通过延异而被编码化（codification），使得符号所承载的意义与指示的对象不断地模糊，最终导致符号本身就是意义及其所要表示的对象，从而真正意义上的符号所指示的"本原"成为永远难以企及的海市蜃楼。这种现象，在如今迅速发展的电子媒介时代，越发不可一世，人们只能生活在符号编制的网络中，生活在符号所构成的超真实的虚拟世界之中。

当然，这种符号的唯心主义在为我们带来无比发达的科学技术、高度缜密的组织制度，以及繁华富庶的物质财富等无比辉煌的现代文明的同时，也不可避免地给我们带来了人类"以身为殉"的诸多生命悲剧。而且使得符号成为与人的生命了无相干的外在意识符号，这种外在意识符号却在后来的发展过程中日益强大，成为主宰我们的外在力量，使人类日益走向了符号的异化和对生命的戕害。而这一点在我们随后对马克思和鲍德里亚的符号学分析中表现得尤为突出。

---

① ［德］胡塞尔：《生活世界现象学》，克劳斯·黑尔德编，倪梁康、张廷国译，上海译文出版社2002年版，第76页。

② ［德］马丁·海德格尔：《形而上学导论》，熊伟、王庆节译，商务印书馆1996年版，第4页。

第二章

生产主义时期物的功能性编码

> 商品拜物教……他（指马克思——引者注）想用这个词语来捕捉市场遮掩社会（以及，我们应该加上地理）的信息和关系的方式。我们无法仅仅看到商品，就能分辨出它是由意大利合作社的快乐劳工生产的，或是由南美洲在被隔离的情况下，遭受严重剥削的劳工生产的，还是由瑞典受到适当的劳动法与工资协议保护的受薪劳工所生产的。超级市场货架上的葡萄不会说话；我们看不到上面的剥削指纹，也不能立刻指出他们来自哪里。藉由进一步的探究，我们就能揭去披在地理与社会的蒙昧之上的面纱，让我们警觉到其中的问题。但是这样做的时候，我们发现必须走到市场所显示的现象之后与之外，才能理解社会是怎样运行的。这就是马克思要做的工作。我们必须走到面纱、市场拜物教和商品背后，以便把社会再生产的完整故事说出来。①
>
> ——大卫·哈维

如前所述，这种符号的唯心主义就体现在符号不仅不是对实在对象的指涉，而且由所指和能指所构成的符号由于符号言说者背后的意图和诉求的不同，而出现"能指"僭越"所指"，从而实现对符号的自由"赋义"现象。而这种"消所归能"的符号唯心主义就为人们实施对"物"的强暴提供了强大的理论支持。

---

① 转自夏林《穿越资本的历史时空》，社会科学文献出版社2008年版，第1页。

第一节　物之追问

在西方哲学的发展历史上，哲学家们一直把正确认识和把握外在客观事物作为其孜孜以求的目标，虽然每一个哲学家倾其所能做出了毕生努力，但是，时至今日，人们在此问题上并未达成一致性共识。造成这一状况的根本原因并不在于人们智力的无能，而在于人们对物的把握总是与人们所处时代的基本精神息息相关。也就是说，人们对物的认识总是和特定时代人们对待物的方式和对待物的态度密切相关。正是由于人们对待物的方式和态度的不同，在某种意义上也决定了人们求解物的结果也迥然有异。

探讨物的问题可能在很多人看来是一个不言自明的问题，还有必要故作惊人之论吗？我们不正是生活在被物所包围的日常生活经验中吗？而且每一个和某一具体之物打交道的人，谁还不能对物发表一番言之凿凿的宏言阔论呢？问题是，追问物的问题之难就在于我们在对物的追问中并不局限于对某一具体事物的追问，而在于对物性一般的追问。我们不问某一具体事物是什么？而主要探讨物的一般本性是什么？正如海德格尔所言："'物是什么？'我们以这种方式来追问，我们所探寻的是那种使物成为物，而不是成为石头或木头的那种东西，探寻那种形成（bedingt）物的东西，我们追问的不是随便什么种类的某物，而是追问物之物性。这种使物成为物之物性，本身不可能是一个物，即不再是一个有条件的东西（bedingtes），物性必然是某种非—有条件的东西（Un-bedingtes），借助'物是什么？'我们追问非—有条件的东西（Un–bedingtes）。"[①] 这也就是哲学和一般具体科学的根本性区别。

但是长期以来，在对物的追问上，由于囿于自然科学（表象性）思维范式的持久影响，人们往往从自然科学的角度探讨物的问题，把对物的本质的探讨当作物的是其所是。不是通过主体去适应客体，就是通过

---

① ［德］马丁·海德格尔：《物的追问——康德关于先验原理的学说》，赵卫国译，上海译文出版社 2010 年版，第 8 页。

主体去反映客体,但是这一理性主义的探讨并不能究诘物的全部,因而康德提出了"物自体"不可认识的结论,而人们认识的只是物的现象。如果说西方哲学的这种对物的对象性追问方式只是一种形而上学意义上的抽象玄思,那么随着科学技术的不断发展,物已经从对象性的时代进入了"可订造"的时代,严格地说,再也没有对象了,只有为了供每一个消费者消费的"消费品",而作为消费者自身的人也已经被置于生产和消费的"座架"之中,这种状况最终使人们遗忘了生存的基础本身。与海德格尔最终把对物的探讨转向艺术本身不同,马克思通过对物的商品化的分析则把对物的分析从抽象玄思的天国拉回到了世俗的社会生活。从而从另一维度给我们揭示了物的现实的历史。正是在这一点上,海德格尔评价道:"与此不同,现今的'哲学'满足于跟在科学后面亦步亦趋,这种哲学误解了这个时代的两重独特现实:经济发展与这种发展所需要的架构。马克思懂得这双重的现实。"① 在这里,我们认为,如果说海德格尔的哲学只是为我们指明了经济发展得以运行的构架的话,那么,马克思则高瞻远瞩地为我们揭示了这一构架得以形成的内在深层机制。基于此,海德格尔给予了马克思以高度的赞誉。"因为马克思在体会到异化的时候深入到历史的本质性的一度中去了,所以马克思主义关于历史的观点比其余的历史学优越。但因为胡塞尔没有,据我看来萨特也没有在存在中认识历史事物的本质,所以现象学没有、存在主义也没有达到这样的一度中,在此一度中才有可能有资格和马克思交谈。"②

那么,马克思和其他思想家相较其特异之处在哪里?使得海德格尔给予了马克思以如此高的评价呢?诚如海德格尔所言,马克思深入了"历史事件的本质",而这一历史的本质就在于马克思从历史唯物主义的角度为我们揭示了早期资本主义社会下物走向资本符号的过程。这一过程就体现在物在资本主义生产制度下沦为商品、货币、资本等符号的一系列转变过程。而在这一对物的符号化任意编码过程中,物之物性和人

---

① [德] F. 斐迪耶等:《晚期海德格尔三天讨论班纪要》,丁耘译,《哲学译丛》2001 年第 3 期,第 8 页。

② [德] 马丁·海德格尔:《海德格尔选集》,孙周兴编,生活·读书·新知三联书店 1996 年版,第 383 页。

之人性都在这样的符号转换机制中遭受了变异,这一对物的资本符号化的编码过程是意识符号系统得以形成的深层动因,是符号唯心化在现实生活中的具体表现,也正是在这一点上,海德格尔给予了马克思以高度的评价。

一　商品化:物的符号化的雏形

物不仅是人类得以生活的基础,而且也是维系和发展人类生命的重要元素,正是物自身的使用价值不断地满足着人类自身的需求。和动物对于物的需求不同,人必须经过自己不断的实践活动,才能使一个外在自然物经过人类劳动的改造来维持人的生命发展。但是这样能满足人类物质需求的物即使以其有用性能满足人们的需要,如果不进入人们的交换系统还并不能成为商品,正如马克思所说:"就商品是使用价值来说,不论从它靠自己的属性来满足人的需要这个角度来考察,或是从它作为人类劳动的产品才具有这些属性这个角度来考察,它都没有什么神秘的地方。很明显,人通过自己的活动按照对自己有用的方式来改变自然物质的形态。"[①] 显然,物的使用价值可以在人与物的直接关系中就得以实现。与之相反,物的价值则必须在人与人的交换过程中才能实现,所以进入交换系统才是物成为商品的关键。实际生活中,由于每个生命体的生产局限和分工原因,他不可能仅以自身生产的产品来满足自身的各方面需求,他只有运用自己的生产能力所生产的剩余产品,在与别人的交换产品的过程中才能换回自己所需要的物品,正如马克思所言:"一切商品对它们的占有者是非使用价值,对它们的非有者是使用价值。"[②] 这样,物物交换就成了人类社会初期人们最初的交往方式,但是在这样的物物交换过程中,往往存在着一个难以解决的问题,就是人们并不是通过直接交换的方式才得到自己所需的产品,因为物物交换所达到的双重巧合(coincidence)是很难如愿以偿的。比如,屠户把自己消费不了的肉放在店内,酿酒家和面包师固然都愿意购买自己所需要的一份,但这时,假

[①] 《马克思恩格斯选集》(第2卷),人民出版社2012年版,第112页。
[②] 《马克思恩格斯全集》(第43卷),人民出版社2016年版,第79页。

设他们除各自的制造品外,没有别种可供交易的物品,而屠户现时所需要的麦酒和面包,已经得到了供给,那么,他们彼此之间就没有交易的可能。① 也就是说,只有出现这一巧合,即交易双方都恰好需要对方的剩余产品,才会达成交易,因此,在货币符号尚未出现以前,物物交易的不稳定性远比使用货币的地方大。有时候,交易者为了得到自己所需要的产品不得不经过许多的中间环节才能达到自己的目的。怎样在物品交换的过程中,省略掉这些不必要的环节而达到人们之间直接交往的目的呢?

在长期的物品交往过程中,一种能代表人们之间进行直接交易且具有交换价值的商品便脱颖而出,这种具有交换价值的商品便是商品走向符号化的雏形。正如西美尔所说:"如果不超越物物交换系统的艰难开端,它是无法发展起来的,原因是,如果不存在为最不同的东西与品质设立的普遍衡量标准,人们该如何互相比照着来衡量不同产品的价值呢?只要没有能够平均掉一切差异性的媒介物存在,交换过程如何能够顺畅而简捷呢?通过生产分工的实现,货币不可避免地把人们联系在了一起,因为现在每个人都在为他人工作。也只有所有人的工作才能创建全面的经济联合体,这种联合体为个人的单面生产提供支持。因此,最终是货币在人们之间建立了无法比拟的多样联系,大大超越了封建联盟时代或被行会崇拜者们大声褒赞独裁联合体时代。"② 这样,物仅仅成为商品还是不够的,而必须从异质化商品走向具有普遍交换能力的货币。

二 货币化:物的符号化抽离

在诸多的商品交易中,哪一种商品能担当异质化(heterogeneous)商品交易中的共同商品呢?这种商品就是货币,起初这种货币还是商品货币,即这种货币还带有实物货币的特征,譬如牲畜、盐、烟草、兽皮等都充当过商品货币,但是这种"实物货币容易受到自然的损害,如腐烂、

---

① [英]斯密:《国富论》,唐日松等译,商务印书馆1972年版,第20页。
② [德]齐奥尔格·西美尔:《时尚的哲学》,费勇等译,文化艺术出版社2001年版,第98页。

变质、受损、不易分割和难以持久保存，实物存在的形式和性质对实物货币是一个直接的制约因素，而实物货币背后则内含族群的不同发展程度，反映出实物货币流通的范围和功能的有限性"[1]。在后来长期交往过程中，作为实物货币的金银逐渐成为人们交往中固定的商品货币，而金银之所以在众多商品交往中脱颖而出，充当人们在交往中的一般货币，就在于金银的天然特性具备了充当一般交换等价物的基本功能。[2] 但是，作为一般等价物的金银在商品的交换过程中由于其不易分割的特点，在后来的商品发展中就渐渐地被纸币所替代。

纸币的产生是货币符号化的一个重要里程碑，是货币彻底地摆脱了交换物的商品使用性，成为国家所赋予的一种观念上的货币。从而使经济发展走出了实体经济的藩篱，并在这种符号经济的基础上衍生出各种经济符号形式。

我们需要进一步追问的是，在商品的交换过程中，作为货币的纸币是如何完成异质性（heterogeneous）商品之间的交换的呢？在这里这一工作是由商品所付出的劳动价值量来决定的。正是由于人们在生产商品过程中投入的劳动价值量的不同，进而人们根据商品所具有劳动价值量之间换算而使得商品的交易成为可能。正是人们在商品交易过程中根据所投入商品的劳动价值量的比率的换算而使商品之间由质的差异而转化为量的差异，从而使异质性商品之间的交易成为可能。

在这种商品的交易过程中，却发生了当初人们所始料未及的结果，即商品的交换价值凌驾于物的使用价值之上。自然，作为代表一般媒介

---

[1] 李振：《货币文明及其批判——马克思货币文明思想研究》，人民出版社 2009 年版，第 101 页。

[2] 金银之所以在诸多的商品交换过程中，最终被作为商品交换中充当一般交换的商品，是由金银本身的特点决定的。一是金银的纯洁性，即金银是一种不易为其他物品浸染的耐腐蚀的且性质比较稳定的物品，一般易于被人们保存。二是金银在所有的商品中也是不易获得的稀缺性的商品，一般而言，必须经过艰苦卓绝的努力才可能获得，因此产品所蕴含的劳动量比较大。三是金银自产生以来，也成为富贵、文明的象征，往往成为人们的装饰和富贵的象征。四是金银易于保存的特点也成为人们商品交换中的首选。因此，自从作为贵金属的金银成为了以"最天然的形而上学形式"最终排除了其他自然万物，使自己独享充当一般等价物的功能，可以更充分地执行价值尺度、流通手段、货币储藏、支付手段和世界货币等多重功能。见马克思《资本论》（第 1 卷），人民出版社 1975 年版，第 112—113 页。

物的货币符号也成为所有商品的"新上帝"。一如马克思所言:"人们所预期的东西很少如愿以偿,很多预期的目的在大多数场合都互相干扰,彼此冲突,……行动的目的是预期的,但是行动实际产生的结果却不是预期的……"① 因为使用价值仅是满足人们的某一具体性的需要,拥有了代表交换价值的一般等价物的货币,则可以根据自己的需要购买到自己所需要的市场上的任何物品。这样,在经济交往活动中,人们往往忽视了商品的具体使用价值,而把商品交换价值当作了全部的追求。交换价值褫夺了物的使用价值的本末倒置的"颠倒"行径,造成了目的与手段的脱节。由此,"商品积累导致了交换价值的胜利,工具理性算计在生活之各方面都成为可能,所有的本质差异、文化传统与质的问题,都转化为量的问题"②。在这里,人们忽视了物的具体的使用价值而把代表交换价值的货币符号作为自己的最终追求。

　　货币符号的出现成为人类经济活动中具有里程碑意义的重要事件,被马克思喻为经济学发展史上的"惊人一跳",货币符号成为第一个获得符号地位并逃离使用价值的商品。因为拥有某种商品仅仅意味着拥有商品的使用价值,而拥有作为"一般等价物"的货币就等于潜在地拥有了一切商品的使用价值。特别是当这种货币符号以纸币形式出现而被人们普遍接受的时候,一种不同于实体经济的符号经济便统摄了整个人类的社会生活,这一货币符号不仅使人们摆脱了经济交往中物品的交换方式,降低了人们在经济活动中商品的交易成本,而且改变了商品的交易方式,拓展了商品的交易范围。从而成为社会交往中的核心,从一种纯粹的手段和前提跃居为统治人们的无形无迹又无所不在的"新上帝",支配了人们生活的各个方面和社会的整个进程。正如学者鲁枢元教授所睿智指出的那样,"在以往的社会里,货币可以是金条、银锭、铜板,更早一些还可以是石头、贝壳、牲畜、布帛,后来就统统变成了纸币和支票,现在则更进一步了,连纸也不纸了,变成了'电子钱包',那其实就是'卡'

---

　　① 《马克思恩格斯选集》(第4卷),人民出版社2012年版,第254页。
　　② [英]迈克·费瑟斯通:《消费文化与后现代主义》,刘精明译,译林出版社2000年版,第20页。

上的一串或长或短的数字，然而你如果拥有了这串足够的数字，你别的什么都不必费心，你就可以拥有你可拥有你想拥有的一切东西。在当前的社会里，货币正在奠定它在人类社会中从未有过的至高无上的地位。如果说在以往的社会中，货币之上还有皇帝、总统、国家、政府，那么新的自由主义经济学家已经在劝说国家、政府进一步减少对于国计民生的干预，让银行取代政府，让货币自行其是，以货币的流通规律操纵社会的发展规律"①。

三　资本化：物的符号化变异

虽然作为代表一般等价物的货币符号出现，的确给人们商品交易提供了极大的便利，但人们又该如何获得更多的货币符号以便拥有更多对商品的支配权呢？马克思通过对经济活动的细致分析，得出了一个重要结论，即这种货币符号本身并不能使人们拥有更多货币，而只有这种货币与具体生产劳动相结合才能带来货币自身的增殖。确切地说，货币符号自身的增殖绝不能在商品的流通领域来完成，而必须在商品的生产领域中，来进行。因为只有在商品的生产领域中，在劳动力的参与下才能带来比货币符号本身价值更多的价值。正是在这里，马克思揭示了资本主义社会内在发展的秘密——对剩余价值的追求。这种货币符号在活劳动的作用下又转换成一种能够带来价值增殖的资本符号，使得"货币从它表现为单纯流通手段这样的一种奴仆形象，一跃而成为商品世界中的统治者和上帝"②。因为从前生产的目的只是需求的简单满足，货币只是一个中介的成分。而现在，在这个方面，实现剩余价值（利润）成了其最终的目的，因此作为生息资本的资本符号一旦放贷出去，"那就无论它是睡着，还是醒着，是在家里，还是在旅途中，利息都会日夜长到它身上来"③。犹如穿上了灰姑娘的魔鞋，罹患了追求永无休止增长的"扩张强迫症"。也就是说，货币符号的价值增殖即剩余价值的产生不可能在商

---

① 鲁枢元：《诗情的消解和西美尔的货币哲学》，《粤海风》2004年第2期。
② 《马克思恩格斯全集》（第30卷），人民出版社1995年版，第173页。
③ 《马克思恩格斯全集》（第46卷），人民出版社2003年版，第443页。

品的流通领域产生，而必须在商品的生产领域形成，在生产领域必须在活劳动的参与下才能完成。

在此，马克思经过进一步的分析，认为剩余价值的形成是劳动者在完成了维持自己基本生存需求之后的必要劳动时间之外，在剩余时间所创造的。而剩余时间分为绝对剩余时间和相对剩余时间。前者是资本主义初期在生产力不发达的情况下，资本家为获得更多的剩余价值而采取的措施，即必要劳动时间不变而延长工作日的长度，就等于绝对延长了生产劳动时间，从而达到自身资本的增殖目的。后者则是在资本主义中后期生产力高度发达的情况下，迫于资本家之间的市场竞争压力和工人反对延长工作日长度的斗争，为获得更多剩余价值而采取的措施，即工作日长度保持不变而缩短必要劳动时间，以增强工人的劳动强度而变相延长剩余劳动时间来达到剩余价值增殖的目的。但表面上，资本却掩盖了这一内在秘密，给人一种骗人的假象，好像它自身能自行增殖的那样，而看不到它产生的根源的任何痕迹。

随着经济深入的发展，货币符号逐渐地脱离了实物符号的束缚，而使得资本符号单方独尊地成为经济生活中的反宰性力量。换而言之，如果说实体与符号同样具有两个方面的话，那么，实体的能指和所指是捆绑在一起的，其矛盾是始终以所指统摄、支配能指来解决的。在符号中能指和所指则是相对分离的，其矛盾永远处于辩证的运动中，并始终是以能指超越、偏离所指来解决的。正因为如此，相对于处于永恒的、所指状态的实体符号而言，符号总是处在暂时的、能指的状态。符号的这种"延异"化效应在资本符号身上得到了具体的体现。从而使符号脱离具体的所指而逐渐成为经济活动中重要的内生力量，并以股票、债券、期货等花样翻新的符号经济衍生品的形式而成为引领经济增长的重要引擎。这样，一种不同于实体经济的证券化、虚拟化、资本化的符号经济日益成为人们竞相追逐的目标和生命意义的全部。这一符号经济在结构上的先决条件就是能指的自主化，能指不再拘泥于客观现实的制约，也不再以简单的两分关系束缚于所指，而是能指反噬所指，变成自己的指涉物。以至于有学者倡言人类社会一个全新的时代——符号经济的时代的来临。"从商品货币、金属货币到纸币、电子货币；从货币家族到票据家族；从股票债券到期货期权；从初级金融工具到以此为基础派生出的更具符号性与抽象性的衍生工具……整个经济在金融全球化的推动下逐步符号化，整个世界成了符号的主宰。这些符号在交易、在流通、在渗透；它们已成为全球最通用的语言，是它们联系着世界、塑造着世界、统辖着世界。它们原本是服务于实体经济的，但现在却对实体经济发号施令。由制造业、娱乐业、旅游业、运输业、采矿业、种植业以及零售业组成的实体经济的所有方面都和着符号的节拍在或快或慢的起舞。马克思的'异化'概念在这里得到了淋漓尽致的演绎：人们惊异于符号的魔力，为之狂热、痴迷和眩晕，'货币拜物教'变成了'符号拜物教'，整个世界仿佛就是一群符号在表演，真正的物质生产反而淡化了，工业时代生产凝重的机器、厂房和烟囱，在金融全球化的时代几乎被花样翻新的符号所淹没。"[①]

正是资本符号的强势出场，从而使得世间万物无不打上了资本符号的烙印，一切事物无不在资本符号面前卑躬屈膝地俯首称臣并改变自己的已有特性。就连符号的创造者也难逃被符号资本所俘获的时代命运。这一现象就充分地体现在"人力资本""产业资本""金融资本""社会资本""文化资本"和"商业资本"等诸多新名词的涌现，其实质不过是资本符号在辖制各个领域的情况下的改头换面而已，其骨子里仍是资本符号在兴风作浪从中作祟的结果。"货币本来是一切价值的代表；在实践中情况却颠倒过来，一切实在的产品和劳动竟成为货币的代表。"[②] 这一资本和货币的拜物教，必然影响和支配着人们的生产方式、交往方式、价值观念以及生活的诸多方面。

第二节　资本逻辑的本性[③]

脱胎于实体经济的符号经济在其历史的发展过程中，确实对经济社

[①] 张晓晶：《符号经济与实体经济——金融全球化时代的经济分析》，上海人民出版社2002年版，第2页。

[②] 《马克思恩格斯全集》（第30卷），人民出版社1995年版，第99页。

[③] 本部分内容曾以"现代性的动力与张力机制"为题发表在《宝鸡文理学院学报》2009年第6期，此处有所修正。

会的发展发挥了巨大的促进作用。它对于促进人的解放和物质经济的极大繁荣功不可没。正如马克思在《共产党宣言》中所竭力赞扬的那样："资产阶级在它的不到一百年的阶级统治中所创造的生产力，比过去一切世代创造的全部生产力还要多，还要大。自然力的征服，机器的采用，化学在工业和农业中的应用，轮船的行驶，铁路的通行，电报的使用，整个大陆的开垦，河川的通航，仿佛用法术从地下呼唤出来的大量人口，——过去哪一个世纪料想到在社会劳动里蕴藏有这样的生产力呢？"①我们认为资本符号在以下几个方面对整个世界产生了非常重要的影响。因而资本符号的出现对人类社会产生了前所未有的影响，一个不同于以往社会形态的新的社会形态由此诞生。

首先，资本符号的逐利逻辑凸现了人们的时间观念。无论是在生产领域还是在流通领域，时间，这一在前资本主义社会悠闲散漫的时间观念到了资本主义社会，在资本符号的趋利目的作用下，成为分秒必争的价值源泉。因为商品交换以等价为原则，"作为价值，一切商品都只是一定量的凝固的劳动时间"②。但依据劳动时间，等价交换之可能成为现代市场的原则，这一等价交换就必须是由具体劳动转换为抽象劳动，而这一抽象劳动必须是一种超越了阶级身份、民族差异的同质性社会必要劳动时间，这一社会必要劳动时间是"在现有的社会正常的生产条件下，在社会平均的劳动熟练程度和劳动强度下制造某种使用价值所需要的劳动时间"③。因而，"时间是资本主义的重要量度，因为社会劳动时间乃是价值的衡量标准，而剩余社会劳动时间，则位居利润来源的核心。再者，资本周转时间很重要，因为加速（生产、行销、资本周转）是个别资本家扩大利润的有力竞争手段"④。时间就是金钱，效率就是生命（富兰克林语），就是这一思想的形象概括。一方面，从流通领域而言，"在一定期间内能够生产多少产品，在一定期间资本能够增殖多少次，它的价值

---

① 《马克思恩格斯选集》（第1卷），人民出版社2012年版，第405页。
② 《马克思恩格斯选集》（第2卷），人民出版社2012年版，第100页。
③ 《马克思恩格斯选集》（第2卷），人民出版社2012年版，第99页。
④ [美] 大卫·哈维：《时空之间——关于地理学想象的反思》，引自包亚明主编《现代性与空间的生产》，上海教育出版社2003年版，第388页。

能够再生产和增殖多少,就取决于流通的速度,取决于流通经历的时间"①。因此,流通的时间越短,资本增殖的量就越大。另一方面,从生产领域而言,资本逐利性就是在生产过程中对剩余价值的追求,而剩余价值的取得,即在总劳动时间扣除必要劳动时间之后的剩余劳动时间所生产的产品,因此延长工人剩余劳动时间和增强工人劳动强度就成为资本家绞尽脑汁的计谋。如在管理学中的泰罗制就是典型的强化时间观念的管理模式。因此,在资本逻辑作用下扭转了人们对时间问题的重新认识,正基于此,曼福德认为:"工业时代的关键机械(key-machine)不是蒸汽引擎,而是钟表。"②

其次,资本符号逐利逻辑也摧毁了古代专制社会和宗法观念,形成了与市场经济相适应的平等、正义、自由的现代性价值理念。众所周知,在专制社会或者集权主义国家,"男人与女人所行使的功能,以及分配给他们的工资与薪水,取决于他们最终在社会等级制度中成功获取的地位,不过,给予男人和女人特定制度性地位的这种现代分配,并不是以一种相对独立方式发展的,而是由一种独裁的国家权力强加给社会的,其目的是社会的集权化。……个人在党内获得的地位决定了他将在所有其他机构/制度(如政治权力、财富、教育机会、医院、商店等等)中获得的地位。结果社会被同质化了,不同机构及他们之间的竞争所提供的各种可能性之间的差异至少从官方意义上被消除了"③。而在"货币关系中,在发达的交换体制中,人的依赖纽带、血缘差别、教育差别等等事实上都被打破了,被粉碎了"④。那么资本何以具有如此威力呢?这仍是资本追逐财富本性所决定的,而资本要达到这一目的,必须在流通与交换环境中才能得以实现。而只有双方在公平、正义的前提下才能使交易得以进行,要使交易得以进行就必须建立在自由诚信的市场基础上。所以,在以工商文明为主的资本主义社会,通过了血与火的斗争历史,为他们开创了资本得以增殖的社会环境,打破了血缘、地缘等诸多限制,为资

---

① 《马克思恩格斯全集》(第46卷下),人民出版社1980年版,第31页。
② 引自吴国盛《时间的观念》,中国社会科学出版社1996年版,第105页。
③ [匈]阿格尼丝·赫勒:《现代性理论》,李瑞华译,商务印书馆2005年版,第120页。
④ [匈]阿格尼丝·赫勒:《现代性理论》,第120页。

本的充分发展开辟了广阔市场。也在此基础上形成了与之相适应的现代性观念。正如马克思在《共产党宣言》中所说："生产的不断变革，一切社会状况不停的动荡，永远的不安定和变动，这就是资产阶级时代不同于过去一切时代的地方。一切固定的僵化的关系以及与之相适应的素被尊崇的观念和见解都被消除了，一切新形成的关系等不到固定下来就陈旧了。一切等级的和固定的东西都烟消云散了，一切神圣的东西都被亵渎了。人们终于不得不用冷静的眼光来看待他们的生活地位，他们的相互关系。"① 这一资本符号衍生下的公平正义、自由的现代性观念必然扩张和渗透到其政治制度和经济制度等一切方面中去，代替了既往人们之间基于血缘和地缘而建立起来的尊卑等级关系。

再次，资本符号逐利性逻辑还推进了全球化发展。使现代性与全球化成为携手的孪生兄弟。"近代以前，从氏族经济到部落经济，从奴隶主经济到封建经济，都是自然空间主导下的封闭性单元经济，这些等级制社会结构中，统治者运用权力从社会生产系统获得几乎所有的剩余劳动，用于维持等级社会结构的再生产，这些剩余劳动以劳役、实物和货币等各种形式存在，财富呈现为物质实体和形态。实物资源在经济中的主导地位限制了经济交往的流动性和灵活性而使经济活动受自然空间的辖域，并且领地、庄园等地理边界使经济单元具有强烈的孤立性和封闭性。"② 但是，到了资本主义社会，随着资产向资本的转化，资本因其非实物化和通约化、流动性而超越了自然经济的限制，而实现了对空间的"脱域"。由于资本的天生本性是创造与生产剩余价值，哪里能为它带来可观利润和丰厚回报，哪里就有它的身影，为了得到更多剩余价值，它必然要冲破国内市场而走向国际市场建立"世界工厂"。而早期的地理大发现、后来的殖民统治、发达国家意识形态渗透无不是资本扩张的生动体现。这必然也把资本得以增殖的价值观念播撒到世界各地，促使发展中国家不得不在资本符号逻辑作用下，或快或慢作出调整以适应时代发展。为了迎合资本符号的营利性的内在要求，资本拥有者不得不开疆拓土开

---

① 《马克思恩格斯选集》（第1卷），人民出版社2012年版，第403—404页。
② 鲍伶俐：《资本逻辑与经济空间生成与扩张》，《上海交通大学学报》2010年第4期。

辟资本的经济空间，于是一些处于发达资本主义的资本家在权衡自己的资本符号收益情况下，纷纷把自己投资方向转向了更具低成本自然资源和廉价劳动力市场的发展中国家，发展中国家往往也把资本家的这种资本符号的投资转移，视为扩大就业、拉动经济、获得技术外溢与促进产业升级的前所未有的难得机遇和发展本国经济的重大契机。因此，资本成为全球化的逻辑起点，也是推进全球化的有力杠杆。

最后，资本符号逐利性逻辑也促进了科学技术与生产力的飞速发展，是世界祛魅的重要手段。何以技术发展是推动现代性重要动力呢？如前所述，资本逻辑逐利本性使投资者或资本拥有者按照利益最大化原则获取更大剩余价值。为达此目的，一方面，只有在劳动力不变的情况下减少活劳动投入，或者增强工人劳动强度以缩短必要劳动时间才能实现，出于道义力量和人自身生理极限，仅靠粗放经营的生产方式是无法实现的；另一方面，同业之间的竞争压力使得他们不得不寻求手段在残酷的市场竞争中胜出，只有不断提高科技水平才能实现这一要求，所以在资本逻辑推动下各企业之间不得不把更多资金投入生产工艺的改善和科学技术的发明创造中来，资本主义在其发展每一个阶段都是以科学技术发展的突出成就为标志的。从科技角度把资本主义工业社会划分为蒸汽机时代、电子时代和信息时代三个阶段就充分体现了这种观点。科学技术一枝独秀的发展成为继宗教之后一种支配性对世界的解释。正如赫勒所言："现代性是一种这样的社会格局，在其中，是科学而不是宗教行使基本解释世界的格局。这是前现代社会格局的本质和现代性的本质最重要的区别之一"，"技术在资本的幕后指使下成为世界舞台的独裁者。"[1] 由于科学是现代性的支配性世界解释，它渗透到生活所有领域的方方面面。这种见解与德国哲学家海德格尔思想不谋而合，海德格尔认为世界已进入了技术白昼时代。"技术统治之对象性事物愈来愈快，愈来愈无所顾忌，愈来愈完满地推行于全球，取代了昔日可见的世事所约定俗成的一切。技术的统治不仅把一切存在者设立为生产过程中可制造的东西，而且通过市场把生产的产品提供出来，人之人性和物之物性都在贯彻的意

---

[1] ［匈］阿格尼丝·赫勒：《现代性理论》，第110页。

图的制造范围内分化为一个在市场上可计算出来的市场价值，这个市场不仅作为世界市场遍布全球，而且作为求意志的意志在存在的本质中进行买卖，并因此把一切存在者带入一种计算的行为中，这种计算行为在并不需要数字的地方统治的最为顽强。"① 而这一切不能不归因于资本符号的作用。

第三节　资本符号的诞生秘密：禁欲抑或纵欲

千百年来，探索资本主义的产生问题，一直是思想家们非常着迷的一个话题。因为思想家们都普遍性地认同韦伯的一个重要命题，任何一项事业的背后，都存在着支撑这一事业并维系这一事业成败的无形的文化精神。探究这一无形的文化精神就成为思想家们思想交锋的竞技场。甚而人们不断地追问和反思在资本主义的发展如日中天的全球化时代，它为何在西方取得了成功而在其他地方却遭遇了滑铁卢？资本主义在由生产社会向资本主义社会的转向过程中，支撑这一转向的内在的文化精神是什么？正如鲍德里亚所言："关于消费的一切意识形态都想让我们相信我们已经进入了一个新纪元，一场决定性的人文'革命'把痛苦而英雄的生产年代与舒适的消费年代划分开来了，这个年代终于能够正是人的欲望。"② 也就是说，在资本主义社会早期，由于宗教和理性主义等因素影响，欲望往往被视为人性中最为低劣的非理性部分而成为被驯服和被诅咒的对象，那么到了晚期资本主义的消费社会，随着宗教式微和理性毁灭，欲望从哲学的边缘地位走向了理论研究的中心。在现代西方诸多大哲学家中，在对宗教和理性主义的批判中，叔本华的"生命意志"学说、尼采的"权力意志"学说、弗洛伊德的"无意识"理论等无不是对晚期资本主义经济社会的一种理论表征。而在对这一问题的追问中，无论是马克斯·韦伯的新教伦理的财富观，还是奥赫希曼的欲望利益化

---

① ［德］马丁·海德格尔：《海德格尔选集》，孙周兴编，第432页。
② ［法］鲍德里亚：《消费社会》，刘成富、全志钢译，南京大学出版社2008年版，第64页。

转化思想，甚至德勒兹的"解辖域化"欲望观，都无一例外地指向了一个理性式微而人的感性欲望膨胀的时代。从而使这个一直遭受理性压抑的欲望逐渐地浮出地表，成为资本主义得以腾飞的强大动力，而资本符号不过是欲望符号化的外在表征。

一　韦伯的财富欲望观

我们知道，在资本主义发展的前期，商业、银行业以及诸如此类的对资本符号的追逐，在几个世纪以前它们往往遭受人们的谴责，被贬低为贪心、爱财和贪得无厌，怎么到了现代在某种程度上变得受人尊敬了呢？在资本主义社会发展的初期，资本主义的崛起和基督教文化所具有的职业精神以及内隐的禁欲主义思想有着密不可分的关系。[①] 也就是说，在资本主义的社会发展过程中，仅仅对资本的追逐并不能构成资本主义形成的唯一理由，更重要的在于除了对资本的经济追求之外还有促使资本主义得以形成的内在精神气质（ethos），这就是基督教的新教伦理精神。正是基督教的新教伦理促进了资本主义的发展。在《基督教伦理与资本主义的精神》一书中韦伯试图解释："为什么近代形态的资本主义仅仅出现在西方，而没有在其他文明中出现？"在这一问题上，韦伯首先反对"对利润最大限度的追求是资本主义发展的最大动力"理论解释，在韦伯看来，对利润的追求和对金钱的贪欲在任何形式的社会中都普遍存在，并不是现代资本主义社会特有现象。"中国清朝官员、古代罗马贵族、现代农民，他们的贪欲一点也不亚于任何人。不管谁都会发现，一个那不勒斯的马车夫和船夫，以及他们亚洲国家的同行，还有南欧和亚洲国家的匠人，他们这些人对黄金的贪欲要比一个英国人在同样的情况下来得强烈得多，也不讲道德得多。"[②]　"获利的欲望，对盈利、金钱

[①] 在这里我们想进一步说明的是，不惟基督教具有一种禁欲主义的观念，其实，世界上的所有宗教大都具有禁欲主义思想的因素，譬如佛教、儒教、道教，甚至伊斯兰教都有禁欲主义的思想主张。但韦伯认为，内生于基督教的思想的资本主义之所以能得以形成，则在很大程度上与基督教所培养的职业精神密切相关。

[②] ［德］马克斯·韦伯：《新教伦理与资本主义精神》，于晓、陈维刚等译，陕西师范大学出版社2006年版，第18页。

（并且是最大可能数额的金钱）的追求，这本身与资本主义并不相干。这样的欲望存在于并且一直存在于所有的人身上，侍者、车夫、艺术家、妓女、贪官、士兵、贵族、十字军战士、赌徒、乞丐均不例外。可以说，尘世中的一切国家，一切时代的所有人，不管其实现这种欲望的客观可能性如何，全都具有这种欲望。……对财富的贪欲，根本就不等同于资本主义，更不是资本主义的精神。"① 因此，"资本主义精神与前资本主义精神之间的区别并不在赚钱欲望的发展程度上。自从有了人，就有了对黄金的贪欲，有一些人让黄金欲成为不受控制的欲望，并全身的顺从它"②。中国、印度及其他文明追求利润的现象也普遍存在，但这些国家在近代并没有走向理性的资本主义。而韦伯认为促使西方国家走向资本主义的根本原因在于深植于其文化中基督教的新教伦理。新教伦理中的新教的职业精神和禁欲主义思想，正是西方资本主义得以发展的精神动力。在《新教伦理与资本主义精神》这本书中他鲜明地指出："我们所处理的是近代经济生活的精神与惩忿禁欲的新教之理性伦理观念之间的关系问题。"③ 从而为我们指出了新教伦理与资本主义精神之间的亲和性（affinity）。这种新教伦理就表现在其职业精神和禁欲主义思想有力地支持了资本主义在西方社会的发展。

从新教伦理所具有的职业精神而言，韦伯认为资本主义得以发展的动力沾溉于基督教的新教伦理。这主要在于新教伦理培养了劳动者一种合乎理性地使用资本和按照资本主义的方式合乎理性地组织劳动的能力，这种新教伦理更培养了信徒们一种更为敬业和勤奋的工作精神。在生活和工作中，他们既精打细算又敢想敢为，所有的人节制有度，讲究信用，精明强干，全心全意投身于自己的事业中。也就是说，"在生活中，一个人为了他的事业才生存，而不是为了他的生存才经营事业"④。而这与以前农民追求勉强糊口的生存，与行会师傅以及冒险家式的资本主义的那种趋向于利用各种政治机会和非理性的投机活动来追求经济成功截然不

---

① ［德］马克斯·韦伯：《新教伦理与资本主义精神》，第4页。
② ［德］马克斯·韦伯：《新教伦理与资本主义精神》，第18页。
③ ［德］马克斯·韦伯：《新教伦理与资本主义精神》，第11页。
④ ［德］马克斯·韦伯：《新教伦理与资本主义精神》，第20页。

同。因为这种经济是以严格的核算为基础而理性化的,以富有远见和小心谨慎来追求他所达到的经济成功为目标的。

此外,在对待劳动的态度上,前资本主义社会和资本主义社会也迥然有别。具体而言,资本主义和前资本主义两种条件下在赚钱的欲望上并无不同,所不同的是,前资本主义的劳动者缺乏劳动的自觉性,这一点也是资本主义发展的主要障碍之一。韦伯举例说,某个人按每英亩1马克的价钱一天收割了2.5英亩地,从而挣得2.5马克。现在,工价提高到每收割1英亩得1.25马克。本来他可以轻而易举地收割3英亩地,从而挣得3.75马克。但他并不这样做,他只收割了2英亩地,这样他仍然可以挣得他已经习惯得到的2.5马克。① 在此类劳动者看来"挣得多一些并不比干得少一些来得那么诱人"。既然提高单位工资难以刺激人们的获利欲望,那么相反的办法即降低工资就成为雇主的常用办法,但降低工资在需要高度专注和创新精神的劳动中难以奏效。与上述情况形成鲜明对比的是,资本主义条件下的劳动者却具有高度的自觉性和责任感,他们把劳动当作一项天职来从事。这种天职观绝对不是天然的产物,它不是单凭低工资或高工资刺激起来的,它只能是长期而艰苦的教育结果,而这一作为资本主义得以发展的根本精神劳动观正是源自于新教伦理教育的结果。

在德语的 Beruf(职业、天职)一词中,以及或许更明确地在英语的 calling(职业、神召)一词中,至少含有一个宗教的概念:上帝安排的任务。这一职业的含义是路德在翻译《圣经》时从拉丁文翻译为德文时添加上的,在天主教和其他古代民族中没有这一概念。这一概念也就意味着对世俗生活的肯定。韦伯指出:"职业思想便引出了所有信教教派的核心教理:上帝应许的唯一生存方式,不是要人们以苦修的禁欲主义超越世俗道德,而是要人完成个人在现世里所处地位赋予他的责任和义务。这是他的天职。"② 这就否定了中世纪以来基督教所主张的对物质生活否定的禁欲主义。路德认为这种生活不仅毫无价值,而且是不负责任的表

---

① [德] 马克斯·韦伯:《新教伦理与资本主义精神》,第20页。
② [德] 马克斯·韦伯:《新教伦理与资本主义精神》,第34页。

现。正是基于此，路德批评了修道士的逃避世俗生活的行为。指出："修道士的生活不仅毫无价值，不能成为在上帝面前为自己辩护的理由，而且，修道士的生活放弃现世的义务是自私的，是逃避世俗责任。与此相反，履行职业的劳动在他看来是胞爱的外在表现。"① 劳动也是荣耀上帝的一种表现，相反，不劳动反而是对神的亵渎和不敬，是堕落和沉沦的表现。随后，虽然这一经院式的主张很快消失了，但是，履行世俗义务是上帝应许的唯一的生存方式却越来越受到人们的高度重视，并深刻影响了人们的日常生活。虽然路德的职业观还不是资本主义的，但是，他的看法无疑影响了资本主义职业观的形成。

如果说新教伦理的职业观使人们对财富的追求合法化，那么，新教的禁欲主义思想观念则形成了人们节俭的财富观，实现了对消费的抑制。新教伦理肯定了人们通过劳动获取财富的正当性和合法性，认为获取财富并没有什么过错，相反，拥有财富的多寡是能否受到上帝青睐的标志。但是，新教伦理又不主张对财富的挥霍浪费。其圣训是：你须为上帝而辛劳致富，但不可为肉体、罪孽而如此。正如韦伯所指出："仅当财富诱使人无所事事，沉溺于罪恶的人生享乐之时，它在道德上方是邪恶的；仅当人为了日后的穷奢极欲，高枕无忧的生活而追求财富时，它才是不正当的。但是，倘若财富意味着人履行其职业责任，则它不仅在道德上是正当的，而且是应该的，必须的。"② 当消费的限制与这种获利活动自由结合的时候，这样一种必不可免的效果就应运而生了，即这种基于禁欲主义的主张的节俭意识必然导致资本的积累，是强加在财富上的种种限制使资本用于生产性的投资成为可能。因此，更简朴的生活方式和巨大财富的结合，必然导致资本的过大积累，从而为初期资本主义的发展奠定了良好的基础。也就是说，正是这种节约意识促使早期的资本家们并不把他们在生产产品过程中所获得的剩余价值全部用于自己的挥霍消费，而是用于生产规模的扩大和产生更多的剩余价值，从而有力地促进了资本主义生产力的极大发展和物质生活的极大繁荣。

---

① ［德］马克斯·韦伯：《新教伦理与资本主义精神》，第34页。
② ［德］马克斯·韦伯：《新教伦理与资本主义精神》，第93页。

二 利益：欲望的别名

与马克斯·韦伯的思想对资本主义的理解略有不同，随着资本主义的发展，与前期社会相适应的对人性的理解也随之发生了巨大的变化。如果说前资本主义社会人们对人性的理解更多地受到了宗教思想和理性主义的影响，更多的是从人的先验假设的"应然状态"实现对人性的规定的话，那么，随着基督教思想和理性思想衰落，人们对人性的理解更多地从"本然状态"来实现对人的重新理解。对此，维科在《新科学》曾这样写道："哲学按照人应该有的样子看人，要把人变成能对很少一部分效劳，这部分人就是想在柏拉图的理想国里生活而不愿回到罗马创建者罗慕路渣滓洞里去。立法按照人本来的样子来看人，以便使人在人类社会中施展长处。"① 也就是说，如果说以前人们对人性的解释是在物质财富匮乏的情况下，统治阶级为了维护自我利益而从应然的状态对人性的自我规定的话，其目的是在物质财富有限的情况下，剥夺普通大众对财富的追求来满足极少数拥有特权的统治阶级对财富奢侈型的享受，譬如基督教的禁欲主义思想所形成的对欲望的压制。那么，到了资本主义的发展时期，对人的规定却出现了与之相反的认识，他不是从"应然状态"而是从"本然状态"来理解人，不是对人的欲望的压抑而是对欲望的充分肯定，也就是在这种对人的欲望的充分肯定中为资本主义的阔步发展，提供一种思想理论方面的强大支撑。但是这种对欲望的肯定并不是横空出世，而是在对基督教思想和理性主义哲学的解构中逐渐完成的。

与基督教思想和理性主义只崇尚人的灵魂和精神的追求不同，"在17世纪末和18世纪的绝大部分时间里，欲望逐渐被重新当作生命的本质和一种潜在的创造性力量。18世纪初，当人们以欲望仍然不可忽视为由来批评那种认为人类的行为完全是受其利益所主张时，这种批评假定，世界要比这一主张所暗示的更加糟糕。但是，随着欲望名誉的恢复，同样的批评可能意味着，一个欲望跃跃欲试且偶尔占据优势的世界，胜过由

---

① ［美］艾伯特·奥·赫希曼：《欲望与利益》，李新华、朱进东译，上海文艺出版社2003年版，第8页。

利益单独发号施令的世界"①。从人的本然状态出发，人们不但更为肯定人的现世的具有爱恨情仇的活生生的身体，更充分地肯定从身体出发的人的欲望。正如斯宾诺莎所认为的："无疑，每个人都在追求自己的利益，却很少是凭清醒的理智，因为大多数人关于欲望和效用的观念是为肉体的本能和情绪所支配，只顾眼前。"② 正是在这样的思想观念的主导下，人们展开了对宗教思想别有用意的虚伪和欺骗本质毫不留情的揭露和批判，从而使宗教思想失去了在新时代对人们思想观念的左右。在这方面，我们可以从西班牙作家塞万提斯的《堂吉诃德》和莫里哀的《伪君子》等文学作品中深刻地体会到。对宗教思想特别是基督教精神的批判在费尔巴哈和尼采的思想里体现得尤为深刻，从而意味着一个超感性世界的式微和感性世界的崛起。

同样，理性主义思想的发展也就是在对人的情感欲望的压抑过程中逐渐形成并进而占据人们的主导思想观念的。但是，"野火烧不尽，春风吹又生"。人的欲望仍在暗流涌动，又像地火在运行，就像被巨石压制的小草一样，其顽强生命力终于冲破理性主义思想的束缚，在后现代主义的思想中重放光芒。人的欲望相较于动物的欲望而言，是一个永无止境的无法满足的黑洞，正是人在对这种外在欲望永无休止的追求中，而使人永远成为欲望的奴隶。也正是在这一点，与对荣誉的追求和光荣的奋斗相比，西方基督教思想常常把对金钱和财富的贪婪追求看作令人堕落的罪恶之一，是低人一等的体现。

西方思想家们后来逐渐地意识到，对人的欲望仅仅采取类似于宗教的方式把欲望视为招致灾难的祸端是不行的，采取极端的措施遏制人的欲望，这样不但于事无补，反而会适得其反。我们只有充分把顽固欲望纳入社会合理化的轨道，才能促使人与社会的全面发展，因为认为欲望有害的观点，不但不能成功抑制人类的情感，反而阻碍了社会的进步与发展，因为"人类的所有欲望都是一种狂热的驱动力量，并且这种力量

---

① ［美］艾伯特·奥·赫希曼：《欲望与利益》，第41页。
② ［美］艾伯特·奥·赫希曼：《欲望与利益》，第38页。

仍未被认识，但根据其性质，它能够协力促成事物的更好的秩序的出现"①。那么，只有用建设性的欲望克服破坏性的欲望，也就是说，把人的欲望进一步地合理化，实现既达到"自利"又达到"利他"的共赢目的。这就在于把理性和欲望的有机结合，从而实现把"欲望"转化为"利益"。这就为实现人类欲望的追求找到了合理化的途径。正如赫希曼所言："一旦人们认为欲望具有破坏性且理性是无效的，那种相信能够用欲望或理性来全面解释人类行为的见解，就意味着一种对人性过于沮丧的看法。所以，把利益概念置于关于人类行为动机的欲望与理性这两个传统之间，这为解释人类行为带来了一线希望。实际上，利益这一概念被看成兼具欲望和理性这两个范畴各自优良的秉性，欲望与理性这两个范畴是被理性所强加和容纳的'自利'的欲望与由'自利'的欲望所给予指导和赋予力量的理性。人类行为的这一最终混合形式，被认为既消除了欲望的破坏性，也克服了理性无效用的观点。"② 正是基于对于欲望的这一番转化功夫，就为以后商业的发展奠定了基础。"赚钱"和商业的发展不再被视为是人类不当欲望的追求，只要赚钱无害于别人，它就是合理的并且被人们所推崇的。这种资本主义的新财富观扫除了资本主义前进道路上的思想障碍，为资本主义大刀阔斧的发展奠定了思想基础。

三 欲望：符码的解辖域化

资本主义对于欲望的这种新的理解，进而为资本主义的发展提供理论支持的，同样可以在对欲望理论有深入研究的法国哲学家德勒兹的理论中得以体现。德勒兹思想深受尼采和弗洛伊德思想的影响，因而他的欲望观与传统的欲望观有了根本性的区别。和传统理论把欲望视为一种匮乏的拉康的理论相反，德勒兹深受弗洛伊德思想的影响，认为欲望不是需要，也不是匮乏，而是人的一种本性，是一种现实生产，是一种积极的创造性力量。具有冲撞一切外在束缚和限制的力量，因而他反对弗洛伊德仅仅把人的欲望限制在人性本能的狭小范围内，而主张把人的欲

---

① ［美］艾伯特·奥·赫希曼：《欲望与利益》，第14页。
② ［美］艾伯特·奥·赫希曼：《欲望与利益》，第37页。

望扩张到社会生产的一切领域中去。和弗洛伊德一样,就像人的无意识的本我受到自我和超我的压制一样,德勒兹生产性的欲望却一直受到社会的辖域化(territorialisation)编码。欲望的出现就是对辖域化的编码进行解辖域化(deterritorialisation)的过程,德勒兹认为社会从三个方面,即法律的压迫式编码、理论的契约式编码和制度的体制性编码来实施对人的欲望的压制。欲望就是不断地冲破辖域化编码的统治寻求充分实现自身的动力。根据不同的社会对人的欲望的符码化管理方式不同,德勒兹把人类社会的发展分为三个形式,即大地体(原始社会)、专制体(专制社会)和资本体(资本主义社会)。

在原始社会,由于受到生产力发展水平的限制和对自然环境的依赖,个人的独立存在是不可能的,个人只有依从于集体才可能满足其物质和身体欲望。血缘和姻亲是对人的欲望实施的一种重要的编码方式。而当个体只是为了满足自我的欲望而与集体的社会相违背时,就会受到严厉的惩罚。所以,在原始社会,身体的欲望处在被严苛压抑的状态,个体的欲望是无从谈起的。在专制型社会,由于君主的权力是君临一切的专制者,"无论在物质上和身体上,臣民几乎处于禁欲状态。而君王的欲望却得到了充分的满足,臣民的欲望转化成君主之欲望的欲望……于是,前者无个体的欲望可言,后者的个体欲望却无限膨胀,专制体制使君王变成了社会体(朕即国家)"①。如果说原始社会对个体欲望的压抑是为了满足集体的需要,那么,专制社会对欲望辖域则是为了独裁者的奢华消费。这一点可以从专制社会封建帝王所修造的宏大精美的宫殿和拥有大量的宫娥嫔妃中可见一斑,也可以从专制社会典章体制对臣民欲望的挤对和各色限制中窥斑知豹。资本主义社会则是货币体,这一社会发展的重要表现就在于社会是按照市场经济的方式来运行的。追求剩余价值(货币)成为它的终极目的。就连消费也变成了实现剩余价值的一种手段,为了实现剩余价值,资本会不断地驱使人们开拓新的生产场域和享受新的消费领域。从而把社会生活的各个方面都殖民化为创造剩余价值的空间。货币是解辖域化的重要利器。不但人摆脱了专制社会的束缚,

---

① 韩桂玲:《吉尔·德勒兹身体创造学研究》,南京师范大学出版社 2011 年版,第 124 页。

成为独立自主的主宰自己身体的主人，而且原先受压抑的欲望也可以在符码化作用下得到了空前的高涨。正是这种摧毁一切旧有体制而对前资本主义社会的"祛魅"，消解了一切妨碍资本主义经济发展的前现代社会关系符码和各种辖域，也正是资本的解辖域化的货币和解辖域化的劳动力之间的解码化契合带来了前所未有的欲望大解放。德勒兹写道："一边是解辖域化的工人，他们变得自由并且一无所有，不得不出卖他们的劳动力；另一边是解码化货币，他已经变成了资本，并且能够购买这种劳动力。"① 资本成为调节生产的重要尺度，不是生产产品而是生产剩余价值成了人们的最终目的。各种价值的商品甚至一切社会关系都在资本的量化统计下统一编码。就像马克思在《共产党宣言》里所说的那样："生产的不断变革，一切社会状况不停的动荡，永远的不安定和变动，这就是资产阶级时代不同于过去一切时代的地方。一切固定僵化的关系以及与之相适应的素被尊崇的观念和见解都被消除了，一切新形成的关系等不到固定下来就陈旧了。一切等级的和固定的东西都烟消云散了……"② 正是在对欲望的不断解辖域化过程中，代表人的欲望生产的资本符号以不可阻挡的势力在突飞猛进地发展。

四 物欲的膨胀和消费社会的到来

理性的式微和宗教的禁欲思想的衰退转而对世俗欲望的充分肯定是现代哲学一个重要主题，这一思想我们也可以在叔本华、尼采和马克思思想中得以体现。叔本华和尼采认为不是传统哲学的"理性"而是人的"生命意志"才是人的主宰，正如叔本华所说："从我全部的观点看来，这一切说法都是把实际的关系弄颠倒了。意志是第一性的，最原始的；认识只是后来附加的，是作为意志现象的工具而隶属于意志现象的。……在旧说，人是要他所认识的（东西），依我说，人是认识他要的（东

---

① Gilles Deleuze and Guattarri, *Anti-Oedipus: Capitalism and Schizophrenia*, Minneapolis: University of Minnesota Press, 1982, p. 196.

② 《马克思恩格斯选集》（第 1 卷），人民出版社 2012 年版，第 403—404 页。

西）。"① 而马克思的历史唯物主义思想同样完成了对人的欲望的肯定，更是把衣、食、住、行等的物质生活本身的生产看作人类社会的第一需要。正如恩格斯对马克思的高度评价那样，"正像达尔文发现有机界的发展规律一样，马克思发现了人类历史的发展规律，即历来为繁芜丛杂的意识形态所掩盖着的一个简单事实：人们首先必须吃、喝、住、穿，然后才能从事政治、科学、艺术、宗教等等"②。总之，对于欲望的压制的反叛和对资本主义社会由于欲望的大解放所带来的巨大财富观，使得资本主义的进一步发展扫除了思想的障碍，获得了前所未有的发展。正如马克思在《共产党宣言》中满怀激情地说："资产阶级在它的不到一百年的阶级统治中所创造的生产力，比过去一切世代所创造的全部生产力还要多，还要大，自然力的征服，机器的采用，化学在工业和农业中的应用，轮船的行驶，铁路的通行，电报的使用，整个整个大陆的开垦，河川的通航，仿佛用法术从地下呼唤出来的大量人口——过去哪一个世纪料想到在社会劳动里蕴藏有这样的生产力呢？"③ 所以即使遭遇了两次世界大战，但西方在科学技术的飞速发展下，在 20 个世纪的凯恩斯革命和福特主义的支配下，国家经济依然保持了空前的增长势头，物质财富依然获得了极大的繁荣。正如鲍德里亚所描述的那样，"今天，在我们的周围，存在着一种由不断增长的物、服务和物质财富所构成的惊人的消费和丰盛现象。它构成了人类自然环境中的一种根本变化。恰当地说，富裕的人们不再像过去那样受到人的包围，而是受到物的包围"④。当然这种物质财富的巨大繁荣也和晚期资本主义国家经济发展战略的重大转移密不可分，发达资本主义国家为了获取更多的利润，纷纷把由西方主导的工业生产，开始由西方的发达国家转向后发展国家，也就是说，一些技术含量不高、人力资本投入又大且利润成本又低的劳动密集型产品被发达国家企业所放弃，由后发展国家来完成。许多企业移师海外，建立跨国公司和世界

---

① ［德］叔本华：《作为意志和表象的世界》，石冲白译，商务印书馆 2004 年版，第 401—402 页。
② 《马克思恩格斯选集》（第 3 卷），人民出版社 2012 年版，第 1002 页。
③ 《马克思恩格斯选集》（第 1 卷），人民出版社 2012 年版，第 405 页。
④ ［法］鲍德里亚：《消费社会》，第 1 页。

工厂，剥削发展中国家更为廉价的劳动力和更为便宜的经济资源，从而赚取比在本国投资更多的利润和财富，但是发达国家这种经济发展战略的转移，并不意味着物质生活资料的生产在他们的经济发展中不占重要地位，而不过是技术性不高的物质生产基本场域由发达国家转移至发展中国家，而他们在信息化高速发展的时代来从事技术水平更高的高附加值产品。所以，晚期资本主义似乎给人一种假象，似乎进入了一个不事生产的"丰裕社会"。但实际上，虽然他们不从事直接的物质生活用品的生产，但是，交通和信息的高度发达为世界各地产品的自由流通提供了极大的方便，他们可以不费吹灰之力就可以购买到世界各地的产品。正如鲍德里亚所描述的那样，"在伦敦繁华的街道，商店一家紧挨一家，在无神的橱窗眼睛背后，陈列着世界上的各种财富：印度的披肩、美国的左轮手枪、中国的瓷器、巴黎的胸衣、俄罗斯的皮衣和热带地区的香料"①。到处都是购物者的天堂，只要有钱，你尽可以得到你想得到的任何东西。所以，晚期资本主义社会进入了一个商品极为丰富的时代。大型购物商场、超级市场、杂货店、购物街陈列的商品应有尽有、琳琅满目。雨后春笋般的电视购物、电话购物、网络购物等促销手段，猛烈地刺激着人们的消费欲望，高楼大厦鳞次栉比，来往车辆川流不息，广告以其摄人魂魄的魔力在诱导和刺激人们的消费，这一切无不炫耀着资本主义前所未有的繁华富庶，这不是商品匮乏的时代，而是商品大量堆积的时代。让商家头疼的不是商品的短缺，而是如何把自己拥有的商品销售出去。因为只有将自己拥有的商品销售出去，才能最终实现自己的生产目的。所以人们面对的问题已经由重视商品的生产转向促使人们消费产量更大、品种更多的商品，由早期的"控制生产"转为"控制消费"。就像马克思所认为的那样，商品的极大丰富如果不能得到及时的消费，那么，资本家就会功亏一篑，不能实现其最终的目的。通过何种途径来使人们消费这些商品，增强人们的消费力和购买力，就成为摆在晚期资本家面前一个重要的现实课题。所以，鲍德里亚在《象征交换与死亡》中热情洋溢地宣告生产社会的终结：

---

① ［法］鲍德里亚：《消费社会》，第1页。

劳动终结了。生产终结了。政治经济学终结了。促进知识和意义积累的、叠加话语线性语段的能指/所指的辩证法终结了。同时，使积累和社会生产成为可能的交换价值/使用价值的辩证法终结了。语段的线性维度终结了。商品的线性维度终结了。符号的古典时代终结了。生产时代终结了。①

需要进一步补充和强调的是，资本主义的后期发展远远超乎了马克思的构想，因为依照马克思的观点，在资本主义社会发展的后期，随着资本有机构成的提高，必然造成大量工人被迫失业。另外却是大量商品卖不出去，资本主义最终必然形成了两大对抗的阶级：一是一贫如洗的无产阶级，一是为富不仁的资产阶级。贫富分化的超常差距，必然造成无产阶级的反抗。但事实却完全超越了马克思本人的预料，资本主义社会发展后期，面临的重大问题不是产品的生产问题，而是产品的消费问题。摆在资本家面前的不是如何生产一辆汽车，而是如何把所生产的汽车卖出去，这样他们就必然通过提高工人的工资水平或者各种促销政策来改善自己面临的销售困境，从而使工人阶级不再是一贫如洗的赤贫阶级，而是拥有不菲物质财富的新兴阶级；从而使工人的生活并非像马克思所想象的那样悲惨凄凉。在这种情况下，繁华富庶的物质生活早已消磨了工人阶级的革命斗志，他们不仅不反对他们身处其中的资本主义社会，反而认同资本主义社会。随着生产技术的不断提高，无产阶级的身份地位发生了重要变化，已由以前仅靠出卖自己劳动力为生的被剥削的产业工人，变成了顺应晚期资本主义发展要求的富有专业技术和管理知识的高级蓝领阶层，甚而成为拥有不菲社会财富的"新中产阶级"。正如拉什所言："部分第一世界无产阶级的工作被转移到国外，这反过来使第一世界经济的工业、职业结构向'服务性'产业和职业转移。"② 而随着白领阶层的扩大，阶级矛盾逐渐地趋于缓和，正是在这个意义上，西方

---

① ［法］鲍德里亚：《象征交换与死亡》，车槿山译，译林出版社2006年版，第1页。
② ［美］斯科特·拉什、约翰·厄里：《组织化资本主义的终结》，征庚圣、袁志田等译，江苏人民出版社2001年版，第7页。

许多学者宣称"工人阶级消失论",而这一华丽转身的"无产阶级"不但失去了早期革命的热情和积极性,而且认同自己所处身于其中的社会统治。从而从当初的一种潜在的革命主体转变为坚定的政治保守力量。也就是说,晚期资本主义已由早期赤裸裸的经济压榨和政治奴役转变为更为"温和"与"人道"的符码(code)统治,而这种符码统治就体现在符号不但对人的无一幸免地宰制与规范,拜金主义的价值观念渗透一切领域,人成为金钱的傀儡,人们迷恋于"物的符号消费",从而使矛盾斗争的焦点发生了重大的转移,社会的结构发生了重要的变化。社会面临的不再是往昔壁垒森严的阶级对立和困扰资本主义的经济危机,而是沉湎于对物欲的追求,从而消解了人们超越现行社会制度的勇气和力量,逃避了人们对恶劣现实社会的反抗和思考,成为马尔库塞所说的一个"无反对派"的社会。这也就是为什么爆发于1968年表达法国工人阶级社会诉求的"五月风暴"最终以失败而终的重要原因。①

因为生产的产品不能及时销售出去和被人们消费,那么剩余价值实现就会因此而"功亏一篑",从而导致资本主义的经济危机。因而如何刺激人们的购买能力继而诱使人们消费,成为晚期资本家所面临的首要问题。正如鲍德里亚所说:"资本家知道如何使工人们工作,但在1929年,他们也只是艰难地躲过了毁灭,因为他们不知道如何使人们消费……消费开始成为策略的组成部分,由此每个人都被动员为消费者,他们的'需求'和他们的劳动力一样,都至关重要。通过这种动员,这个体系在无法想象的扩张中保证了经济上的延续。"② 这就不但要采取必要的措施来促进人类对大量商品的消费,而且要转变人们的思想观念,即把人们从原先的资本主义社会早期的生产者变为现代社会的消费者。正如美国

---

① 1968年爆发于法国社会的"五月风暴"应该说在法国社会是一个具有重要历史意义的事件,对法国知识分子产生了重大的影响。令人大失所望的是,作为无产阶级代表的法国共产党在这次革命中不但未能实际性地成为学生和工人的坚强后盾,反而成为国家机器的帮凶。这一重大的事件引起了萨特、阿尔都塞、德勒兹、巴特等法国知识分子的深层思考。一方面是他们从这次社会活动中深刻地认识到当代资本主义的深刻变化,另一方面则是他们继续以理论的姿态展开对社会的批判与揭露。关于这一事件内容可参阅安琪楼·夸特罗其、汤姆·奈仁《法国1968:终结的开始》,赵刚译,生活·读书·新知三联书店2001年版。

② [法]鲍德里亚:《生产之镜》,仰海峰译,中央编译出版社2005年版,第130页。

学者大卫·理斯曼在《孤独的人群》一书中所认为的那样，他认为自中世纪以来，西方社会发生了两次重大的革命。"第一次革命在过去的400年里荡涤了统治人类大部分历史的以家庭或家族为核心的传统生活方式。这次革命包括文艺复兴、宗教改革、反宗教革命、工业革命以及17、18、19世纪的政治革命等，这次革命当然仍在进行中，但在最发达的国家，尤其是美国，这次革命正让位于另一种形式的革命——即随着由生产时代向消费时代过渡而发生的全社会范围的变革。"① 在这里，我们要说明的是，这种由生产向消费转变的时代不仅在美国，而且同样发生在一些发达的欧洲国家。不过美国在战后由于经济的飞跃式发展而跃居成为全球领域消费社会发展的典范。

那么西方发达国家是采取哪些措施来完成人们消费观念的根本变革的呢？我们认为，他们采用主客观两方面的措施来改变人们的消费观的。在探讨关于消费主义的起源问题上，国内学者王宁教授对此问题的研究在笔者看来颇为全面和最具代表性。它结合国内外诸多研究成果，提出消费主义得以形成的四方面成因：一是国家福利政策让渡论。即国家的经济刺激主义政策导致人们消费观念的改变，也就是说资本家之所以让利于民，并不在于资本家自身的仁慈之心，而是为了避免经济危机的灭顶之灾而被迫让利于民的。二是资本操纵论。即人们消费欲望的膨胀是大众传媒如广告、时尚等诱导的结果。三是社会攀比论。即人们消费欲望的形成是在与周围人们的攀比过程中形成的。② 四是意义生成论，即人们消费观念的崛起与文化的引导机制密切相关。③ 可以说这一概括是比较全面而到位的。笔者结合王宁教授的研究成果和自己的这一论文论域，从两方面展开论述：一是资本主义的符号化消费策略；二是资本主义"花明天的钱，圆今天的梦"的先行消费政策的引导。

随着尼采所喊出的"上帝之死"，宗教的禁欲主义观念在人们心目中的地位渐渐衰落，自然其在日常生活中对人们各种行为的约束力也日渐

---

① [美]大卫·理斯曼：《孤独的人群》，王昆等译，南京大学出版社2002年版，第6页。
② 王宁：《国家让渡论：有关中国消费主义成因的新命题》，《中山大学学报》2007年第4期。
③ 王宁：《从节俭主义到消费主义转型的文化逻辑》，《兰州大学学报》2010年第3期。

消退。"宗教的根慢慢地枯死，让位于世俗的功利主义。"① 这使得人们在财富的追求上已祛除了原有的宗教和伦理含义，而和纯粹的世俗的情欲相关联。换句话说，由于宗教禁欲主义观念在人们思想中的日渐退位，世俗生活中人们对欲望的追求也就渐渐地浮出水面。正是由于作为意义整合机制的宗教思想退出人类日常生活现实，"在某些人看来，这一引发了一场特殊的、现代性的价值危机，而需要创造出（或突出）某种新的意义复合体（meaning complexes）或道德。宗教的衰落和社会内部制度性基础的蚀变，总会给个体和社会都带来不良影响，留下一片社会价值的真空"②。但是，人们很快就发现，随着消费社会的到来，已经衰落的宗教意义很快被一种新的在消费社会所生产的意义所取代。而这种意义和传统清教徒所恪守的古训（诸如禁欲、勤奋、远见和节俭）背道而驰。人们奉行"及时行乐"的人生哲学。通过广告、大众传媒和专家引导及商品的展陈技巧，消费文化动摇了原来的商品的使用和产品的意义观念，并赋予了影像和记号，产生新的意义价值机制，形成了不同于清教主义的新的物欲观。并通过广告传媒等培育人们新的价值观。"即个人被鼓励去采用一种对商品的非效用态度，以精心选择、安排、改用和展示自己的物品（无论是装饰品、房子、汽车、衣服、身体，还是闲暇消遣），从而用独特的风格来显示出物品所有者的个性。"③ 正是人们通过对物品所赋予的文化的意义机制的重新"附魅"行为，而成为消费社会人们的终极价值追求。而这一"附魅"行为是通过符号来完成。因为正是在对这一商品的符号"附魅"过程中，商品超越了它的使用功能而具有了非同凡响的意义，而成为大众趋之若鹜的竞逐目标。正如鲍德里亚所言："无论在符号逻辑里还是象征逻辑里，物品都彻底地与某种明确的需求或功能失去了联系，确切地说，这是因为它们对应的是另一种完全不同的东西——可以是社会逻辑，也可以是欲望逻辑——那些逻辑把它们当成了

---

① ［德］马克斯·韦伯：《新教伦理与资本主义精神》，第102页。
② ［英］迈克·费瑟斯通：《消费文化与后现代主义》，刘精明译，译林出版社2000年版，第163页。
③ ［英］迈克·费瑟斯通：《消费文化与后现代主义》，第166页。

既无意识且变幻莫测的含义范畴。"① 因此，在消费社会，人们购买商品不在于商品的使用价值，而注重商品所附载的符号价值。厂商们不再在商品的实用价值上用力费劲，而在商品的符号价值上费尽心机。

  此外，消费先行于生产的销售策略，也是促使资本主义经济繁荣的重要因素。在过去生产的时代，人们向来崇奉的一种自食其力的消费观念："先积累，后消费。"工作永远地先前于工作的果实，就像原因先于结果。只有在赚够了足够支付自己所向往的商品时，人们才去购买自己心仪的商品。一如鲍德里亚所说："购买餐厅家具配件和汽车，在不久以前，还是一个长期节约的成果。人们一面工作，一面梦想着有一天能得到心目中的物品：生命的模式是清教徒式的，由努力和对它的报偿构成，但当有一天东西买到手了，他们便是稳稳赚在手上不会溜走，它们便是过去的收据和未来的保障，一个资本。"这种禁欲主义的积累模式，使得远见、牺牲、需求的消除都集中在一个人的内在张力上。但是，"今天，当我们还没赚到它们以前，物品就已经在那儿了，他们超前了它们所代表的努力和工作，因此可以说，它们的消费比他们的生产先行"②。而这样的一种生产和消费的颠倒关系，也自然地颠覆了人和物之间的关系，在过去，是人在物品身上强加上它的节奏，今天，则是物品在人身上强加上它们不连续的节奏。"今天，一个新的道德产生了：消费先行于积累之前，不断地向前逃逸，强迫的投资、加速的消费，周期性地通货膨胀（节约变得荒谬）：整个体系由此而来，人们先购买，再用工作来补偿。"③ 因为随着资本主义社会的发展，面对大量商品销售不出去的现象，如何刺激人们的消费进而使资本主义继续保持经济的繁荣和持续增长，"花明天的钱，圆今天的梦"成了资本主义的助推经济发展和社会繁荣的一种非常重要的消费策略。即使没有钱你也可以通过货币透支的方式提前过上你梦寐已久的奢华生活。这一点与传统的"先积累，后消费"的传统的消费观念迥然有别，人们也常常把传统的消费方式讥为落伍的一

---

  ① ［法］鲍德里亚：《消费社会》，第48页。
  ② ［法］鲍德里亚：《物体系》，林志明译，上海人民出版社2001年版，第182页。
  ③ ［法］鲍德里亚：《物体系》，第183页。

种消费观念。处于后工业社会，人们的消费观念和消费方式也在生产者处心积虑的引导下，发生了根本性变化。"消费先行生产"成了人们普遍接受的观念，整个社会从机制和制度上也鼓励这种消费观念。也就是说在人们还没有赚足购买所需商品的费用之前，就可以以信贷或透支的方式预先享受自己所需的理想产品，颠覆了传统意义上人们的消费模式，体现了消费对人的生活的决定与影响。我们今天的贷款买房购车都是新消费观念引导的结果。在这方面，坊间有个颇为流行的故事，讲述了中国传统消费观念的落伍和西方消费观念的前卫。讲一个中国老太太和一个美国老太太不同的消费观念所体现的生活质量的差异。一个中国老太太为了买一套房子，一辈子过着非常节俭朴素的生活，在生命即将结束的时候她用一生的积蓄终于买到了一套比较称心如意的住房，但是房子还没有装修完成，老人就撒手人寰，在一世清贫、省吃俭用中告别人世。与中国老太太相反，美国老太太则在自己年轻的时候就以先行信贷的方式购买了一套自己心仪的房子，等她走到人生暮年而告别人世的时候，她才还完了银行的住房贷款。在这个故事中，人们所欣赏的是，美国老太太以名副其实的方式享受了高质量的生活，而中国老太太还未来得及享受自己劳动所得却在凄苦清贫的一生操持中离别人世。所以，提高生活质量，注重现世生活享受的时代观念，导致了先行消费，提前过上自己梦想的生活成为时代崇尚的主流消费观念。岂不知在这样的消费情境中，我们已先行把自己的未来出卖给和异化给了别人，而我们自己却乐此不疲，浑然不觉。

由此看来，在晚期资本主义社会的消费政策和消费观念的引导下，一种不同于传统生产社会的社会已经到来，而这个社会就是消费社会。美国学者 W. 罗斯托把社会分为五个发展阶段：传统社会、起飞前准备阶段、起飞阶段、走向成熟阶段、大众高消费阶段。[①] 而齐格蒙特·鲍曼更为简练地认为社会的发展分为两个阶段："生产者的社会"和"消费者的社会"。生产者社会是消费社会的前提和基础。"现代社会奠基的工业阶

---

① [美] W. 罗斯托：《经济增长的阶段》，郭熙保、王松茂译，中国社会科学出版社 2001 年版，第 4 页。

段，从深远的意义上来说，曾经是一个'生产者的社会'。"而鲍德里亚则注意到了"二战"以后资本主义的新变化，认为后期资本主义社会已经不是一个生产主导的社会，不是生产主导和决定消费，它已经不是物质匮乏的社会，而是丰裕社会。在这里，是消费主导生产，人们不再是生产什么就消费什么，而是消费什么就生产什么。消费作为生产的起点和终点，成为刺激生产欲望乃至促进社会发展的动力，成为统摄整个社会经济运行的灵魂。如何说服已经颇为富裕，而拥有大部分必需品和先进产品的人，去进行更多的消费，成为人们的燃眉之急。生产逻辑取代了消费逻辑。

就此而言，与马克思所处的时代已经大为不同，晚期资本主义社会进入了一个"商品过剩"的时代，怎么才能使自己生产的产品为人们所购买成为摆在生产商和销售商面前一个迫切的现实问题。也就是说，在人们的基本物质需求得到满足之后，通过怎样的方式让人们心甘情愿地继续购买自己的产品呢？那就必须通过广告及其他媒介宣传来把大众"驯化"成为消费者，即成为极为必要的事情。而在这方面，鲍德里亚发现了物的非功能性的价值以及建立在物的非功能性基础上的物自身的符号价值，为我们解开了发达资本主义社会的内在秘密。从而使鲍德里亚超越了马克思的政治经济学而走向了消费社会的符号政治经济学，从"生产之镜"走向"符号之镜"。

第 三 章

消费时代物的非功能性编码

> 每一个时代的哲学作为分工的一个特定领域,都具有由它的先驱传给它而它便由以出发的特定的思想资料作为前提。①
>
> ——恩格斯

实际上,搞清楚鲍德里亚物的功能性编码和符号政治经济学,就必须对其思想作一番思想谱系探源工作。这样的工作对于我们来说非常重要,因为鲍德里亚的文本不但艰深晦涩,充满荒诞玄思,而且援用别人思想又不指明出处,因此文本中由于缺乏背景和断裂之感,所以不弄清其思想得以形成的支援意识,对于理解其思想并不是一件轻而易举之事。

第一节 鲍德里亚符号学思想谱系探源

与其他所有的思想家一样,鲍德里亚的思想也不是在他的头脑中凭空自生出来的,而是在吸收和借鉴其他思想家并在结合社会现实的发展基础上综合创新的结果。虽然在他的文本中很少发现他对别人思想的直接援引而感觉到似乎这些理论是其独出机杼的成果,但是如果不了解其他思想家的思想,要完全弄懂他的思想也不是一件简单的事情。正如甘恩对鲍德里亚的著作所评价的那样,"由于缺乏背景和从一本著作到另一著作的变化语境,人们可能无法抽象地把握鲍德里亚的总体目标"②。为此,我们在此有必要先行探索对鲍德里亚思想的形成产生重要影响的思想家,以期为我们更好地阐述其符号学思想的形成做好进一步的奠基工作。

---

① 《马克思恩格斯选集》(第4卷),人民出版社2012年版,第612页。
② Mike Gane, Jean Baudrillard: *Critical and Fatal Theory*, London and New York: Routledge, 1991, p.4.

一 巴特的符号学理论

鲍德里亚之所以发现了商品的符号价值,就在于商品自身的意义价值,这一意义并不是来自商品自身的本性,而是人们后天建构而成的。建构的过程就是人们对商品的"赋义"过程,符号就承担了这一非常重要的工作。鲍德里亚之所以看到了商品自身之外所具有的符号价值,更重要的因素是受到了罗兰·巴特的符号学思想的重要影响。在一次访谈中,他坦白地承认:"在20世纪60年代,另一个重要的影响来自巴特。我发现了巴特,与他一起工作,而且觉得这项工作更加有趣。我并不是说他非常重要,而是说他更加吸引人,巴特给我提供了又一块处女地,从那以后,一切都变了。"① 那么,巴特在哪些方面直接促成了鲍德里亚符号学思想的形成呢?很多学者都一致性地认为,鲍德里亚的《物体系》一书在很大程度上是巴特《流行体系》一书影响之结果。如果没有巴特的《流行体系》对鲍氏的影响,则断然不会产生鲍德里亚的《物体系》这一著作。由此可见,巴特对鲍德里亚的深刻影响。那么,巴特的符号学是怎样影响了鲍德里亚呢?

谈及巴特的符号学思想,我们就不能不提我们前面所论及的索绪尔的符号学理论。正是索绪尔对于语言学的开创性贡献,并从语言学推及符号学,才为巴特符号学进一步发展奠定了重要的基础。正是索绪尔的符号学一举扭转了以前符号学研究只关注个别符号的语义流变的历时性特点,而关注符号学的结构。认为正是符号结构的社会性特点,才使得符号"不论依赖语言(符号)制度与系统的个人是在高声还是低声,吐字缓慢还是快速等,都不可能改变这个制度和系统"②。这一语言结构由符号的能指与所指组成。符号的能指和所指之间没有必然的联系,二者是任意组合而形成的,符号并不指涉实际存在的事物,符号自身的意义就是在与其他符号的对比中形成的。正是符号这一任意性特点,为后来符号学的发展奠定了巨大的发展空间。这主要体现在拉康和德里达等后

---

① Mike Gane (ed.), *Baudrillard live: Selected Interviews*, London, 1993, p. 20.
② [法] 罗兰·巴特:《符号学原理》,李幼蒸译,中国人民大学出版社2008年版,第5页。

结构主义对符号学的进一步发展之中。拉康认为，既然符号并不指涉外在的对象，而是在与其他符号的对比中形成符号自身的意义，因此，符号所指和能指的关系并不是所指构成了能指的最终指向，作为基础结构而存在。符号的指涉物从根本上是无法存在的，能指不断地指涉另一个能指，形成"能指链"上的"延异"。所指作为被指涉的始终在"漂浮"，所指都变成了能指，所以只有漂浮的能指。正是由于能指逾越所指的这一颠倒关系，使得鲍德里亚将符号学的这一理论运用到对于商品的分析中去。和符号学发展一样，在商品生产中，商品的符号交换价值凌驾于使用价值之上，从而成为商品生产的主宰。

如果说其他符号学家对符号学的分析还仅仅停留在符号学理论的发展阶段的话，那么，巴特对符号学理论的最大贡献就在于他已经登堂入室地运用符号学的思想来分析社会生活中的各种现象。一切物什都难逃巴特符号学分析的法眼。譬如，巴特运用符号学的基本理论展开了对大众文化、服饰文化等现象的分析，这都为鲍德里亚走向符号学指明了重要的发展方向，使符号学理论不仅仅停留于纯理论的分析，而进入了对社会事物现象的剖析。

《流行体系——符号学与服饰符码》并不是如人们想象的那样，具体介绍关于穿着与时尚或时尚女人的穿着、举止与生活状况的著作，也不是关于时尚文化的社会学著作，而是以"零度写作"的方式，描述了符号体系如何控制和操纵人们日常生活的著作。在这本书中，巴特借助于索绪尔的符号学原理分析了服饰文化的符号学特征。这项研究是从1957年开始，到1963年结束，1967年出版，可以说，这部著作是巴特耗费十年工夫而倾心完成的一篇博士论文，由于第一任指导教师对其研究方法的质疑，巴特邀请当时著名语言学家安德烈·马丁内来指导他完成了这一富有见地的学术论文，所以这一著作在巴特的符号学思想中占有特殊的地位。在这一著作中，巴特并不是纯粹地进行符号学理论研究，而是运用符号学理论来研究人们日常生活中的服饰。在对服饰的研究中，巴特把服饰分为三种，即真实服饰、意象服饰和书写服饰。在这里无论是意象服饰还是书写服饰，两者都统一和指向现实中的真实服装。如果说真实服饰是服装的原型的话，那么，意象服装则是指以摄影和绘图的形式呈现的服装，书写服装则是用语言文字描述出来的服装，因此，意象服装和书写服装两者结构是不同的。

前者是以样式、线条、表面、效果、色彩为主要的形式；后者则是以语言文字的描述为主的形式构成。但巴特在这里所谈的服饰不是我们为了避寒或美观而穿的物质形态的衣服，而是指服装杂志上的衣服；不是服装杂志上精美的图片，而是文字介绍中表现为文字符号的衣服，所以是书写服饰而非意象服饰。因为在巴特看来，意象服装传达了服装意义的无数可能性，而书写服装则确定了意义的唯一性。因此语言具有认知层面的固化功能。更重要的是，语言还具有知识的功能。"语言能够传递那些摄影根本无法传递，或者很难传递出来的信息：布料的颜色（如果照片是黑白的）、视觉无法窥知的细节（装饰性纽扣、珍珠缝），以及由意象的二维特征造成的隐藏要素（一件衣服的背面）。"[①] 因此，语言在传播时尚流行方面具有无可比拟的优越性。因为语言可以透视我们所看到的外观形式，透过其杂乱无章或者残缺不全的外表而洞悉一切。因此形成了"拨云见日"的技巧。从而使人们在世俗的形式下，重新找到了物所具有的流行神圣光环。尤其是这种流行并不是毫无回报的，那些不屑于此的人，可能会背上"老土"的诟名。在这里，并不是语言把服装概念化了，正好相反，"在大多数情况下，它勾勒服装的方式比摄影还要具体，姿态中所有琐碎细微的标记（notation），它都竭力再现"[②]。而这一点是真实和照片上的服装所无法比拟的。[③] 此

---

① ［法］罗兰·巴特：《流行体系——符号学与服饰符码》，敖军译，上海人民出版社 2006 年版，第 13 页。

② ［法］罗兰·巴特：《流行体系——符号学与服饰符码》，第 14 页。

③ 在这里关于西方的"图—文"和中国的"诗—画"关系都可以说讨论的是语言和图像的关系问题。在这个问题上，德国美学家莱辛的《拉奥孔》就明确区分了语言描述和雕像作品之间的区别。莱辛指出了雕塑（绘画）所具有空间性的特点，而且在形象的塑造上只能选取事件发生过程中最具有"包孕性的顷刻"作为表现的对象。而文学作品则不囿限于此，也就是说，语言在表现对象上具有绘画作品更大的表现空间和容量。在这方面我们也可以以电视连续剧《红楼梦》中王熙凤出场的穿着打扮和曹雪芹在《红楼梦》作品中对王熙凤服饰的描述加以比较来理解巴特"抑画扬文"的意义之所在。在《红楼梦》中，曹雪芹这样描写王熙凤的形象："头上戴着金丝八宝攒珠髻，绾着朝阳五凤挂珠钗，项上戴着赤金盘螭璎珞圈，身上穿着缕金百蝶穿花大红云缎窄褃袄，外罩五彩刻丝石青银鼠褂，下着翡翠撒花洋绉裙。一双丹凤三角眼，两弯柳叶吊梢眉，身量苗条，体格风骚，粉面含春威不露，丹唇未启笑先闻。"也可以深入地体会白居易所写的《琵琶行》中琵琶女精彩的演奏，或许琵琶女的演奏水平平凡，但经过白居易一番如花妙笔的书写固化作用，却使得这一平庸的演奏一下子变成了美妙的经典艺术，从这里也可以约略体验到语言所具有的超凡功能。正是在此意义上，巴特颠覆了索绪尔符号学和语言学的关系。具体思想请参阅［德］莱辛《拉奥孔》，朱光潜译，人民文学出版社 1979 年版。

外，巴特认为书写服饰胜于意象服装还表现在语言具有强调功能。这一语言的强调功能主要表现在两个方面：其一，当照片像所有的信息载体一样，濒于淡化的时候，它可以重现照片传递的一般信息：我看到的洋装照片愈多，收到的信息也就愈加乏味。文字标写不仅为信息注入了新的活力……流行表现就像是语言本身，因为把句子或单词转换一下所产生的新奇感，往往会形成一种强调，已修复在其系统内的耗损。其二，强调语言可以宣称某种服饰特征仍具有良好的功能，而延续其生命……在意象中，一张洋装照片无所谓开始和结束，其限度不具有任何优势……而当我们描述这件洋装时（我们只是看它），从腰带说起，再到玫瑰，至雪特兰结束，洋装本身却很少被提及。因此，描述把服装有序的持久过程引入流行时装的表象中。因此，描述的功能不论固象，还是探索，抑或强调，其目的不过是为了表现流行的某种存在状态。就如巴特所说："杂志用文字来描述某件衣服，不过是在传递一种信息，其内容就是：流行（La Mode）。"① 而流行就是把人驱逐出去，变成了一个武断的世界。就在这种描述中，它使服装摆脱了所有物质现实的束缚，描述的服装鼓励购买，创造了流行，刺激了人们的占有欲。它"激起欲望的是名而不是物，卖的不是梦想而是意义"②。正是通过描述，词语赋予了语言一种"超符码"。"词取代了物，取代了自己已经形成的意指系统的衣服。"正是在这一意义上，巴特颠覆了索绪尔对语言和符号关系的理解，他说："或许我们应该颠覆一下索绪尔的体系，宣布符号学是语言学的一部分……人类语言不仅是意义的模式，更是意义的基石。"③

那么，词又是怎样通过描述如何创造流行的趋势呢？在这里，巴特引入了符号学的理论。这就是作为对服装的描写的符号一旦摆脱了真实服装所指，虽然这种语言符号其本意在于真实事实的服装，但是符号自身却具有了自己的生命，符号的能指反过来主宰所指。从而使对服装功

---

① [英]齐格蒙特·鲍曼：《全球化——人类的后果》，郭国良、徐建华译，商务印书馆2004年版，第8页。
② [法]罗兰·巴特：《流行体系——符号学与服饰符码》，敖军译，上海人民出版社2006年版，第4页。
③ [法]罗兰·巴特：《流行体系——符号学与服饰符码》，第3页。

能的描述的符号在时过境迁之后成为功能—符号，而不说功能本身。如巴特所言："每一个事物也都有一个符号，为了发现纯功能性的符号，有必要设想一种临时性事物，例如，罗马士兵披在肩上用以遮雨的形式各异的盖布，但是，一旦这种临时代用的衣服制造出来，可以说，以连帽氅衣的名称制度化以后，防护功能就被系统的社会系统取而代之。连帽氅衣与其他服装形成了对立，并指涉其用途的观念，就像一个符号与其他符号形成对立并表达一定意思一样，这就是为什么，一旦实在事物标准化以后（今天还有其他类型的事物吗？）我们必须谈功能—符号，而不说功能。文化物因其社会本质而拥有一种语义使命，就符号来说，它很容易把自己与功能分离，自行其是，一旦我们从这一点上理解，那么，功能就会被简化到计谋或接口的行列。宽边牛仔帽（防雨，遮阳）充其量不过是所谓'西部'的符号而已；'运动'夹克不再具有审美功能，而只是作为一个符号，相对于穿着考究而存在，牛仔裤变成了'休闲'的符号，等等。当社会的标准化事物不断增加时，意指作用的进程变得日益强烈，它仿佛是在以形式的差异系统丰富性来促生着越来越复杂的物体语汇系统。正因为如此，现代技术社会轻易地就可以把符号与功能分开，并将不同的意指作用灌输到它制造出来的实用物体中去。"① 这种不同的意指后来却脱离了它得以指涉的功能物，而变成符号自身自我指涉。本来语言是无罪的，为什么它要用花哨的语言把这种服装描述得如此天花乱坠呢？把人为编织的意义之网迁入服装之中呢？原因当然在于经济上。精于计算的工业社会必须孕育出不懂计算的消费者。所以，"为了钝化购买者的计算意识，必须给事物罩上一层面纱——意象的、理性的、意义的面纱，要精心炮制出一种中介物质。总之，要创造出一种真实物体的虚像，来代替穿着消费的缓慢周期，这个周期是无从改变的，从而也避免了像一年一度的夸富宴（potlatch）那种自戕行为，因而，我们共同拥有的意象系统（总是从属于流行，但并不就衣服而言），其商业性的本源已成为众所周知的秘密……意象系统把欲望当作自己的目标（希望符号学分析把这一切变得昭然若揭），其构成的超绝之处在于，它的实体

---

① ［法］罗兰·巴特：《流行体系——符号学与服饰符码》，第296页。

基本上都是概念性（intelligible）的：激起欲望的是名而不是物，卖的不是梦想而是意义"①。

诚如巴特所言："一个术语从开始的所指逐渐发展成为能指，这是一段动荡不安的历程。"② 那么，在符号学的发展过程中，符号何以发生这样的变异呢？巴特认为完成这一转变的是符号修辞特性决定的。如我们所知，符号是用来指涉外在事物的，是由能指（表达面）和所指（内容面）构成。而一切意指都包含一个表达平面（Expression，简称 E）和一个内容平面（Content，简称 C），意指作用则相当于两个平面之间的关系（Relation，简称 R），即 ERC。巴特假定，这样一个意指系统 ERC 就可包括进另一个意指系统，亦即一个意指系统全体构成了另一个意指的表达面或内容面。这样，两个意指系统就会构成二级关系。具体可分为两种情况：一种情况是，第一意指符号系统的能指和所指合并成第二意指符号系统的能指或表达面，即表述为（ERC）RC。巴特称第一意指符号系统为直接意指，称第二意指符号系统为含蓄意指。而含蓄意指的能指具有话语和信息"不可穷尽性"的特点，是含蓄意指多义性的根源。另外一种情况则是，第一意指系统的能指和所指构成了第二系统符号的所指或内容面，第二符号系统则可以表述为：ER（ERC）。巴特把其称为直接意指，这种在新的不同级的符号的层递关系的结合中产生出新的符号，并具有了与第一级符号意义所完全不同的新的符号的内涵与意义。巴特将两种情况图示如下：

$$\frac{E\ R\ C}{E\ R\ C} \qquad \frac{E\ R\ C}{E\ R\ C}$$

在上述两图中，左图为含蓄意指符号，右图为直接意指图。含蓄意指的表达面由直接意指构成，亦即由能指和所指的组成的符号构成。而含蓄意指的内容面（所指），在巴特看来，则是意识形态的一部分。而直接意指则是将意指系统的符号即所指和能指组成的符号构成了它的所指。

---

① ［法］罗兰·巴特：《流行体系——符号学与服饰符码》，第 4 页。
② ［法］罗兰·巴特：《流行体系——符号学与服饰符码》，第 267 页。

两者结合就构成了一个整体，详见表 3-1 (Sr 代表能指，Sd 代表所指)：

表 3-1　　　　　　　　　符号意指系统结构表

含蓄意指	Sr：修辞学		Sd：意识形态
直接意指	Sr	Sd	
真实系统		Sr　Sd	

从巴特所构建的符号意指系统的三个层面的结构表中，真实系统的能指和所指构成了直接意指的所指，而直接意指中的能指和所指则构成了含蓄意指的能指。在含蓄意指中表现为修辞学的功能，与具有意识形态特征的所指一起构成含蓄意指系统。这种直接意指的符号一旦对事物的指涉完成，它就可能因为符号自身的社会特点而在历史的流变过程中，与其当初的初始功能具有不同的意义。已如巴特所言"功能产生了记号，但是这个记号有恢复为一种功能的戏剧化表现"。① 如果我们称前者是符号对事物的直接意指的话，那么，后者我们则可以称为事物的含蓄意指。这一含蓄意指就使得符号具有了修辞性的特点。因为含蓄意指所表述的"对象"就可能带有自己的情绪、偏好等修辞色彩，它可能又意指其他功能，譬如流行、时尚等。而这一流行、时尚的含蓄意指又反过来引导第一系统的消费，从而使含蓄意指具有了意识形态的功能。正是由于符号的这一特点使我们通过符号来理解外在世界的现象变得扑朔迷离起来。因为作为符号的所指并不依赖于符号信息的发出者，而是依赖于符号信息的接受者，实际上，一个符号的意义的形成更多地受到社会环境的制约，不同种族、环境，不同知识结构和社会层次的人，对同一能指和所指组合过程中所意指的符号意义，在不同的语境下赋予符号不同的意指作用。也就意味着有多重不同读解的可能性。甚至在同一个人的不同时期都可能形成对符号的不同理解。这样，对于符号的解读将是永无休止的过程。巴特的这一符号学理论为鲍德里亚《物体系》对物的符号编码

---

① ［法］罗兰·巴特：《符号学历险》，李幼蒸译，中国人民大学出版社 2008 年版，第 198 页。

奠定了符号学理论基础。

二 列斐伏尔"消费受控的官僚化的社会"

20世纪西方哲学发展过程中,许多哲学流派理论关注的重点不约而同地转向了对久受遮蔽的"日常生活"的回归,这一回归的重要动因就是要疗救一切科学理论和文化自身的发展危机,因为人类任何理论的发展和最终形成都离不开其得以形成的源头活水——生活世界。因此,重寻"生活世界"就是让健忘的人们重建人与世界的本源性关系,认识到"生活世界"在人类历史发展过程中的优先性和根基性。一如马克思所指出的那样,哲学从天上来到了人间。在其中,胡塞尔在晚期理论发展中发现了被给予的"生活世界",海德格尔则揭示"在世之在",哈贝马斯等西方马克思主义,以及赫勒与许茨的日常生活思想等都可以看作这一转向的共同旨趣。和他们一样,身处这一转向世界中的列斐伏尔也概莫能外。

与其他哲学家对"日常生活"的发现一样,列斐伏尔在所著的《现代世界中的日常生活》一书中,作为法国马克思主义理论研究的知名学者,受马克思的启示,列斐伏尔把"日常生活"作为自己关注和研究的中心,使久受遮蔽的"日常生活"进入了人们的研究视野。正如恩格斯在高度评价马克思一生的伟大贡献时所指出的那样,马克思的一生有两大重要的发现,除了对资本家剥削工人的剩余价值的发现外,就是对长期被人们忽视和边缘化的"日常生活"的揭示。正如马克思所指出的那样,人们为了能够"创造历史",必须能够生活。为了生活,首先就必须需要吃、喝、住、穿及从事其他事情,即在满足自己的基本生存需要前提下,然后才可以从事政治、科学、艺术、宗教等其他事情。这样,物质资料的生产就成为日常生活的最基本前提。但在列斐伏尔看来,在人类历史上日常生活却并不显得怎么美妙,不但没有多少的改观反而变成了一个更加"恐怖"的社会。而这种社会的发展就像弗洛伊德在《在文明及其缺憾》一书中所告诉我们的那样,人类文明的进步就是在以压抑人类的欲望为代价的基础上才不断地发展起来的。人就是在这种所谓文明的不断压抑和长期驯化下,使得人变成了一个缺乏爱恨情仇、忽视生命自我需要的"理性人"。而又以这样的理性意识来宰割丰富多彩的日常生活。如果说,在弗洛伊德的时代,人们还生活在物质匮乏的生产主义时代,那么,当代社会却出现了与以往社会的巨大不同,如今在物质丰裕的消费社会,它不是在压抑人们的欲望,而是想尽一切办法来诱导和激发人们内心的各种欲望。正是在这种欲望编码的作用下,以前被理性掩饰的日常生活,又再一次在新媒体力量的协力下被人们所创造的新的"神话"——符号所全盘地统治。人们都变成了"欲望之兽"。人类社会的一切禁忌和规则在欲望符码的搅和下都失去了作用。

如果说鲍德里亚从巴特这里看到了物的符号学特征,而且从理论上为我们分析了这种语言符号所制造的"神话",人们被"流行体系"所诱导而丧失了自我的话,那么,在他的导师兼同事的列斐伏尔这里,我们则认识到了符号学对长期被边缘化的"日常生活"的操控功能。也就是说,人们被符码统治的现象已经渗透到了人类日常生活的一切方面。如果说在现代社会的初期,日常生活还是一个被忽略和遗忘的边缘化的物质生产社会的话;那么,到了发达资本主义社会的后期,日常生活则是一个被组织化的消费社会世界。"日常生活被技术理性、市场交换所入侵,被传播媒体的符码化统治体制多重性的殖民主义化了……人们所生活的周围日常生活世界便是一个漂浮着各种符号的神话般的世界,一个语言变成了纯粹视觉刺激,而没有任何确定性意义与对应的人文意义的世界。这就是说,语言不再是表意现实的一种象征符号,而是独立的自我生产与复制的能指系统和符码系统。"[①] 列斐伏尔把其身处其中的这种社会称之为"消费受控的官僚化社会"(the Bureaucratic Society of Organized Comsumption),列斐伏尔之所以对社会有这样的理解,与晚期资本主义社会发展过程的重大转变有密不可分的联系。晚期资本主义发展的历史事实表明,它的发展非但未如人们所预想的那样走向终结,反而显示了更为强劲的发展势头。1968 年爆发于法国的"五月风暴",作为无产阶级政党代表的共产党人,作为革命的主体和中坚力量,在革命中不但没

[①] 刘怀玉:《现代性的平庸与神奇——列斐伏尔日常生活批判哲学的文本学解读》,中央编译出版社 2006 年版,第 43 页。

有成为学生的指导和坚强后盾，发挥革命的先锋和领导作用，反而站在拥护国家机器的立场上，让左翼人士大失所望。除此之外，其他发达资本主义国家的无产阶级革命也遭遇了类似的历史命运。而在这一世界风云的变化过程中，无产阶级之阶级意识的日趋衰微引起了人们深入地反思，在这一反思过程中，许多思想家们几乎普遍认识到，与早期资本主义处境不同，处于"后工业社会"的晚期资本主义，在科学技术大力促进下，物质产品获得了极大丰富，已从一个由工业资产阶级控制的生产社会转向一个由符号及其符号体系所控制的消费社会。这一消费社会携科技革命之力实现了由"冶金术"（metallurgic）社会向"符号制造术"（semiurgic）社会的过渡。实现了符号从"外爆"（explosion）向"内爆"（implosion），从"冷媒介"向"热媒介"，从"真实"（reality）向"超真实"（hyperreality）的根本性变化。① 在这一符号的转变过程中，无产阶级的身份地位发生了重要变化，已由以前仅靠出卖自己劳动力为生的被剥削的工人阶级，变成了顺应晚期资本主义发展要求富有专业技术和管理知识的蓝领工人和白领阶层，成为拥有不菲社会财富的"新中产阶级"。甚而以股份投资的方式成了其所在公司的"主人"。他们不但失去了早期革命的热情和积极性，而且认同自己所处身于其中的社会统治。也就是说，晚期资本主义社会已由早期赤裸裸的经济压榨和政治奴役转变成更为"温和"与"人道"的符码（code）统治，这种符码统治就体现在，符号不但对人的无一幸免地宰制与规范，拜金主义的价值观念渗

---

① 在这里，我们更多地借鉴了麦克卢汉媒介理论。这里所讲的"外爆"就如马克思在《共产党宣言》中认为生产力的变革和扩大，新的交通工具和通信方式的出现所导致的世界殖民化过程，如果说"外爆"发生于"机械技术"的工业时代，是对人的身体器官的外在延伸，那么，"内爆"则完成于"电子技术"（electric technology）时代，它是对人的整个意识系统的模拟，从而使人的整个身心完全被符号所辖制，陷入"霓虹式的梦幻影像"（phantasmagoria）；这里的"冷媒介"和"热媒介"，主要就媒介符号所提供的信息与接受者的参与程度而言的，相较而言，"冷媒介"提供的清晰度较低，接受者参与的程度比较高，如语言、电话。而"热媒介"则刚好相反，它接受的程度低，不留下空白让接受者去填补，如电影等。而这里讲的"真实"与"超真实"，则大意在于在媒介符号的作用下，符号已失去了它的中介性功能，符号本身就是世界的"在世"方式，符号所提供的信息图像比"真实"本身还"超真实"。甚至于世界的"真实"来自于对"超真实"的模拟。参阅［加］马歇尔·麦克卢汉《理解媒介——论人的延伸》，何道宽译，商务印书馆2009年版，第20、51页。

透一切领域，人成为金钱的傀儡，而且实现了对人的社会区隔和身份建构，使人们从迷恋于"物的功能消费"转向钟情于"物的符号消费"。使符号系统所承载的价值形态内化到人们无意识的身体之中，让符号认同成为身体内部的自我管控，从而使矛盾斗争的焦点发生了重大的转移，社会的结构发生了重要的变化，社会面临的不再是往昔壁垒森严的阶级对立和困扰资本主义的经济危机，而是"人为物役"的符码恐怖统治。在这种符码统治的时代，赤裸裸的暴力统治的直接恐怖不见了，但人们却生活在一个无处不在且无法逃避的符号化、体制化、抽象化、匿名化、功能化统治的时代。一个马尔库塞所描述的"无反对派"的一个新型极权化的单向度社会，一个如米歇尔·福柯所指出的从"惩罚社会"转向"规驯社会"的时代。正是在这一点上，我们认为这是一个更为可怕的恐怖社会。由此，我国学者鲜明地指出，"列斐伏尔的恐怖主义社会、马尔库塞的单向度社会以及阿多诺—霍克海默的极权主义国家和文化工业社会，还有巴特的流行体系、德波的景观社会、鲍德里亚的拟象社会等概念都是高度相似的"①。它们这些家族相似的称谓在内在本质上都指向了晚期资本主义社会的共同本质——以消费和符号经济占主导地位的被控的日常生活消费社会。在这一社会的转变中，突破了经典马克思主义基本思想，颠倒了生产和消费之间的关系，将马克思的商品拜物教变成了符号拜物教，将马克思的国家上层建筑权力统治中心论改造成为日常生活微型权力的抽象统治的恐怖主义社会理论。②

从日常生活的视域出发，列斐伏尔揭示了现代社会制度无孔不入的控制这种恐怖主义的本质，而这种恐怖主义社会相比于以往的社会，则体现在社会的对人的驯化方面则是有过之而无不及。古代社会就统治形式而言，一方面是"特权阶级"通过意识形态的"说服"与"强制"的双重方式维持着社会；另一方面则是通过各种各样的禁忌来压抑人们的内心欲望。前者就如福柯在《规训与惩罚》中所描写的在广场以粗暴而

---

① 刘怀玉：《现代性的平庸与神奇——列斐伏尔日常生活批判哲学的文本学解读》，中央编译出版社 2006 年版，第 325 页。

② 刘怀玉：《现代性的平庸与神奇——列斐伏尔日常生活批判哲学的文本学解读》，第 241 页。

野蛮的方式处决行刺国王的罪犯达米尼斯，以"杀鸡骇猴"的公开恐怖的惩罚模式来维持社会的秩序；后者就如弗洛伊德在《文明及其不满》中所写到各种禁忌对人的本能欲望的压制。现代社会则是由理性蜕变而成的工具理性对人的过度压抑的社会。正是由于由理性蜕变而来的工具理性使人类在征服自然的过程中取得了巨大的物质成就，在社会生活的资质中获得了较高的效率，进而极大地提高了人类生活的水平，使人们由此而对之崇奉有加，但不巧的是，人类摆脱了受制于"自然"的命运，现在又陷入了机器的控制之中，大机器的纪律性要求把具有自由自觉意识的人变成了一种失去自由的机械的人。被"理性"启蒙了的社会实际上处于一种被蒙蔽的生活之中，这种压抑改变了古代社会的统治的形式和条件，由"他律"转向"自律"。岂不知在这种绝对"自律"的理性背后其实是主体自我构筑而成的自缚的"铁笼"。这一点在基督教清教伦理和韦伯的科层制制度设计中都得以具体的体现。也就是人所创造的为人服务的各种制度及其手段，却反过来成为人自身的最终主宰和对人的全面掌控，这种本末倒置的颠倒的异化行为完全违背了其创始时期的原始初衷。

这种符号统治不但表现在人们的社会生活中，它也如影随形地体现在政治权力话语中。如果说传统权力是一种君权神授的国家权力的政治暴力统治，这种统治总是通过残酷的"法律"（Law）惩罚机制来体现统治者权力的话，那么现代权力则是一种通过"规训"（discipline）而实施隐匿性的符号暴力统治。也就是说，这种符号暴力统治以一种高度组织化、控制化、科层化的符号权力，通过对人的身心的双重规训实现人们对现行社会控制的自我认同。"这种符号暴力可以发挥与政治暴力、警察暴力同样的作用，而且还更加有效。"[1] 因此统治阶级在实施权力统治的过程中，不仅在加强强制性国家机器的硬性控制，同时也在不断地依赖微观权力即符号的软性统治。这种软性符号操控是利用符号的意识形态策略达到对被统治阶级身体与心灵的双重规训，完成其身心建构，达到

---

[1] ［法］皮埃尔·布迪厄：《实践与反思——反思社会学导引》，中央编译出版社1998年版，第220页。

对其自身统治认同的结果。正是权力与符号的"沆瀣一气",才使现代权力不必抛头露面地炫耀自己,而是通过充分发达的规驯技术,尤其是通过象征化和符号化的手段,使惩戒变成儆戒,使权力无限延伸。"这种符号统治的可怕之处在于,被统治者是站在自己不知情的基础上赞同了统治者的统治逻辑,并构成了统治基础的重要一环。"① 从而使这种符号控制远比政治控制更加狡猾和极权。其实这种现代意义上的符号权力古人以世事洞明的睿智早已体悟到符号的力量和权威。孔子说:"唯器与名,不可以假人,君之所司也。名以出信,信以守器,器以藏礼,礼以行义,义以生利,利以平民,政之大节也,若以假人,与人政也。"(《左传·成公二年》)。在这里,孔子之所以把"名"与"器"视为不可以假借于他人的治世的重要工具,就是因为这"名"与"器"作为符号不但象征着君主自己的等级地位(礼)以及与之相应的政治权利(义与利),而且也是建构社会秩序和治理国家的重要的"权力"。而如果把"名"与"器"让渡于人,则无疑等同于把政治权力恭让于人一样,因此"名者,人治之大也,可无慎乎!"(《礼记·大传》)。从这一异名同谓称呼中不难看出"符号"之于政治统治的非凡意义。

从符号权力的角度而言,晚期资本主义社会之所以"垂而不死",一个重要的原因在于其统治和管理国家的策略发生了重要的变化,这一重要的变化就体现在从早期的诉诸武力的暴力统治转向依赖于更为隐蔽的现代符号统治。换言之,这种符号统治不是诉诸诸如政府、军事、警察、监狱等强制性国家机器的硬性暴力,而是更隐匿性的软性暴力,这种软性暴力就是通过语言符号的形式来实施的。这种符号统治在一定程度上就类似于葛兰西所提出的"文化(符号)霸权"和阿尔都塞所提出的"意识形态国家机器",正是这种意识形态的符号统治,才使意大利杰出的共产党的领袖葛兰西在狱中深刻地醒悟到,革命之所以失败就在于革命成功不仅取决于打败看得见的强大的敌人,还要取决于能否戳穿长久以来这种隐匿在人们思想中的根深蒂固的维护资本主义利益的符号统治。因此,晚年他深刻地认识到无产阶级要战胜晚期资本主义的统治,不仅

---

① 朱国华:《权力的文化逻辑》,上海三联书店2004年版,第108页。

要取得革命的政治领导权，还要取得思想意识形态的符号领导权，唯其如此，才能保证革命的真正成功。受葛兰西思想的启发，阿尔都塞提出了几乎与之类似的"意识形态的国家机器"这一概念，认为无产阶级斗争之所以在发达资本主义国家屡遭挫折，其重要原因就在于生活于发达资本主义社会的市民们的思想已经在资本主义"意识形态国家机器"这一符号系统的驯化和教导下，认同了资本主义社会的不合理统治。也就是说，统治阶级把代表本阶级地位和利益上的真理当作人类的普遍真理来宣扬。"每一个企图代替旧统治阶级的地位的新阶级，就是为了达到自己的目的而不得不把自己的利益说成是社会成员的共同利益，抽象地讲，就是赋予自己的思想以普遍性的形式，把它们描绘成唯一合理的、有普遍意义的思想。"[①] 被统治阶级也就不加辨别地认同和支持统治阶级所宣扬的这一真理。正是认识到这种更为隐匿的符号统治，马克思才洞若观火地揭橥德意志意识形态这一符号话语的虚伪性和欺骗性的唯心主义本质，揭示了资产阶级在推翻封建阶级之初对人民的美妙承诺不过是一张永远无法兑现的空头支票。正是在这一点上，一如福柯所言，这种符号本身所表现的所谓"客观"和"普遍"的真理，只不过是一系列肮脏的、不可告人的权力争夺、黑箱秘密交易和道德欺骗的遮丑布而已。而后现代社会则是一个"绝对恐怖主义"的社会。当然，这种"绝对恐怖主义"的社会也是从现代社会这种过度压抑的社会发展演变而来。

当然，列斐伏尔的"绝对恐怖主义"社会同时也受到了同时代思想家巴特的影响。如前所述，巴特在《流行体系》中对书写服装的推崇使得巴特颠覆了索绪尔关于符号对于语言的优先性。在这一点上列斐伏尔继承了巴特的思想，认为晚期资本主义社会"绝对恐怖主义"社会的形成也是语言这一"普遍语码"导致的结果。就像交换价值取代物的使用价值那样，语言特别是符号的能指优先性取代了它对现实的自我指涉，从而使得现实成为一个被语言随意编码的"超现实"世界。因为正是语言的书写功能对信息的整编功能使得它超越了特定的时空限制而具有权力话语体现，因而与对人们的国家机器的行政控制联系在了一起。正是

[①] 《马克思恩格斯全集》（第3卷），人民出版社1960年版，第54页。

看到了语言自身的异化功能，这或许就是为什么早期社会很多大思想家，譬如苏格拉底、柏拉图、孔子、老子他们"述而不作"的因由之所在。这也就是为什么早期的很多极权主义国家则特别重视国家统治过程中书写功能的作用。如很多早期国家往往把他们所颁布的各种法典、制度镌刻在能长久保留而不易损毁的石头、铸铁上的缘由。这也是在民间人们常常说的"口说无凭，立字为据"的重视书写语言胜于口头语言的道理。也就是这种书写的语言所特有的对现实的自我编码能力而使得社会的统治由一种"强制权力"的方式进入了"微型权力"的统治模式。

作为法共的一名领导，"五月风暴"的结果也无疑引起了列斐伏尔对其所处社会的深刻反思。这一反思使其深刻地认识到，革命失败的结果既不在于社会发生的转型，使人们沉浸在物质丰裕的生活中而乐以忘忧，也不完全取决于统治阶级的微观权力的渗透和软化，而在于晚期资本主义社会日常生活的重大转向。即在强大的传媒尤其是广告的狂轰滥炸下，人类完全走上追求"物欲"和"享乐"的不归之路。整个社会弥漫在黑格尔所指出的由"诗的时代"走向"散文"的时代。一个"逃避崇高，远离悲剧"的喜剧化时代。也是波兹曼所说的，这是一个"娱乐至死"的时代，一个"消费受控制的官僚制的社会"。

"消费受控制的官僚化社会"作为列斐伏尔中期日常生活的一个核心术语，并不是空穴来风，在很多方面，他是在吸收和扬弃列宁的"国家垄断资本主义"、韦伯的科层制组织体系、福特主义以及加尔布雷斯的丰裕社会基础上集成的一个重要术语。相对于列宁的"国家垄断资本主义"，它扬弃了列宁过于浓郁的和狭隘的意识形态意味；相对于韦伯的科层化组织体系，它又扬弃了韦伯"价值中立"的无批判立场。相对于加尔布雷斯的消费社会而言，它又扬弃其难免片面化的趋向。[①] 在列斐伏尔看来，这一"消费受控制的官僚化社会"概念的提出也与当今日常生活的传媒化息息相关，也就是说，今天人们所处身于其中的日常生活已完全被日益发达的电视、网络和铺天盖地的广告所引导，人完全失去了自

---

① 刘怀玉：《现代性的平庸与神奇——列斐伏尔日常生活批判哲学的文本学解读》，第257页。

己的自由。而无论是怎样的传媒方式，人们都无一幸免地被符号"空无所指"的特性所控制与操纵。是符号冒名顶替"物"的存在的"超现实"世界，即一个彻头彻尾的"假装的世界"（Make-believed World），所谓"社会现实"其实都是冒名顶替的，都是对"不在场"的"现实"的符号化替代。正如列斐伏尔所言："仅仅对日常生活进行归类和组织还是不够的；现在它必须被规划。这个消费被控制的官僚社会，坚信自己的能力并且满足于自己的成功，正在实现自己的目标，这个社会的意图正在成为现实：它通过对日常生活的间接中介作用而走向控制的社会。"① 这种控制的形式就是大众媒介和广告对人的欲望的诱发和操控，从而使当代人都不自觉地患上了"物欲症"，每个人都希望拥有更多的物质财富和数不尽的金钱。把对财富的追求作为人生的全部，这都是"传媒符号化"导演的结果。因为在传媒符号化的作用下，传媒在意识形态方面发挥着越来越重要的影响，媒体霸权不但会把某种意识形态强加于人，而且会把人们心目中处于模糊状态的价值观念捕捉、固定、放大，成为一种强大的宰制力量。正如约翰·汤普森（J. B. Thompson）所言："当今之世几乎没有什么社会不受到大众传播机构和机制所触及，因此几乎没有什么社会不向大众媒介象征形式流通开放。"② 在传媒经济的作用下，它并不在意物品本身的使用性能，而是想尽一切办法来激发人们的购买欲望，因此，商品的使用价值之外的象征价值和符号价值就被不断地放大，从而使人们成为一个在失去自主能力的情况下成为一个被媒介所完全牵引的人，实现物欲的满足成为人们永无止境的追求。正如马尔库塞所言："人们似乎为商品而活，小轿车、高清晰的传真装置、错层式家庭住宅以及厨房设备成了人们生活的灵魂。把个人束缚于社会的机制已经改变，而社会控制就是在它所产生的新的需要中得以稳定的。"③ 就是在这种广告传媒等"次体系"（sub-system）对日常生活无孔不入的渗透、控制和编码，因而使一个实际意义的具有原发性鲜活的日常生活就隐匿不彰了。

---

① Henri Lefebvre, *Everyday life in the Modern World*, p. 64.
② ［英］约翰·B. 汤普森：《意识形态与现代文化》，高铦等译，译林出版社2005年版，第1页。
③ ［美］马尔库塞：《单向度的人》，刘继译，上海译文出版社2006年版，第10页。

所以列斐伏尔说:"在现代世界,日常生活已经不再是有其丰富的主观性内涵的'主体';它已经成为社会组织的一个'客体'。"① 控制这个客体的不是古典的国家政权和理性意识形态,而是依赖大众媒介所构建而成的流行的消费心理观念和编码而成的流行时尚体系。成为一个被虚假的欲望符号所操纵和奴役的世界,即被时装、休闲、旅游、汽车、广告、电视、网络等流动着的无形的次体系所控制的世界。一个通过排斥日常生活而统治日常生活的世界,一个被流行的消费导向和盲目的从众的文化无意识所引导得失去了自我意识的异化的世界。晚期资本主义的这种状况在理斯曼著的《孤独的人群》(*the Lonely people*)一书中也得到了充分地体现。在这本书中大卫·理斯曼从人口的增减和环境的变化的角度把美国人的性格发展分为三个阶段:一是传统导向型的性格特征,这一性格的养成主要是父母引导的结果;二是内在导向型的性格特征,这一性格的养成是内在自律的培养;三是他人导向型的性格特征。而他指出第三种性格特征就是和消费社会和大众传媒影响是紧密相关的,这种性格的养成则来自于物质丰裕情况下人们生活方式的重大变革,即通过消费更多的商品来显示自己卓尔不群的性格特点,这一点是受大众传媒和广告引导之结果。这一认识和列斐伏尔提出的"消费受控的官僚制社会"不谋而合。

三 乔治·巴塔耶的"耗费经济学理论"

促使鲍德里亚走向符号政治经济学的除了以上几个人物之外,还有一个不可忽视的人物就是乔治·巴塔耶(George Baille,1997—1962),正是乔治·巴塔耶的思想促使鲍德里亚符号政治经济学的出台。巴塔耶从"普遍经济学"(General economy)的角度提出了非常接近鲍德里亚"消费社会"的术语,即"消耗社会"。

巴塔耶在这里提出的"普遍经济学"的概念是相对于"古典经济学"而言的,古典经济学即"工业社会"经济学。这种古典经济学的代表人物有大卫·李嘉图、亚当·斯密等,他们从人性的功利主义角度出发,

---

① Henri Lefebvre, *Everyday life in the Modern World*, p. 64.

认为世界上的每一个人总是要求自己利益的最大化，实现自己利益最大化是通过对财富的占有来实现的。所以，生产—分配—交换—消费—再生产成了工业社会的基本经济模式，在这里消费的目的是为了更好地促进生产的发展，以便于更多地满足自己的欲望和对财富的占有。而要实现这一要求，那就必须形成与之相应的生产文化。因而在这一点上，巴塔耶认同马克斯·韦伯关于资本主义社会经济发展依赖于基督教清教伦理的思想分析，认为初期资本主义社会得以发展的重要因素在于基督教清教伦理倡导的勤俭节约文化精神，为早期的资本积累打下了基础。不惟韦伯，这也是前期资本主义社会人们都普遍具有的思想观念，就是社会发展的根本不在于人们的消费，而是通过勤俭节约的方式来完成的，肆意挥霍、奢侈浪费被指责为一种罪过。如先哲亚里士多德所言："我们称之为浪费的某些人，则比较复杂。不知约束和放纵用钱的人，我们都称为浪费，所以这里包含着多种恶，这里使用的不是它的本义。浪费最根本的恶就是毁坏物资。一个浪费的人就是毁灭自己，因为从某种意义上说，毁灭物资也就是毁灭自身，生命是通过物资而存在的，我们所说的浪费就是这个意思。"[①] 正是在这一精神的支配下，资本家以疯狂榨取和剥削工人所生产的利润为最大目的，"工人的目的是为了生存而生产，而资本家的目的则是为了把劳动生产者置于凄惨的困境而生产"[②]。资本家为了在激烈的市场竞争中永远地立于不败之地，也并没有把从工人那里剥削而来的剩余价值全部用于自己的挥霍和消费，而是不断地进行新的投资，保持自己在市场上的领先地位，正是这些因素强化了资本主义的生产逻辑。而巴塔耶从"普遍经济学"的角度认为正是资本主义基于新教伦理所形成的生产逻辑，成为促使资本主义"生产过剩"的深层动因，也是导致资本主义经济危机频繁发生的根本原因。

如果说古典经济学是一种产业经济学并基于生产主义注重财富积累的话；那么，普遍经济学则是一种宏观经济学，它不但重视物的生产，

---

① ［古希腊］亚里士多德：《尼各马科伦理学》，苗力田译，中国人民大学出版社2003年版，第68页。

② ［德］于尔根·哈贝马斯：《现代性的哲学话语》，曹卫东译，译林出版社2006年版，第261页。

也兼及生产物的消费,遵循的是"丧失原则"。在这方面,我们认为哈贝马斯对巴塔耶思想的概括是极为到位的,不妨引录如下:

> 巴塔耶认为"经济学"——包括政治经济学及其批判——都是基于狭隘的功利主义视角考察有限的资源在社会生活再生产的能量循环过程中如何才能得到有效的利用。而针对这种特殊的视角,巴塔耶提出从普遍的视角来考察宇宙当中的能量利用问题。巴塔耶把这种视角的转变同从产业经济系统向宏观经济系统视角转变相提并论,认为在此基础上,经济学的基本问题也发生了变化:不再是如何利用有限的资源,而是如何无私地消耗过剩的资源。也就是说,巴塔耶把生物学的观点作为自己的出发点:生命有机体吸纳的能量比生命再生产所需要的能量要多得多。多余的能量被用于发育生长。一旦生长停滞下来,没有得到充分吸收的剩余能量就必须通过非生产的渠道释放出去,能量必然要白白地消耗掉。消耗的方式原则上可能很"荣耀",也可能是一场"灾难"。社会文化生活同样也处于剩余能量的压力之下。①

在这里,巴塔耶从"普遍的经济学"的视角来研究经济现象,认为经济的发展对于人类所生存的宇宙的能量循环有依存性。就像生命的有机体的生长必须要具有超出维持自己的生长所必需的能量之外,才能得到更好的发展一样。经济学所形成的财富的超溢部分,如果不能完全被社会上的人们所消费,那就必须要以"荣耀"的方式或是以"灾难"的方式被处理掉,才能不断地促使经济发展。因为积聚是有限度的,如果我们不主动丧失或消耗尽那无法在增长中消耗的能量,那么,它就会遗弃我们,从而导致社会发展处于停滞状态。正是自得于这一发现,巴塔耶曾不无自豪地说:"从有限性的经济学到普遍性的经济学观点的变化,

---

① [德] 于尔根·哈贝马斯:《现代性的哲学话语》,第 276 页。

事实上完成了哥白尼式的革命。"① 基于此，巴塔耶认为，古代社会的节日狂欢，高耸的纪念碑，金碧辉煌的教堂建筑，以及现代社会让人舒适的各种休闲方式，它们的目的都是一样的，就是促进人们想尽办法消耗和吸收那些过剩能量。如果这些过剩的能量数量巨大，无法被人们所消耗掉的话，那就会爆发"经济危机"，也就要通过"灾难性的花费"即战争方式来解决。巴塔耶正是因此而把接连发生两次世界大战的原因归因于现代工业技术革命的发展，使得资本主义社会过量的财富积累达致极限，却无法消耗而导致的结果。唯有通过战争或其他方式才调节和保持了国家系统的平衡，社会才能得到进一步发展。但是，战争也未必是不可避免的，"我们可以表达避免一场迫在眉睫的战争的希望，为了做到这一点，我们必须把过剩生产，要么转移到困难的工业增长合理地拓展中，要么转移到非生产性工作中，这将会消散无论如何也不能被积聚的能量。"② 因此，巴塔耶提出了与"消费"相对的另一个概念就是"消耗"，通过这种"消耗"来消费掉社会生活中由于发达的生产技术所生产的"被诅咒的部分"——过剩的物品，从而促进社会平衡发展。由此，巴塔耶从人的活动出发，把消费分为"生产性的消费"和"非生产性的消费"两大部分，第一部分是"生产性的消费"，主要以生产人们日常生活最基本的需要为目的，用来维持生产者基本生活和他们再生产的基本所需；第二部分则是"非生产性的消费"，主要是以满足人的更高级的需要为主。正如巴塔耶所言："人的活动不能全部归结为生产和再生产的过程，消费必须分为两个不同的领域，一个能够还原和化简为最小的必需量，以便一个社会的成员能够维持生活并继续其生产活动……另一个是非生产性消费：奢侈、仪式、战争、崇拜、豪华建筑、游戏、戏剧、艺术以及与生殖无关的性表现活动等，他们都有自己的目的。"③ 而这种"非生

---

① Georges Bataille, *the Accursed Share*: *An Essay On General Economy*, Volume , consumption. Trans, Robert Hurley, New York, Zone Books, 1998, p. 25.

② Georges Bataille, *the Accursed Share*: *An Essay On General Economy*, Volume , consumption. Trans, Robert Hurley, New York, Zone Books, 1998, p. 25.

③ [德] 于尔根·哈贝马斯：《现代性的哲学话语》，曹卫东译，译林出版社 2006 年版，第 261 页。

产性耗费"更多表现在"奢侈、哀悼、战争、祭仪、规定费用的纪念碑的建造、游戏、景观、不正当的性行为（例如，从生殖的目的偏离）——所有这些表现的活动，它们——至少在原初的环境中——没有超越自身的目的。"这些东西原则上都是"无用"的东西，对于它们的消费，不可能再带来任何回报。与生产的"积累"原则不同，它们遵循的是"丧失原则"（the principle of lost），是一种无条件的花费原则。因此这种自由消费原则更能体现人的主权和本真性存在。对此，哈贝马斯评论道："他（巴塔耶）在消费当中看到了一种深刻的矛盾：一边是生命所必需的劳动力的再生产，另一边则是奢侈消费；这种奢侈消费让劳动产品摆脱生活必然领域，进而摆脱新陈代谢过程的主宰，而用于浪费。这是一种非生产性的消费形式，从单个商品占有者的经济视角来看，它是一种损失，但它同时能够实现和证明人的自主权以及人的本真存在。"①这种自主权和人的本真存在就体现在人可以摆脱功利性谋划观念对人的无形束缚，可以随心所欲地让久受压抑的情感和自由尽情地绽放。

  巴塔耶还从这一"普遍经济"的角度分析了当时西方两个超级大国美国和苏联的状况。他认为在斯大林领导期间，苏联还是一个处于遵循"积累"时期的生产主义阶段，是一个工业社会发展初期需要大肆物质财富积累的阶段，只有通过积累才能与当时强大的美国相抗衡。相反，美国却是一个生产力极度发达、物质资料异常充裕的"消费"阶段，所以，美国不断地以"军备竞赛"的形式威胁其他国家，其根本的目的在于通过"军备竞赛"方式来"消耗"他们丰裕的物质财富，以便刺激他们本国经济的发展。他也同时指出，这种对奢侈性消费品的消费是自古就有的，不过那个时代，对这些物质的消费只不过被一些特权阶级和贵族阶级所垄断而已，他们对这些产品的消费是以剥夺绝大多数人的财富为代价而实现的。而现在，消费不再被特权阶级所把持，消费成为了人们普通生活的一部分，进入了寻常百姓家。巴塔耶从"普遍经济学"的思想出发所给予消费社会的突出地位，在某种意义上说，可以从德国社会学家维尔纳·桑巴特的对于资本主义兴起原因上得到进一步的旁证。

---

① ［德］于尔根·哈贝马斯：《现代性的哲学话语》，第261页。

在《奢侈与资本主义》这本书中，桑巴特的看法与韦伯的看法截然不同，他认为资本主义得以发展的根本原因并不像韦伯认为的那样是基督教的禁欲主义观念，它的发展是与贵族阶级和宫廷显贵的奢侈性消费息息相关。在桑巴特看来，所谓"奢侈"，即"任何超出必要开支的花费"①，桑巴特主要从新社会、城市和爱情的世俗化三个方面为我们分析了资本主义得以形成的重要因素。这里的新社会主要是指在资本主义的发展过程中产生了一个新兴的中产阶级，由于贵族阶级在社会上居于特权地位，拥有贵族头衔不仅意味着能获得社会利益，也可获得可观的物质利益。一方面，他们运用巨额的物质财富购买或通过姻亲的方式来获取他们在封建社会所不具有的高贵头衔，从而使他们摇身一变成为时代新贵；另一方面，这些新贵又大部分生活在城市，成为资本主义商业得以发展的重要场所，而生活于城市中的大多达官显贵以及王公大臣作为城市生活的消费主体，通过超出必要消费的奢侈型开支和"世俗化的爱情"来显示自己非同一般的地位和声誉。贵族阶级大把大把地花钱来豢养"宫娥"和"高级妓女"，以及资产阶级模仿宫廷生活所养成的挥霍无度和奢侈追求是资本主义发展的关键因素。所以资本主义早期，许多产业都是以非必要产品的奢侈型生产譬如丝绸业、糖业等产业的发展为主的，正如桑巴特所言："新兴暴发户们对奢侈品的巨大需求，引发了对享乐的渴求，对快乐和充满虚荣炫耀的追求，使之像瘟疫一样席卷欧洲。"②因此，城市就变成了"消费城市"。正是基于以上的研究，桑巴特说："正如我们所看到的，奢侈，它本身是非法情爱的一个嫡出的孩子，是它生出了资本主义。"③从而形成了和韦伯对于资本主义理论大相径庭的看法。对于这一点，法国社会学家雷蒙·阿隆颇有见地地指出了两人的区别，"形成他们分歧的根本原因，是他们使用了不同的资本主义定义。在桑巴特的著述中，资本主义同基本上对于满足需要（Bedarfswirtschaft，必需品经济）相关的经济体系形成鲜明对照。资本主义是受无限获取财富

---

① ［德］维尔纳·桑巴特：《奢侈与资本主义》，王燕平、侯小河译，上海人民出版社2000年版，第79页。

② ［德］维尔纳·桑巴特：《奢侈与资本主义》，第104页。

③ ［德］维尔纳·桑巴特：《奢侈与资本主义》，第248页。

驱动的体系，其发展没有界限，它是一个以交换和金钱，以财富的集中和循环，以理性的计算为特征的体系。这些特征是通过直接将系统作为整体进行把握而描述出来的，而不是与其他文明进行比较得出的"①。正是从"整体进行把握"的思想出发，使他认为促使资本主义大规模工业生产的是封建社会贵族阶级达官显贵的奢侈消费需求，回应了巴塔耶的"耗费"的消费观念。尤其值得一提的是，巴塔耶的这种思想使我们不由想起了南北朝时期刘义庆在《世说新语》中曾描述石崇和王恺斗富的情境，不正是巴塔耶思想的形象反映吗？

值得补充的是，巴塔耶的这一思想的形成也与人类学家马塞尔·莫斯的《礼物》思想启示密不可分。在《礼物》这部书中，莫斯向我们介绍了北美印第安人的"炫财冬宴"的奢侈消费，每逢冬季，这个部落的首领都会不惜倾家荡产来把自己家里所有积蓄的财富不求回报地赠予或当众毁坏，通过这种方式来捍卫自己在部落中不可挑战的首领地位。如果在这种"炫耀性"的宴会活动中，一旦有部落中的某一个人摆出了比其更阔绰的盛大场面，则这位首领必须把自己在这个部落曾经拥有的地位无条件地恭让于这次"炫财冬宴"中比他出手更阔绰的人。这种通过无偿赠予和疯狂毁坏财物的"炫财冬宴"，使巴塔耶引出了自己的"普遍经济学"，即这种"炫财冬宴"的目的是对"有限经济学"以攫取利润为目的的理性算计功能的功利性原则的颠覆。旨在凸显传统社会之礼物交换和现代社会之商品交换的原则差异。指出前者基于信仰，以非功利的义务来进行，建立起的是人与人之间的情感关系；后者则基于利益，以功利计算的形式来进行，建立的是物与物之间的客观量化关系。显然，巴塔耶的普遍经济学的思想，无疑影响了鲍德里亚消费社会思想形成。

四　德波的意象统治的景观社会

同样，法国情境主义国际代表人物居依·德波（Guy Debord，1931—1994）的"景观社会"理论对鲍德里亚消费社会符号理论形成产生了重要的影响。鲍德里亚在《冷记忆》（二）中对自己的一生的总结中提到了

---

① ［德］维尔纳·桑巴特：《奢侈与资本主义》，第 243 页。

法国情境国际主义在自己思想形成中的影响。正如其说："二十岁是想象科学家（pataphysician）—三十岁是情境主义者（situationist）—四十岁是乌托邦主义者（utopian）……五十岁横跨各界面（transversal）……六十岁搞病毒和转喻（viral and mealeptic）。"① 由此可见，德波的思想对于鲍德里亚思想形成过程所具有的意义。

"如果说商品社会的产生体现了从'存在到拥有'的转变（being into have），那么景观社会的产生则体现了从'拥有到展示'（having into appearing）的滑落，如果说商品社会是抽象统治一切的话，那么景观社会则是意象统治一切，以至资本本身成为了意象。"② 在"景观"统治一切的时代，人们沉湎于被制造的景观情境之中而乐以忘返，从而丧失了对本真生活的追求，而资本家则依靠控制景观的生成来操纵整个社会的生活。在某种意义上说，德波的这一看法和海德格尔所提到的世界进入了"图像时代"从实质而言并无二致。不同的是，海德格尔是从批判形而上学的表象性思维的角度指出了"世界图像"化现象，而德波则更多地从现代传媒与经济的角度指出世界的景观化现象。按照德波的理论，景观社会实质就是意象统治一切的社会，在这个意象统治一切的时代，社会的生产变成了意象的生产，在这个意象社会里，"影像胜过实物、副本胜过原本、表象胜过现实、外貌胜过本质"③。而实现这一意象则是现代社会大众传媒导致的结果。正是大众传媒特别是电视、计算机的出现使我们摆脱了过去必须借助于语言文字这一中介才能了解事物的局限，而直接实现了与"物"的亲密接触。但是受众通过这些媒介所看到的却并不是物的本真状况，而是受资本支配下所呈现出来的精心策划之物，它主要的意图在于刺激人们的消费欲望和购买热情，而人们只能在这种媒体的强行单向的传播下被动接受那些烙印着资本逻辑的展示之物。从而神不知鬼不觉地被传媒所制造的"虚假需要"所俘获。所以，德波认为景

---

① Jean Baudrillard, *Cool Memories*（1987 – 1990）, Duke University Press, 1996, p. 83.
② 仰海峰：《走向后马克思：从生产之镜到符号之镜》，中央编译出版社 2004 年版，第 67 页。
③ ［德］费尔巴哈：《基督教的本质》，《费尔巴哈哲学著作选集》（下卷），荣震华等译，商务印书馆 1984 年版，序言。

观社会正是由于资本逻辑的暗中主宰，其所奉行的原则是"呈现的东西都是好的，好的东西才呈现出来"①。其实，我们平时所说的"注意力经济"和"眼球经济"和德波的景观社会含义异名同谓。从而使人们把经济的发展从生产引向了消费。

总而言之，在对鲍德里亚思想来源的扼要梳理中，我们看到他们对鲍德里亚的思想形成无疑都产生了重要的影响。正是巴特的符号学思想使鲍德里亚看到物的符号价值以及这种符号价值的意义生成机制；正是列斐伏尔使鲍德里亚领会了符号借助于媒介对人的控制功能；正是巴塔耶让鲍德里亚认识到物的消费比物的生产更为重要，而转向了对消费社会的关注；德波则让鲍德里亚认识到物其实不在于物本身，而在物的形象。懂得了这些，为我们进一步了解鲍德里亚消费社会的符号学理论扫清了诸多思想上障碍。也为我们以下进行鲍氏对"物"的非功能编码的理解奠定了基础。但必须申明的是，鲍德里亚的思想绝不是这些思想的简单集成，而是在继承他们思想基础上的辩证综合的创造，否则，人们也不会把"后现代主义的牧师"这一桂冠戴在这位思想大家的头上。

第二节　物的非功能性编码

就像马克思对商品的分析从物自身开始一样，鲍德里亚也是从物出发的，但是与马克思不同，鲍德里亚不是从物的使用价值，而是从物的非功能性价值开始自己的理论之旅的。鲍德里亚认为仅仅从物的使用价值来了解物的功能是远远不够的，实际上，物还具有超越于使用价值之外的非功能性价值。那么物的使用价值之外的非功能性的价值是什么呢？

一　物的语义分析

在这方面，我们先来看看曾经对鲍德里亚思想产生重大影响的巴特关于物之问题的看法。巴特在《物的语义学》一篇文章中指出：

---

① ［德］居伊·德波：《景观社会》，王昭凤译，南京大学出版社2007年版，第5页。

通常我们往往把物体定义为一种"用作某物的某物",因此,物体乍看起来完全被吸收进其用法的有限性之中,吸收进一种功用之内,因此,我们自发地感受到一种物体的传递性;物体被人用于作用于世界、改变世界并积极地生存于世界。物体是行动和人之间的一种中介者。然而我们可以在此指出,实际上没有任何物体没有目的。当然有的物体以无用的饰物形式存在,但是这些饰物永远具有一种美学的目的性,我想指出的矛盾是,这些原则上永远具有功能、用途、目的的物体,我们以为只是将其经验作纯粹的工具,而在现实中,他们还连带着其他东西:它们起着意义载体的作用。换言之,物体有效地被用作某种目的,但它也用作交流的信息。我们可以总结说,永远存在一种超出物体用途的意义。我们能够想象出有什么物体比电话更有用吗?但一部电话的外表永远具有一种独立于其功能的意义:一部白色电话永远传递着有关某种奢华性或女性的概念;有办公室电话,有传达着某一时代(1925)概念的老式电话。简言之,电话本身能够属于一个物体作为记号的系统。类似地,一支笔必然显示一种富裕、简朴、严肃、幻象等意义;吃饭的碟子永远也具有一种意义,而当它没有意义时、当它假装没有意义时,那么到头来它恰可具有一种没有意义的意义。因此,没有什么东西能够逃脱意义。物体的这种语义化过程是何时产生的呢?物体的意指作用是何时开始的呢?我会倾向于回答说:一旦物体被生产和被人类社会消费时,一旦它被人类社会制作和消费时,意义就出现了。①

在这里之所以不厌其烦地引用这么一大段的话,就在于罗兰·巴特给我们指出了物的功能性意义之外物的另一种意义。按照我们一般的理解,物都是物之于人的功能性价值,而非功能性价值似乎对我们而言并不具有价值和意义。但巴特却告诉我们,实际上任何物体都有它的价值和意义。譬如有的物体虽以无用的饰物存在,但是它还有它的美学目的

---

① [法]罗兰·巴特:《符号学历险》,李幼蒸译,中国人民大学出版社2008年版,第190页。

价值。巴特的这一观点让我们不免想到中国庄子"无用之用"的思想，对于不合绳墨、不合规矩的"樗"，匠人不顾，庄子却告诉弟子此树因其无用而得以养其千年。正如巴特所言："要想找到没有意义的物体，我们就必须想象那种完全是即兴创作的物体，但是，实际上，这样的东西是找不到的。"① 而这一非功能性的意义并不是由物的生产者来决定，而是取决于物的拥有者自身知识和文化层次。这是因为"物体的所指相当大程度上不是依赖于信息的发出者，而是依赖于信息的接受者，即物体的读解者。实际上，物体是多义的，即它可导致若干种不同意义的读解，而且这不仅发生于一个读者和另一个读者之间，也有时出现在同一读者身上。换言之，我们每一个人，可以说，在自身都存有若干套词汇，若干种解读潜能，它们依赖于读者拥有的知识和文化层次。在一个物体和/或一个物体集合面前可能有不同程度的知识、文化和情境"②。

正如罗兰·巴特以上引文所分析的我们能够想象出有什么物体比电话更有用吗？但一部电话的外表永远具有一种独立于其功能的意义：一部白色电话永远传递着有关某种奢华性或女性的概念；另外有办公室电话，有传达着某一时代概念的老式电话。简言之，电话本身能够属于一个物体作为记号的系统。同样，一支笔必然显示一种富裕、简朴、严肃、幻象等意义；吃饭的碟子永远也具有一种意义，而当它没有意义时，当它假装没有意义时，那么到头来它恰可具有一种没有意义的意义。因此，没有什么东西能够逃脱意义。一部白色的电话并不仅仅完全指的是电话的通信功能，不同颜色的电话也可能代表各自不同的另一种意义。而这一意义的产生并不完全由这一物品的生产者来决定，而是由其他因素来决定物品的意义。

在这方面，罗兰·巴特在其著作《神话》一书中向我们讲述了一个引人深思的故事。有一次，他到理发店，看到了《巴黎——竞赛》抄本的封面上，一位穿着法国军服的年轻黑人在敬礼，双眼上扬，凝神注视着一面法国国旗，这些就是这张照片的意义。但不论天真与否，我们清

---

① ［法］罗兰·巴特：《符号学历险》，第191页。
② ［法］罗兰·巴特：《符号学历险》，第196页。

楚地看见它对我意指：法国是一个伟大的帝国，她的所有子民，没有肤色歧视，忠实地在她的旗帜下服务，对所谓的殖民主义的诽谤者，没什么比黑人效忠所谓的压迫者时所展示的狂热有更好的答案。① 在这里，画面上所传达的意义和现实生活实际即使有很大的出入，但是人们更多的是通过画面所传达的意义来理解法国和殖民国之间的关系。其实，在中国古代，"指鹿为马"不也不恰当地说明了权力拥有者凭借自己所处的社会地位随意地颠倒黑白、混淆是非的现象吗？

二 对古物的分析

在《物体系》中，鲍德里亚不但从客观层面对物的功能性系统进行了分析，还从主观心理层面展开了对物的非功能性探讨。而在对物的非功能性探讨中就集中体现在古物的分析上。鲍德里亚认为："所有的物品都有两个功能：或是为人所实际运用，或是为人所拥有。前者所隶属的场域，是主体对外在世界所进行的实践性整体化（totalisation pratique），后者则隶属于主体在世界之外，对主体自身所进行的一项抽象化的整体化（totalisation abstraite）。这两项功能的根据理由因此正好相反。在极端的状况下，完全只有实用功能的物品，会具有社会性的身份：那是个机器。相反地，纯粹的对象（物），被剥除了功能，或是由它的用途中被抽象出来，则完全只是主观上的身份：它变成了收藏品。"② "除了某一特定时刻的实际使用之外，物品在这一意义上拥有另一面，它与主体密切相关：不只是一个具有反抗性的物质躯体，而且成为我所支配的一个精神世界，成为我所意指之物，成为我的财富和我的激情"。正是基于对"物"的这种理解，在继承罗兰·巴特思想的基础上，鲍德里亚在《物体系》中通过对与"今物"不同的边缘物——"古物"——的分析，更进一步为我们展示物的非功能性的意义。如果说"今物"是整个社会赖以存在的物质基础的话，那么，古物得以存在的价值则在于它不同于"今

---

① ［法］罗兰·巴特：《神话——大众文化诠释》，许蔷蔷等译，上海人民出版社1999年版，第173页。

② ［法］鲍德里亚：《物体系》，第100页。

物"的其自身独特魅力与价值。这种独特的魅力与价值就在于"古物"所特具的"时间性"。鲍德里亚分析道:"古物对过去的指涉赋予了它自身一种独有的神话特征。古物不再有任何的实用功能,它的作用仅是意指。它是非结构的,它拒绝结构,它是否认初等功能的极限点。然而,它并非无功能,也不是单纯的'装饰',因为在这一系统中,它有一个十分特殊的功能,也就说它意指时间。"① 也就是在这一意义上,鲍德里亚在《物体系》中给我们描述了一位建筑学家在修复一座古老的农庄时,有意地保留了与"今物"相对而言并没有实际价值的"古物"的意义。他不仅保留了房屋的梁柱和有象征意义的几块石头,而且还保留了室内的暖炉。鲍德里亚写道:

> 在一座有燃油暖气的房屋里,暖炉明显的是多余的。然而,如果不使用它,它将不再是真确的,而成为单纯的文化符号:这一充满文化意味的无实际用途的暖炉将显现为企图通过重建这座房屋,以拯救自然状态的一种过分忠实而虚夸的形象——也是建筑师本人的一种过分忠实的形象,它在这里根本无用武之地,因为它的全部的社会存在在别处,它在别处存在,对它来说,自然只是一种文化上的奢侈。只要人们能够支付得起,那还是相当值得的。然而,这位建筑师并不这样看:如果暖炉没有实际的用处,它只是财富的符号,它是拥有和身份的秩序,不是存在的秩序。因此,它必须被称为有某种用处,与被刻意伪装起来的好像给自然造成无法消除的损害的真正有用的物品如燃油暖气和车库相对立。所以,暖炉是真正的神话,如此看来,整座房屋也是神话……不是完全按照自己舒适的需要把这座古老的农场和房屋铲平,而保留古老的石头和梁柱,我们的建筑师表明了这样一个事实,即他所体验到的他的房屋的精制和完美的功能性是非真确的,这些特点无法满足他的最深刻的期待。②

---

① 戴阿宝:《终结的力量——鲍德里亚前期思想研究》,中国社会科学出版社2006年版,第74页。
② [法]鲍德里亚:《物体系》,第78—79页。

在所引的这段话语中，建筑师"最深刻的期待"是什么？"古物"在房屋的修复中到底担当了什么样的功能？我们如何认识古物的本质和作用？在这里，鲍德里亚告诉我们建筑师的"最深刻的期待"并不在于他在修复这座房屋时，钟情于这些存在物在使用过程中的使用功能，而是这些古物的"文化意味"。正是这些古物的存在，作为"摆设"，作为"时间性的文化标志"，它们虽不能在房屋的修复过程中发挥实质性的功能，但是它们却见证了这座古宅的历史，从而使人们通过这些古物的存在，回忆和怀念既往的历史。这一点当然是"今物"所不及的，"它们的存有尽止于其使用，却不能说它们在过去存在过，而且，如果说它们对空间环境能够或多或少地完成任务，对时间环境则是无能为力"。和"今物"的功能计算的要求相反，古物回应了人的另一种意愿：见证、回忆、怀旧、逃避。一方面，古物的存在激起了人们对起源的怀念；另一方面则反映了人们对真确性的执迷。正是人们对"古物"根源处的反向演化的追溯表征着人们向"母亲的退化"。所以物品越古老，它就越能使我们接近一个先前的时代，接近"神圣"、自然和原始知识等。在这方面，戴阿宝博士对此的分析应该说是相当地富有见地的，不妨引用如下：

> 古物的任何形式的存在都不能不说是一种文化意义上的存在，它总是通过自身的时间性把现实功能延伸到历史的氛围之中，从中给人一种超脱的感觉。古物作为"今物"的存在不是指它在时下的实际用处，或者说它自身所具有的最直接的使用价值，而是在时间的流逝中把岁月的分量凝固在该物上，从而替代了该物原有的价值而形成了新的非实用价值。对这种价值的感怀是这位建筑师保留古物的初衷。从这个意义上说，古物的存在不是在显示它的昔日的实际用途，更不是试图把它的昔日的有用性延伸到今日，甚至也不是对它的昔日意味的挽留。古物在它的昔日的实际（或非实际）用途之外生发出了一种非实用功能。①

---

① 戴阿宝：《终结的力量——鲍德里亚前期思想研究》，第30页。

鲍德里亚正是通过对"古物"的非功能性的揭示,告知了在传统的生产政治经济学所垄断的物之外,物的另外一种价值和意义。而这种看似"无用"的"古物"其实蕴藏着不可估量的"大用"。这同时回答了一个悖论性现象,即为什么当代的现代文明人去寻找处在他们文化系统的时空边缘物,去寻找永远更先前的记号,而发展落后的社会的人们正好与之相反,他们的文化吸收却是朝向工业社会的产品和记号。

也就是在这个意义上,鲍德里亚不仅给我们以不同寻常的眼光发现"古物"的非功能性的价值,而且指出,在一定的程度上,这种非功能性的价值其蕴含的价值量并不低于物本身的使用价值。这些现象不仅体现在"古物"身上。在"收藏品"身上也同样体现了和"古物"一样的特点。在这方面,我们可以从实际生活中所发生的现象得到更好的理解。20世纪80年代,陕西农村的农民从自己的地里捡回来许多形态各异的陶器,起初农民只是把这些捡回来的玩意随意地堆放在自己家的房前屋后,有的甚至把那些捡回来的东西充当夜壶或喂牲口的食槽等,后来村里来了一个收藏家来收藏这些物什,当时,他们并不晓得这些都是几千年前的贵重文物,结果竟以低廉的价格卖给这个收藏家,事后他们才得知,且令他们难以置信的是,他们以几块钱甚至几毛钱卖给这个收藏家的极不起眼的东西,竟然是价值不菲的贵重文物。① 也就是说,和"古物"一样,收藏品也具有"时间性"的品性,正是"时间性"在它身上魔力般地褪去了任何实用的目的性,但却在另一方面增益着该物所具有的文化价值,然而更重要的是,相对于"古物"来说,"收藏品的深刻力量,既不是来自它的独一无二性,也不是来自于它们的历史特色。不是因为考虑到收藏的时间性不是真正的时间性,而是因为收藏本身的结构取代了时间。毫无疑问,这是收藏的基本功能:使真实时间消融于系统维度。品位、个性、地位、社会话语——这一切可以使收藏向更广阔的关系敞开"②。

---

① 张天勇:《社会符号化——马克思主义视域中鲍德里亚后期思想研究》,人民出版社2008年版,第25—26页。

② 王宁:《从节俭主义到消费主义转型的文化逻辑》,《兰州大学学报》2010年第3期。

三 对艺术品拍卖活动的分析

为了更充分地论证物本身使用价值之外其自身的符号价值，除了我们上面提到的对古物的分析，鲍德里亚特意为我们拈出了艺术品拍卖的情况，来证明物本身所具有的符号价值。在艺术品拍卖活动中，艺术品本身的价值并不在于艺术作品自身所具有的审美价值，即不在于艺术品本身的使用价值，而在于艺术品在创作中创作者具有特殊形式的签名。正是作品的签名使这一作品在众多的作品中具有了特殊的意义。在当今技术日益发达的情况下，人类进入了本雅明所讲的一个机械复制的时代，在复制和赝品充斥市场而使艺术作品真假难辨的情况下，艺术品个性化的签名，相对而言就显得具有重要的意义。艺术作品也远远地超越了马克思意义上的使用价值而具有了符号价值。显然，我们知道，中外艺术品拍卖史上很多作品拍出天价，并不在于这部作品本身的使用价值和交换价值，而是这部作品独具一格的符号价值。这一符号价值优势与作品创作者的签名密不可分。即使是艺术家在不同时期所创作的同类的作品，但正是签名，保护了作品自身的真实性和独一无二性。所以，在艺术品的拍卖行为中，虽然存在着一个需要花费的行为，然而，在这一平凡的时刻中，仍然预设了某种竞争、赌注、挑战、牺牲以及由此可能存在的同类共同体和衡量能否成为贵族的价值。

正是基于此，拍卖不是对"需要"的"满足"，不是一种功能性的消费，而是一种富有激情的、激动人心的游戏，成为一个竞争的领域，在其中经济价值遭到了破坏，然而却诞生了另外一种价值。从而使艺术品的拍卖和商业性的拍卖截然不同，在商业性拍卖中，例如在水产品的拍卖中，供求关系似乎可以找到某种平衡；但在艺术品的拍卖中，在竞标的时刻，交换价值和使用价值不再依据经济计算而相互作用。可预先估计的使用价值随拍卖而增长，交换价值却摆脱了使用价值的束缚而逃离了传统经济学的领域。它不再是传统政治经济学所界定的消费（即在生产循环范围内，经济交换价值向使用价值的反复转换），而是作为一种经济交换价值向符号/交换价值转换的奢侈性价值消费。所以，当货币失去了其经济的交换价值，而成为一种奢侈的物质显现的时候，当绘画失去了其象征价值而成为一种声望符号的时候,那么,在货币和绘画之间所建立的就不是一种等价关系,而是与贵族身份的等同关系。这种贵族阶层不再依据一种购买力,而是通过奢侈和收藏行为的生产以及符号价值的交换,来表明他们的身份地位。由此,鲍德里亚指出,马克思意义上的政治经济学批判,不过意味着人类漫长历史社会经济发展的某一阶段,在资本主义经济"之前的""古代的"生产方式和交换方式经济范围之外的经济活动的分析,尤其是礼物交换的逻辑、交互性逻辑和竞争性交换逻辑,其理论基础唯有通过符号政治经济学才能得到合理化的解释。

正是鲍德里亚通过对以上现象的分析,告诉了我们一个重要的理论,即物本身的价值不仅仅在于物自身的使用价值,在物的使用价值以外,物还有其他的意义和价值。即使在资本主义社会,在交换价值统摄一切的情况下,也还可能存在着没有交换价值的使用价值,比如阳光、水等这些物品它们虽为我们所需,但并未进入交换价值的氛围中去。但是,正是人们发现了物的使用价值之外的物的另外一种非功能性的价值,而且指出物的这种非功能性的价值对于人们具有非常重要的意义,从而揭示了物的单一功能背后多样性的意义。这样,物从某种意义而言就有两部分构成,一种是物使用价值或物的功能性的价值;一种是物的非功能性的价值,即物的意义或符号价值。正如鲍德里亚所说:"物远不是一种使用的东西,它具有一种符号的社会价值,正是这种符号的交换价值才使更为根本的——使用价值常常不过是一种对物的操持的保证。"①

如果说,在资本主义社会早期,马克思通过对商品的分析发现了物的使用价值背后的物的交换价值,进而发现了交换价值凌驾于使用价值之上的现象,以及人变为资本符号所奴役的对象;那么,与马克思所处的物质相对匮乏的时代而更多地注重人的基本需求不同,现代社会则处在了物质丰裕的时代,人们担忧的不再是生产的不足,而是消费的疲软。如何刺激和诱导人们的消费就成为人们迫在眉睫的问题,正是基于此,鲍德里亚则发现了物的使用价值之外的物的符号价值,也正是物的符号

---

① [法]鲍德里亚:《符号政治经济学批判》,夏莹译,南京大学出版社2009年版,第2页。

价值成为消费社会诱惑人们进一步步入深渊的宿命。这一符号价值就体现在物的意义的符号化的过程之中。正如鲍德里亚在《物体系》中所说："就物而言，正是拥有超越它的'功能'（function）的可能，以迈向一个二次度的功能，并且也代表有可能在一个普遍的记号体系中，成为游戏、排列组合、计算的一个元素。"① 而这一"二次度的功能"就是物的符号性维度。正是符号价值的操控，人们购买商品虽然在客观上是为了满足人的吃、穿、住、行等基本的自然需要，但是它的内涵已发生了重大的变化，这种变化就体现在需求指向上所发生的变化，即所指向的不再是维持生存所必需的物，而是可以表征自身地位与价值的物的体系。这一变化正是通过如今铺天盖地的大众传媒和无所不在的广告来制造和满足的。正是广告传媒等夸大性地赋予物的意义需求，从而使人们把这种夸大性的意义需求看作了自身的必要和真实的需求，进而使人们对需求的追求达到了永无止境的地步。

四 走向符号政治经济学

符号学又是如何与经济学联系在一起的呢？在鲍德里亚看来，"使用价值只是交换价值得以表现的一个对象，至于以什么东西表现交换价值，这在市场上是任意的，因为所有的商品都可以作为交换价值的实物表现形式"②。譬如，我需要用一支笔来写东西，"写东西"是笔的使用价值，而我要得到这支笔，在市场上可以用货币（一般等价物）来购买，也可以用具体的实在的物品去换取，如我可以用鸡蛋或者土豆去换回我所需要的用来写字的那支笔。但在实际的商品的交换过程中，使用价值始终是具体的、特殊的，交换价值则是概括的、抽象的。没有使用价值就没有交换价值，但是反过来则不能成立。交换价值摆脱了物的具体的使用价值的纠缠，而成了商品交换的主导性力量。而在符号学中，符号的能指和所指之间不也一样存在着任意性的关系吗？一支笔我们既可以用

---

① ［法］鲍德里亚：《物体系》，第72页。
② 仰海峰：《走向后马克思：从生产之镜到符号之镜》，中央编译出版社2004年版，第211页。

"笔"来称呼它,也可以用"pen"来称呼它。符号的能指不也凌驾于所指之上而主导了符号的发展吗?通过语言符号中能指的差异来指涉事物一样,受此启发,鲍德里亚认为商品和符号一样,两者之间有着共同的特点,即符号的能指和所指等同于商品的使用价值和交换价值之间的关系。如果说商品的使用价值和交换价值是我们用来分析商品生产的锐利武器的话,那么,鲍德里亚的商品符号学的发现则为分析今日的消费社会提供了重要的理论工具。如其所言,之所以将"政治经济学的批判延伸到对符号和符号体系的批判,这种延伸为的是表明能指的逻辑、能指的游戏以及能指的流通是怎样如同一种交换机制体系一样被组织起来;所指的逻辑对能指的逻辑的隶属是如何等同于使用价值的逻辑对交换价值的逻辑的隶属"①。在这一点上,凯尔纳评论道:"商品之于鲍德里亚如同语言之于索绪尔,二者都具有能指和所指结构,具有抽象、等价和可互换性这些索绪尔所赋予语言符号的特点,也就是说,对于符号学家来说语词是抽象的概念,这些概念根据等价、交换、可替代性等具体的规则在语言结构中可以被整合在一起,同样,商品也构成了一个系统,在这个系统里,交换价值——商品的价格、市场价值等——和商品符号构成了价值的形式系统,其中,个人或物品可以被相互替代。因此,鲍德里亚证明,商品被结构化为一个符号价值系统,受到规则、符码和社会逻辑的制约。"② 正因如此,鲍德里亚把马克思主义的政治经济学和结构主义的符号联系在了一起。这二者的关系可以用公式表示为:能指/所指＝交换价值/使用价值,用符号表示为:

$$Sr/Sd = EcEV/UV$$

在鲍德里亚看来,它们之间的关系并不是平等的关系,也就是说,使用价值和所指并不分别与交换价值和能指有相等的分量。"在我们看来,使用价值与所指拥有战术上的价值,而交换价值和能指则拥有战略上的价值。……其中交换价值和能指处于明显的支配地位,使用价值和

---

① [法]鲍德里亚:《符号政治经济学批判》,第 123 页。
② [美]道格拉斯·凯尔纳:《鲍德里亚:一个批判性读本》,陈维振等译,江苏人民出版社 2008 年版,第 21 页。

需要只是交换价值的一种实现。所指（以及指涉物）只是能指的一种实现。两者都不是交换价值或者能指在它们的符码中可以表达或者阐明的一种拥有自主性的现实。最终，它们不过是被交换价值和能指的游戏所产生出来的拟真模型。"① 正是在这一点上，鲍德里亚在马克思关于商品的分析基础上，对商品做了一个系统性商品价值的换算表。认为商品总体而言包括四个要素：

使用价值（Use Value，简写为 UV）；

经济交换价值（Economic Exchange Value，简写为 EcEV）；

符号交换价值（Sign Exchange Value，简写为 SgEV）；

象征交换价值（Symbolic Exchange Value，简写为 SbE）。

这四个要素的每一个与其他三个要素各自构成一对关系，总共形成了四组 12 对。每一组都具有逻辑规则和关系原则。即使用价值的功能逻辑和实用原则、经济交换价值的交换逻辑和等价原则、符号交换价值的身份逻辑和差异原则以及象征交换价值的礼物逻辑和矛盾原则。与这四种逻辑对应的对象分别是：工具、商品、符号、象征。详见表 3-2：

表 3-2　　　　　　　　符号政治经济学关系表

商品价值	逻辑规则	关系原则	对象
使用价值	功能逻辑	实用原则	工具
经济交换价值	交换逻辑	等价原则	商品
符号交换价值	身份逻辑	差异原则	符号
象征交换价值	礼物逻辑	矛盾原则	象征

符号政治经济学的批判就是要揭示这四种逻辑之间的转换关系，罗列如下：②

一、使用价值（UV）：

---

① ［法］鲍德里亚：《符号政治经济学批判》，第 132 页。
② ［法］鲍德里亚：《符号政治经济学批判》，第 116 页。

$$UV \text{——} EcEV$$
$$UV \text{——} SgEV$$
$$UV \text{——} SbE$$

二、经济交换价值（EcEV）

$$EcEV \text{——} UV$$
$$EcEV \text{——} SgEV$$
$$EcEV \text{——} SbE$$

三、符号交换价值（SgEV）

$$SgEV \text{——} UV$$
$$SgEV \text{——} EcEV$$
$$SgEV \text{——} SbE$$

四、象征交换价值（SbE）

$$SbE \text{——} UV$$
$$SbE \text{——} EcEV$$
$$SbE \text{——} SgEV$$

在这个转换表中，使用价值和经济交换价值之间的关系是构成马克思政治经济学商品逻辑的基本内容。相对于其符号政治经济学，鲍德里亚把这称为古典政治经济学或一般经济学。他认为他的符号政治经济学是对马克思古典政治经济学的全面覆盖。在这一符号的谱系表中鲍德里亚对其作了如下的说明：

UV——EcEV 这是传统政治经济学讨论的对象，即早期资本主义商品物质生产过程中发生的使用价值与交换价值的关系，这里的消费是生产性消费，即商品退出流通领域之后进入物品的物性消耗。这一条与"EcEV——UV"相关，即通过购买行为或生产性消费将交换价值转变为使用价值的过程。都意指马克思关于生产阶段商品的流通过程的古典经济学阶段。都没有涉及符号价值问题。

UV——SgEV 即商品的使用价值向符号价值转变。在这一转变过程中，是对商品的使用价值的消解和通过符号对商品重新赋义的过程。即通过对商品的物性功能的破坏，来呈现商品的奢侈型价值的炫耀性消费。正如鲍德里亚所言："非生产性消费（时间的消费，即一种炫耀性消费无所事事与休闲），实际上是差异的生产：它的功能性差异成为一种地位上的差异（例如半自动洗衣机 vs 全自动洗衣机）。在此，广告将有用的物的价值转变为符号价值。在此，技术和知识从它们客观的实践中分离出来，被凸显差异的'文化'体系再发掘。"① 即人们通过所拥有的不同等级的商品来彰显他们在社会上所处的不同地位。当然，这一条也与源于经济交换价值的符号价值生产"EcEV——SgEV"一致，经济权力转化成象征性的符号权力，这一结果通过广告形式来实现。

UV——SbE 这是一个消耗（consumption）的过程，是对使用价值的破坏，是为了让物品使用价值得到破坏的耗尽。正如原始部落生活里礼物馈赠和节日中象征性交换。这与"EcEV——SbE"象征性交换对经济交换价值的超越异曲同工。

而符号交换价值"SgEV"下的每一条则是指符号交换价值分别向使用价值、交换价值和象征交换价值的转化过程。也就意味着处于不同等级、社会地位和特权阶级的人们，也可以因其自身不同凡响的地位而换得他们所需要的商品的使用价值、经济交换价值乃至象征交换价值。

象征交换价值"SbE"下的每一条则在于说明人的本真性的象征交换是如何被转换成物的使用价值、交换价值和符号价值的。正如鲍德里亚所言："它们将象征交换放置入由各种不同的价值符码（使用价值、交换价值、符号价值）所构筑的抽象的、合理化了的分配之中，例如被卷入到相互交换的物，在这种持续的交换中迷失了自己，失去了其自身的任何价值（即与其本身相称的价值），而物的循环本身则建构了社会关系，即社会的意义。一旦象征交换被打破，那么同样的物都被抽象为有用性的价值、商业的价值、地位价值。象征也成了一种工具，或者是商品，或者是符号。各种各样的编码方式都可进入其中，但他们所建构的形式只能是一种政治经济学的形式，他们完全与象征交换相左。"② 也就是说象征交换价值转化为使用价值、交换价值和符号价值。这是对"UV‑SbE""EcEV‑SbE""SgEV‑SbE"的超越，这也是鲍德里亚所心仪的政

---

① ［法］鲍德里亚：《符号政治经济学批判》，第 116 页。
② ［法］鲍德里亚：《符号政治经济学批判》，第 118 页。

治经济学发展到古典政治经济学和符号经济学的过程。

显然，在鲍德里亚对符号谱系的分析中我们可以看出，马克思主义的政治经济学属于古典政治经济学，而他的符号政治经济学属于经济学发展的第二阶段，在这个阶段，一切只有发展为符号，才能有真正的价值。而象征交换是发展的第三阶段，它是与资本主义发展阶段的断裂与超越，符号价值和象征交换是鲍德里亚超越于马克思政治经济学的地方，这也是鲍德里亚对马克思政治经济理论的进一步继承和发展。基于理论自身的逻辑发展，鲍德里亚面对商品日益符码化的现实，他认为只有通过回归古代式的象征交换才能解决人们资本主义经济发展的困境，因为象征性交换异质于其他的价值交换体系。但在我们看来，这也不过是鲍德里亚的一个乌托邦式的一厢情愿的理论构想而已。

第三节　符号价值之功能

我们知道，马克思正是看到了商品的使用价值所具有的特殊性、个别性的特点，从而难以成为人们在市场交换过程中的普遍交换的法则，因而扬弃了物的有用性而提出了商品的交换价值。正是蕴含着人的抽象劳动的商品的交换价值，才使人们所拥有的物品在市场上交易得以可能。与马克思这一理解正好相反，鲍德里亚看重的则是物自身的使用价值之外与众不同的符号价值。正是这一非同凡响的符号价值才使得它成为人们的购买理由。"物从来都不存在于它们所发挥的功能之中，而是存在于它们的过剩之中，其中凸显了威望，它们不再'指认'这个世界，而是指认拥有者的存在以及他们的社会地位。"[1] 物不但体现了拥有者的社会地位，鲍德里亚更是通过对许多人类学家关于物的看法，而发现了物自身的多重意义。正如鲍德里亚所说："毫无疑义，在某种意义上，物自身多样化了并分解了自身：在'消费'的社会学分析中，基础性的概念假设并不是与需求有关的使用价值，而是象征性的交换价值，社会回馈的

---

[1] ［法］鲍德里亚：《符号政治经济学批判》，第5页。

价值、竞争的价值和阶级区分的价值。"① 也就是说，鲍德里亚发现了不同于马克思的物的商品化的另外一种物的符号价值。从而使得物的用途更为丰富和复杂起来。这些更为丰富的使用价值之外的符号价值游离于商品价值的规律之外，成为主导消费社会实施消费的重要理由。这就是为什么在我们现代工业化的社会中，人们却越来越在购买商品时不仅注重商品的功能，更多地在意商品的产品属地和品牌的意义之所在。而这一符号价值在人类学家莫斯《礼物》思想和凡勃伦的《有闲阶级论》都有体现，而鲍德里亚在此基础上则更为鲜明地凸显了其价值。

一 象征交换价值

如果说巴塔耶对莫斯《礼物》一书中对于礼物的解读看到了礼物的非功利性的原则，那么，鲍德里亚则通过对莫斯《礼物》一书中北美印第安人"炫财冬宴"的研究，发现物所具有的象征交换价值。在北美印第安人中社会地位较高的人，为了建立和巩固自己在氏族中的社会地位，他们就通过不惜倾其所有的家私来举办盛大奢侈的宴会，使自己名声大振，从而在人们心目中获得崇高的社会地位。而谁胆敢挑战这一部落的领袖所获得的社会地位，那就必须举办更大规模的宴会通过竞争对峙的方式使对方败下阵来。从而使自己荣登部落的宝座。虽然在这种铺张性的消耗中自己也以"象征交换"的形式接受其他人的赠予，但这些赠予的礼物并不为举办者所器重，而可能被扔掉或破坏掉。因此，这种"夸富宴"就成为表明自己在部落中社会身份的重要途径。因此人们消费商品并不是为了满足自己所需，而是明确自己的社会等级。正是通过物品的这种象征性的社会区分机制，而使不同于物品使用价值之外的社会区分功能得以凸显。

---

① ［法］鲍德里亚：《符号政治经济学批判》，第4页。

二　夸耀性消费①

物品不但通过"象征交换"的方式为物品的拥有者赢得了部落的权力。同样，在传统等级制社会里，人们也是通过对商品的"炫耀性"消费方式来表明人们在社会上的高贵身份地位。这一点在作为制度学派的凡勃伦（1857—1929）的《有闲阶级论》中得到了具体的阐述。在《有闲阶级论》这本书中，凡勃伦认为有闲阶级的产生源自于社会分工和人们从事不同的职业。在这其中，一些从事体力劳动的人就变成了社会的低等群体，一些从事脑力劳动的人就成为社会的高等阶层或有闲阶级。这些生活在上层阶级的群体人员通过掠夺和剥削社会底层人们的劳动成果享受着安富尊荣的生活，并且极端地鄙视这些处于下层阶级人们所从事的劳动。有闲阶级一方面通过雇用大量的仆役来证明自己在社会上不同凡响的社会地位，另一方面则是从事一些超越于人的基本生存需求的文化和精神上的活动来证明自己的身份。此外，有闲阶级还要通过"炫耀性的消费"来证明自己的不为人所知晓的身份地位。正如凡勃伦所说："在社会有了进一步的分化，不得不同更大的人类环境接触以后，消费就比有闲更加适宜于作为礼仪表现的通常手段，到了和平经济的后期，情况更加是这样。交通的发达和人口的流动，使个人的接触面有了扩大，这时他所接触的广大群众要推断它的声望和地位，除了以他在他们直接观察之下所能夸示的财物（也许还有仪态和礼貌）为依据外，已别无其他的方法。"② 正是如此，所以对于有闲的绅士来说，对贵重物品的消费是博取荣誉的一种手段。但单靠独自努力的消费积聚在他手里的财富，是不能充分地证明他的富有的，于是有了乞助于朋友和同类竞争者的必要，其方式是馈赠珍贵礼物，举行豪华的宴会和各种招待。正是通过这种炫耀性的消费来证明自己在社会上的身份地位。

---

① 这种炫耀性消费指的就是富裕的上层阶级通过对物品超出实用和生存所必需的浪费性、奢侈性和铺张性消费，向人炫耀和展示自己的金钱财力和社会地位，以及这种地位所带来的荣耀、声望和名誉。

② ［美］凡勃伦：《有闲阶级论》，蔡受百译，商务印书馆1964年版，第65—66页。

三 符号社会区分功能

从某种意义而言，自古以来，人类社会就是一个差异化社会。如果说在古代社会生产力尚不发达的情况下，就像人们把一个女人打扮得十分奢华并不是为了让她漂亮，而是用她的奢华来证明她的主人的荣耀及其社会特权。人们总是通过对符号物的占有来体现他们特定的世袭地位和阶级特权。那么随着这种不平等先赋的世袭地位和身份特权被打破，是否意味着以前只能被达官显贵和特权阶层所拥有和控制的体现等级秩序的一些"强制性的符号"，现在转变成为普通老百姓可以凭借财富拥有的"任意符号"。"社会真正的阶级划分在景观中被消除了，取而代之的是统一消费的符号，它将每个人都作为平等的消费者对待。"① 可实际情况并非如此，表面上的消费平等却难掩实质意义上的不平等，这种不平等就体现在人们所拥有的差异化商品的符号价值，也就是说，虽然阶级头衔和等级地位随着历史的发展退出了历史的舞台，但是一种新的区分标准即人们的消费水平和拥有物的程度成为划分人们身份地位的新标准。因而是物的使用价值之外的象征物之差异的符号价值，成了体现身份地位的重要标志。人们购买和消费这些商品与其说购买的是商品的使用价值，不如说购买的是商品自身所负载的与身份和地位相称的符号价值。正因如此，在当代社会，即使在使用价值上并无多大差别的商品，商家们总是煞费苦心地要开发出不同系列和型号的商品，以满足和取悦处在不同社会阶层上人们的差异化身份符号需求，人们也正是通过对不同型号商品的购买来彰显自己的社会地位。②

因此，在鲍德里亚看来，平等只是"民主"的一种借口，人类所处

---

① ［美］道格拉斯·凯尔纳：《鲍德里亚：一个批判性读本》，陈维振译，江苏人民出版社2008年版，第64页。

② 鲍德里亚为此讲了一个饶有趣味的故事：一个商务代表买了一辆和老板的车同一型号的梅赛德兹，于是立即被后者解雇。他向劳资调解委员会提起申诉而获得了赔偿，但仍不能重新获得他原来的工作。在作为使用价值的物品面前人人平等，但在作为符号和差异的那些深刻等级化了的物品面前没有丝毫的平等可言。见［法］鲍德里亚《消费社会》，刘成富、全志钢译，南京大学出版社2006年版，第60页。

的社会永远是一个差异化的等级社会,"在我们的社会尽管种族隔离已经消失,但是在购买、市场和私人财产等所有的上层结构的背后往往存在着社会区分的机制,在对物品的选择、积累、操控和消费中,我们必须要承认这种区分机制的存在,此种区分和声望的机制正是价值系统的基础和融入社会等级秩序的基础"①。如果说在生产的时代,一个人可以仅仅通过自己所拥有的"财富量"来确证自己的社会地位,那么在消费时代一个人不可能仅仅通过巨额财产而成为地位显赫之人,则必须通过大量的符号、形象来确证自己的社会地位。正是你所拥有的符号表征着你的身份和地位,因而表征你身份地位的不再是先赋的阶级特权,而是隐而不显的资本逻辑,以及在此基础上你所拥有的物的价值符号。

其实,关于物的符号价值,在马克思所处资本主义的生产时代虽不像鲍德里亚如此醒目和突出,但并不意味着马克思并没有关注物的符号价值,确切地说,马克思并非像鲍氏所理解的那样,只发现了商品自身的使用价值和交换价值,他同时也关注到了商品本身的符号价值。他明确指出人的需求不是单纯的人与物之间的关系,而是人与人之间的社会关系。"我们的需要和享受是由社会产生的;因此我们在衡量需要和享受时是以社会为尺度,而不是以满足它们的物品为尺度的。"②并因此而讲道:"一座房子不管怎样小,在周围的房屋都是这样小的时候,它是能满足社会对住房的一切要求的。但是,一旦在这座小房子近旁耸立起一座宫殿,这座小房子就缩成茅舍模样了。这时,狭小的房子证明它的居住者不能讲究或者只能有很低的要求;并且,不管小房子的规模怎样随着文明的进步而扩大起来,只要近旁的宫殿以同样的或更大的程度扩大起来,那座较小房子的居住者就会在那四壁之内越发觉得不舒适,越发不满意,越发感到受压抑。"③ 这说明马克思并没有把使用价值简单地归结为人和物之间的关系,而是看到了人与物背后的社会关系,以及物对人的身份地位的表征作用和分层功能。

---

① 引自高亚春《符号与象征——鲍德里亚消费社会批判理论研究》,人民出版社2007年版,第126页。
② 《马克思恩格斯选集》(第1卷),人民出版社2012年版,第345页。
③ 《马克思恩格斯选集》(第1卷),人民出版社2012年版,第345页。

鲍德里亚则比马克思更为激进，他舍弃了物自身的使用价值，只关注物自身的符号价值。正像鲍德里亚所说："物远不是一种实用的东西，它具有一种符号的社会价值，正是这种符号的交换价值才是更为根本的——实用价值常常只不过是对物的操持的保证。"① "物并没有向我们太多地说明使用者及其技术性的操持，而更多地关注于在社会中的主导与屈从，社会的变动和惰性，文化的交流和同化，社会的分层和分类。借助于物，每个人以及每个群体都在某种序列中找寻他/她的位置，同时根据个人的发展努力地挤入这一序列之中。通过物，一个分层的社会出现了。"② 人们正是借助于消费一定的符号来塑造自己，一方面寻找自己的归属，一方面把自己同其他人的身份区别开来。所以，一个人在社会上的地位不是通过你银行账户上的存款来体现，而是取决于你的消费习惯、消费场所，你的身体、服饰、家居、汽车等，这些都成为认知你的符号。正如布迪厄在《区隔：趣味判断的社会批判》一书中通过大量的资料令人信服地证明：人们日常生活中服饰、饮食、身体管理等消费实践活动，无不表征着社会中所处的地位和社会空间的分隔现象。也就是说，在消费社会中，政治斗争和权力竞争不仅存在于传统意义上的政治领域，而且延伸至消费领域及日常生活的各个方面。那些拥有巨额经济资本的工业企业家、雇主等往往以商务宴请、外国汽车、拍卖会、高级别墅、网球、滑冰、巴黎右岸的商业走廊作为自己的特殊品位，而那些高等教育的教师、中学教师却以右岸的艺术走廊、现代节奏、外语、国际象棋、巴赫等作为自己的品位，而那些经济资本和文化资本都很少的人则以足球、土豆、普通红酒、观看体育比赛作为自己的品位。③ 物以类聚，人以群分，符号成为区分人们社会地位的重要标志。所以，鲍德里亚说："商品消费的统计平衡表充当了社会本质的绝对指示者。精英被区分出来，并不是通过价值，也不是通过权力，而是通过物，通过所有奢侈的摆设……要被欧化，就要从对电视、冰箱和洗衣机三位一体的需求，转变

---

① ［法］鲍德里亚：《符号政治经济学批判》，第2页。
② ［法］鲍德里亚：《符号政治经济学批判》，第13页。
③ P. Bourdieu. *Distinction: A Social Critique of the Judgement of Taste*, Translated by R. Nice. London, Routledge and Kegan. pp. 128–129.

为对跑车、立体声家庭影院和乡村别墅三位一体的需求。"① 正因如此，所以一个人在现代社会中所拥有的权力、财富和声望的彰显，不再取决于如在古代社会基于血缘和世袭制度所取得的先赋地位，而是取决于其在社会上的消费水平和消费能力，购买什么样的物品似乎就决定了你在社会上处于什么样的阶层和地位。甚至鲍德里亚断言："告诉我你扔的是什么，我就会告诉你你是谁。"②

在消费社会，人们正是通过对符号的占有来划分自己的社会关系，来见证自我身份地位。由此，有人把消费者阶级和对三类商品的消费相联系。与第一产业相应的主类消费品（如食品）；与第二类产业相应的技术类消费（如旅游与消费者的资本装备）；与第三类产业相应的信息类消费（如信息商品、教育、艺术、文化与闲暇消遣）。在社会结构的底层，穷人局限于主类消费，而上层阶级则主要局限于第二、三类消费。上层阶级的消费不仅要求有较高水平的收入，而且需要投入大量的时间和精力投资于文化和符号，来保存和维持其社会阶级的地位。因此，消费及生活方式的偏好，包含有敏锐的判断力，它使我们同时具有独特的认同或区分他人品位的判断力。特殊的品位系列、消费偏好和生活方式的实践，与具体的职业和阶层、群体密切相关。在资本主义社会中，影响标志性商品使用的一个重要因素是，为获得"地位性商品"（positional goods）、为获得表明步入上流社会的商品而展开的斗争，使新商品的生产率不断提高。而这使人通过标志性商品获得上层社会地位的意义，反而变得只具有相对性了。经常性地供应新的、时髦得令人垂涎的商品，或者下层阶级群体僭越标志上层社会的商品，便产生了"犬兔"追逐式游戏。逐级上升的模仿游戏迫使上层阶级不得不抛弃旧的时尚创造一种新时尚来区别于下层阶级。正如有学者所言："这则是一个令人欲望躁动不安的心理—想象世界，人们并不关心自己真实的生活处境与真实需要，而只是担心与害怕自己会被'流行时尚'所抛弃；他们不担心'贫困'、

---

① ［法］鲍德里亚：《符号政治经济学批判》，第38页。
② ［法］鲍德里亚：《消费社会》，第17页。

'专制',而生怕'落伍'、'过时'和'老土'。"① 为了重新建立起原来的社会距离,较上层特殊群体不得不投资于新的(信息化)商品。就是在这种情况下,一大批从事设计、管理、营销、发行、媒介等专家群体通力合作,借助符号总是花样翻新地为各种商品负载表明社会身份地位的意义因素,把公众持续不断的审美感受、身份认同、生活理想附丽在普通的物品上,从而成为动员处于上层社会地位的人们购买某一商品来表征他们社会地位的行为指引。进而使商品世界的意义膨胀发动为席卷社会的符号—意义扩张的狂潮。而符号的意义来源于商品在符号系统中的位置,"它始终要参照其他的符号,使得消费者永不满足"②。"于是整个社会都变得心神不定,全部成员的努力都变成一种向着符号体系更高位置的精神攀升,物的量的吸收是有限的,但是意义的编码是无限的,因而攀升也是无限的,攀升运动的时间化和规模化体现为大大小小的时尚。攀升越是加速,攀升的意义感就越短促,符号的追逐就越趋于白热化。由此决定了整个时代感的加速,追赶时尚的代价更为昂贵,捕捉时尚的神经更为敏感和年轻,保持生产与时代同步性的竞争更为激烈。"③ 人们所处身于其中的世界已经成为一个被虚假的欲望符号体系所操控和奴役的世界,即被时装、休闲、旅游、汽车、广告、电视、网络等流动的无形的次体系(sub-system)所控制和盲从的物欲化世界。

正是由于发现了晚期资本主义社会并不是把对商品的生产建立在人们的需求和快乐的基础上,它既不受生物的驱使,也不纯然由经济来决定,而是带有社会象征和心理意味,并且成为一种身份和建构的手段,在消费社会中充当了社会地位的标志。因此,晚期资本主义对产品的生产不仅仅是对产品的使用价值的生产,而是对产品意义的符号生产。因而,到了晚期资本主义社会生产和消费合二为一。也就是说,生产就是消费,而消费就是生产。而对意义的生产(消费)就成为资本家关心的

---

① 刘怀玉:《现代性的平庸与神奇——列斐伏尔日常生活批判哲学的文本学解读》,中央编译出版社2006年版,第262页。

② [法]鲍德里亚:《消费社会》,第49页。

③ 吴兴明:《重建生产的美学——论解分化及文化产业研究的思想维度》,《文艺研究》2011年第11期。

首要问题。而对意义的生产也就是对符号的生产，因为，"符号目的在于发掘意义"①。因此，对商品的认识就要发生一个认识论上的转换，即把商品不仅仅看作满足自我需要的物的使用价值，还应该把它看作一个表征购买者社会地位、追求个人声誉的符号系统。而古代社会的这种夸示性消费和象征性价值就以改头换面的方式在当代社会粉墨登场了。所以，当代社会人们消费的并不是实际上的物，而是物自身所负载的文化意义。也就是在此意义上，我们认为，消费由于面对着物的使用价值，而具有了一种平等性，在使用中，相同的物对所有的人都是一样的，但当意义性的价值附加到物之上的时候，这种平等也就变成了一种形式上的平等。因为意义的灵活性使得每件具有相同使用价值的物本身会产生完全不同的意义性价值。换而言之，即使我们所购买的某一产品的性能无甚差异，但是人们还是崇奉"名牌"。② 因为"名牌"不但意味着"可靠""信用""质量"，而且是消费者身份地位的象征，而"非名牌"就意味着"低廉、劣质、不可靠"等文化的另一种含义。依此，我们便可以看到，"消费作为一种唯心的、系统的行为，大大溢出人与物品的关系和个人之间的关系，延伸到历史、传播和文化的所有层面。如此，文化的要求是有活力的：但在豪华的书本和餐厅彩色石印花片之中，被消费的只是理念。革命的要求是有活力的，但无法在实践上自我组构，它便在革命的理念中自我消费。作为一个理念，革命实际上是永恒的，而它将像任何理念一样，永远可以被消费——所有的理念，即使是最相矛盾的，都可以符号的身份在消费的唯心逻辑中并存"③。因而对于今天的人们来说，"消费的目的不是为了传统意义上实际生存需要（need）的满足，而是为了被

---

① ［美］苏特·杰哈利：《广告符码——消费社会中的政治经济学和拜物现象》，马姗姗译，中国人民大学出版社2004年版，第3页。

② 在这方面，赵毅衡教授所举的例子能够很好地说明人们盲目崇尚"品牌"的情况。他说："要决定品牌的符号价值，测试很容易做，我拿两个提包，把牌子换过：于是一个成了真货假牌子，另一个成了假货真牌子，两个提包我开出同样价钱，而且我把作假情况全部告诉顾客，任凭他们挑选。绝大部分人会选择'假货真牌子'。消费者都知道牌子比货值钱，货可以是假的，提供最明显感知的商标招牌必须是真的。"可见，是物的符号而不是物本身成为最具价值的东西。见赵毅衡的著作《符号学：原理与推演》，南京大学出版社2011年版，第374页。

③ ［法］鲍德里亚：《物体系》，林志明译，上海人民出版社2001年版，第203—226页。

现代文化刺激起来的欲望（wants）的满足。换言之，人们消费的不是商品和服务的使用价值，而是它们在一种文化中的符号象征价值。合理地满足实际生存需要的消费与无度地占有符号价值的消费是两种基于不同类型的生活伦理、观念、价值的生活方式和生存状态"①。因此，从符号学的角度展开对当代消费社会的分析，就成为鲍德里亚对马克思的重要补充。这一点就如有学者所指出的那样，"马克思所处的那个时代，处于资本原始积累和资本掠夺时期，劳动生产率相对落后，社会财富还相对匮乏，广告、符码、时装、大众传媒等自然不会占主导地位，因而符号价值及其功能，合理化和系统化的过程也不会成为马克思主义理论考察的核心。然而，鲍德里亚生活的却是一个'消费社会'，'技术社会'，现代技术创造出来的生产率、生产出来的物质财富，使得现代社会已经基本上摆脱了物质匮乏的时代"②。正是在这一丰裕社会，鲍德里亚对物的分析直接用物的符号价值代替了物的使用价值和交换价值。

晚期资本主义是通过深入挖掘人们的欲望和培育人们的非功用性需要的消费意识形态来实现的。在鲍德里亚看来，任何产品都具有一定的使用价值，如果人们仅仅局限于产品的使用价值来购买该商品的话，那么，在人们拥有了产品以后，在产品的性能还没有耗尽之前，人们不可能去购买商品。所以，要使人们能购买自己的商品，就必须在其他意义上去诱导人们购买商品，而不仅仅看重商品的使用价值。"要成为消费的对象，物品必须成为符号。"③ 也正是建立在符号学基础上的商品，使鲍德里亚发现了不同于马克思关于物的使用价值和交换价值之外的另外两种价值，这就是物的符号价值和象征价值，从而为构建消费意识形态观念奠定了基础。但这里我们要说明的是，鲍德里亚这里所指的"消费"和马克思理解的消费还有根本的不同。也就是这种"消费"不是具体物的消费，而是"符号的消费"。人们消费的已经不再是物品本身，而是物的意象。由此，鲍德里亚对消费做了一种全新的界定："消费的对象，并

---

① ［美］马克·波斯特：《信息方式》，范静哗译，商务印书馆2000年版，第7页。
② 引自高亚春《符号与象征——鲍德里亚消费社会批判理论研究》，人民出版社2007年版，第85页。
③ ［法］鲍德里亚：《物体系》，第223页。

非物质性的物品和产品：它们只是需要和满足的对象，我们过去只是在购买、拥有、享受、花费——然而那时我们并不'消费'，'原始的'节庆、封建领主的浪费、19世纪布尔乔亚的奢华，都不是消费。如果我们有理由去使用这个字眼来谈当代社会，那不是因为我们吃得更好、吃得更多、吸收更多的影像和信息，也不是因为我们有更多的器具和无谓的发明可以使用。财富的数量和需要的满足，皆不足以定义消费的概念：它们只是事先的必要条件。消费并不是一种物质性的实践，也不是'丰产'的现象学，它的定义，不在于我们所消化的食物、不在于我们身上所穿的衣服，不在于我们使用的汽车，也不在于影像和信息的口腔或视觉实质；而是在于，把所有以上这些（元素）组织为有表达意义功能的实质；它是一个虚拟的全体，其中所有的物品和信息，由这时开始。构成了一个多少逻辑一致的论述。如果消费这个字眼要有意义，那么它便是一种符号的系统化操控活动。"①

正是看到了晚期资本主义社会的现实，而使鲍德里亚在这里所讲的"消费"和"生产"具有了统一的意义。也就是说，到了晚期资本主义社会，消费和生产具有同等的意义。所以鲍德里亚说："劳动力不再被粗暴地买卖，它自我指称，自我交易，自我推销——生产和消费符号系统连接在一起了。……必须设想生产、劳动、生产力的全部领域正在跌入'消费'的领域，这个领域应该理解为普遍化公理系统的领域、符号编码交换的领域、生活总体设计的领域。"② 那么在消费社会里，这种符号价值的生产是通过何种途径来实现呢？

第四节　符号价值的实现之途：媒介与广告

这种"对物的依赖"（主要指对货币符号、资本符号、符号价值的依赖）最终都全部指向人们所拥有的商品上，从而使看似简单的商品笼罩上诡秘的气息。一如马克思所言："最初一看，商品好像是一种简单很平

---

① ［法］鲍德里亚：《物体系》，林志明译，第223页。
② ［法］鲍德里亚：《象征交换与死亡》，车槿山译，译林出版社2006年版，第16页。

凡的东西。对商品的分析表明，它却是一种很古怪的东西，充满形而上学的微妙和神学的怪诞。"① 作为一种存在物的商品，不仅被人们简单地使用，它更是人的社会关系和人的能力的重要体现，但商品所具有的体现社会关系和人的能力的意义却总是隐匿不彰，主要以商品的形式体现出来，因为在资本主义社会中，能够直接为人所见的只有商品，社会关系是间接表现出来的。如果说在人身依附的古代封建社会，人们所生产的产品更多地打上了生产者自身鲜明的个性烙印，还能依稀看出商品与意义的象征性关系。那么，到了产品以流水线方式生产的资本主义社会，产品的生产完全掩盖从事生产的人和在什么条件下的生产境况，成了失去身份个性具有同一品质的"公共交换产品"，因而产品生产的这些始源的背景意义在产品的消费过程中被无端地掏空了。在商品的使用价值无甚差别的时代，面对琳琅满目令人眼花缭乱的商品世界，产品的意义机制就成为人们选择某种商品来体现自己身份的重要尺度。正是在此意义上，作为体现商品意义机制的符号就乘虚而入，成为填补在流水线上所生产的"无个性的商品"意义生产的重要方面。"正是由于这个原因，看起来'微不足道'的广告才会有这么强大的力量。本质上，广告给商品所赋予的意义并不是虚假的，而是这个意义在商品的生产意义被掏空后的空地上成了统治者，在与商品的互动过程中，人需要有关商品的意义。资本主义的社会关系打破了传统上生产者与产品的'有机联系'。同时，可能来填充这个空隙的其他机构（如家庭、社区、宗教）也被资本主义削弱了。这时广告就有了力量，因为它提供有关商品的意义是无法从其他地方获得的。这样的力量，源自人对意义的渴望，即人总要在商品的世界中，以符号来确定自己的位置。"② 正如鲍德里亚所言："一旦象征性功能被消解了，那么随之而来的就是符号学的入侵。"③

由此可见，晚期资本主义所面临的问题已经不仅仅是马克思当年所面临的问题，情况已经发生了很大的变化，"马克思从来没有碰到过像符

---

① 《马克思恩格斯选集》（第2卷），人民出版社2012年版，第122页。
② [美]苏特·杰哈利：《广告符码——消费社会中的政治经济学和拜物现象》，马姗姗译，中国人民大学出版社2004年版，第61页。
③ [法]鲍德里亚：《符号政治经济学批判》，第86页。

号、消费以及广告等现今我们所关注的问题。然而不幸的是，现今的马克思主义者，在检视当代社会的符号、消费以及广告领域时，往往使用一种禁欲的、过于严厉的方式，把人类行为最根本的特征——器物使用的符号意义，排除在他们的分析范围之外了。虽然有很多整体结论，它们来自马克思主义者对资本主义的具体批判，这些结论也确实是正确而有根据的，但他们批评的方式往往是，在倒掉资本主义这盆脏水时，不假思索地也把符号意义以及相关问题，一并给抛弃了"①。"他（鲍德里亚）认为，现在该超越马克思著作的时候了，因为19世纪以来，社会经历了急剧而根本的变化，现在再用马克思的分析，已不足以理解描述当前资本主义的情况了。在马克思生活的时代，在政治经济学交换中，只有'物质的生产中'出现了疏离和异化的情况；而今情况剧变，甚至连道德、爱、知识、意识，几乎所有的东西都具有交换价值了（也就是在市场领域里运作）。这样的一个事实不仅不是前一阶段的延伸，而且恰恰相反，它代表着前一阶段与现阶段之间根本性的断裂。因此，传统马克思主义者的概念（如物化），已不是充分有力的分析工具了，因为现在已经是商品形式占统治地位的阶段，进入到了符号形式（sign-form）压倒一切的时代了。"② 凯尔纳也认为："当代社会中媒介不断升级的作用对于鲍德里亚来说，就相当于从现代的生产世界向着仿真的后现代世界的坠落，现代性的中心在于事物、商品和产品的生产，而后现代性的特点是激进的符号制造术以及符号的大量繁殖。"③ 生产力的高度发展特别是传媒业的发展，加剧了符号化统治的进程。正如马克思所言："随着新生产力的获得，人们改变了自己的生产方式，随着生产方式即谋生的方式的改变，人们也就会改变自己的一切社会关系。"④ 而这一生产方式的重大变化就是电子媒介技术的出现。一如麦克卢汉所说的那样，马克思的时代是建

---

① ［美］苏特·杰哈利：《广告符码——消费社会中的政治经济学和拜物现象》，马姗姗译，中国人民大学出版社2004年版，第28页。
② ［美］苏特·杰哈利：《广告符码——消费社会中的政治经济学和拜物现象》，第14页。
③ ［美］道格拉斯·凯尔纳：《鲍德里亚：一个批判性读本》，陈维振等译，江苏人民出版社2008年版，第182页。
④ 《马克思恩格斯选集》（第1卷），人民出版社2012年版，第222页。

立在蒸汽机和铁路的基础上，而当代社会则是建立在媒介技术的基础上的，正是异常发达的媒介技术把人类社会带到了一个全新的时代。在这一全新的时代，社会由商品生产、科学技术、国家疆界、资本不断向外扩张的和殖民的"外爆"（explosion）转向了由模型和符码支配的"内爆"时代。"对置身于电子媒介交流中的主体而言，客体则倾向于变为能指流（the flow of signifiers）本身，而不会变成语言所表征的物质世界。在信息方式中，主体要想辨明能指流'背后'的'真实'存在已越来越难，甚至可以说毫无意义。"①

电子媒介向广大公众传递话语和图像，消除了时空距离的影响，使得异质（heterogeneous）人群的异时（asynchronous）"聚会"成为可能。摆脱了口头传播和印刷文字的束缚，极大地拓宽了我们获取外在信息的方式和获取信息的能力。如果说在口头传播的时代，信息的获取只是面对面的在场的交流方式，还局限于特定的地域文化，只是小范围内的一种传播方式；文字的传播虽然打破了地域的限制，使得不在场的交流成为可能，但只是少数富有文化的特定人群才可以获得信息的特权。那么，到了电子传媒时代，还没有任何一种传播方式这样深刻地影响到了整个社会，它不但打破了人们之间的文化差别、地域差别，而且在传播的速度、传播的时空范围上都远非前两种传播方式所勘比拟，任何人只需揿按一下遥控器便能尽知天下事。人们只要点击一下鼠标，世界风云尽收眼底。正是基于新技术的发展和大众传媒的兴起，所造成的"时空压缩"（time-space compression），使得信息传播瞬息万里，地球上所发生的任何重大事件借助于电子媒介已经实现了同步化，空间距离和时间距离已不复存在，整个地球在时空范围内已缩小为弹丸之地。麦克卢汉形象地宣称，今天我们所处的时代，是一个环球同此凉热的"地球村"时代。正是借助于广播、电视、电话和互联网的普及，使得"地球村"上所发生的任何事件在转瞬之间就成为家喻户晓的事情。更重要的是，麦克卢汉认为大众媒介是人的器官的延伸。正如麦克卢汉所言："凭借分解切割的、机械的技术，西方世界取得了爆炸性增长，现在它正在经历内向的

---

① ［美］马克·波斯特：《信息方式》，范静哗译，商务印书馆 2000 年版，第 24 页。

爆炸（implosion）。在机械的时代，我们完成了身体在空间范围内的延伸。今天，经过了一个世纪的电力技术（electric technology）发展之后，我们的中枢神经系统又得到了延伸，以至于能拥抱全球。就我们这个行星而言，时间差异和空间差异已不复存在。我们正在迅速逼近人类延伸的最后一个阶段——从技术上模拟意识的阶段。在这个阶段，创造性的认识过程将会在群体中和在总体上得到延伸，并进入人类社会的一切领域。"① 也就是说，随着技术的发展，媒体技术渗透到了人类生活的一切领域，当"无失真""零时滞""无缝性""虚拟性"等特征出现时，媒体不再是再现世界的中介性工具，而是世界本身的"在场"方式。它不仅以坚定不移、不可抗拒的方式改变着人的感觉比率和感知模式，而且直接改变和影响着社会和人的行动方式和行动尺度，解构了人们对事物的正常感知秩序。以至于鲍德里亚提出了"超真实"（hyperreality）的重要术语。使人们充分地感受到我们通过媒体所晓知的世界比实际上的世界更真实的思想。

千百年来，哲学一直把如何真正地反映和认识我们所身处其中的外在世界当作自己孜孜以求的事业，但是人们却发现离我们所追求的这一目标越来越遥不可及。这并不在于人类自身的软弱无能，其根本在于人类自身纠缠于所创造的文化符号而积重难返事实本身。特别是电子媒介的崛起，更使人们在这一问题上越走越远。因为电子媒介在对事物的反映中取消了语境（context），而创造了新语境。但这一新的语境却成为人们信奉的根本准则，从而使一个真实的世界销声匿迹。

饶有意味的是，在20世纪关于媒介问题的研究方面，存在着两种不同的态度和观点。一方（本雅明、恩芩斯伯格、麦克卢汉）鼓吹媒介的技术合理性和潜在的民主化倾向；另一方（阿多诺、哈贝马斯、詹明信）更多地关注媒介对自由的威胁。② 与前者媒介学家对媒介的乐观看法截然不同，鲍德里亚并不把媒介看作再现事件的功能性的工具或载体，而是

---

① ［加］马歇尔·麦克卢汉：《理解媒介——论人的延伸》，何道宽译，商务印书馆2009年版，第20页。
② ［美］马克·波斯特：《第二媒介时代》，范静哗译，南京大学出版社2000年版，第3页。

吸收了麦克卢汉的"媒介即信息"的思想，更多地认为媒介本身参与对事件的直接表现。但是媒介所表现的这种真实并不是其所反映的现实生活本身，而是通过对信息的剪辑、加工和编码等蒙太奇手法之后，依照某种意图逻辑而播放出来的对外在世界的报道，人们通过媒介所了解的世界，是一种超越了人们日常生活经验的非本真的时空结构，是对传统真实观的彻底颠覆。鲍德里亚因此而说道："进入媒介的视野，并非指被报纸、电视或者广播所关注；而是指被一种符号/形式所重述，在一种模式中获得阐发，被一种符码所操控。这就如同商品并非被工业化生产出来，而是被抽象的交换价值体系所控制。因此，在媒介符号之下，'各类事件'的范畴和政治，以及它们在传统意义上的分裂都具有形式上的优先性，被共同整合入了一般的符码之中。"在这一过程中，符号具有了自身的生命，并建构了一套由模型、符码及符号组成的新的秩序。这种新的符号制造术主宰了我们所生存的世界，使我们日益按照传媒图式来构造、表述与感知我们所处的现实，按照电子媒介的方式来组织与呈现，现实日益成为传媒中现实，从而使人们混淆了真实与非真实之间的严格界限。比如，我们所看到的很多成功的电视剧节目中的一些人物所扮演的成功角色，往往被一些人当作现实生活中的真实角色，而向其寻求帮助和咨询。比如，电视剧中一些明决是非、秉公办事的律师往往成为现实生活中许多人向其咨询的对象。影视剧中扮演医术高明、妙术仁心的医生就成为现实生活中人们问诊的对象。相反，在肥皂剧中扮演的恶女霸男一些演员，则只有在保镖的护卫下才敢在大庭广众之下抛头露面，不然，就有可能遭到那些被他们在电视剧中表演的恶劣行径所激怒的影迷的攻击。正是基于此，在鲍德里亚眼里，是媒体的影像世界在主导着我们的日常生活，而不是我们在主宰着媒体所反映的世界。迪斯尼乐园中的美国模型要比生活世界中的真实美国更为真实。就好像美国正在变得越来越像迪斯尼乐园一样。所以，这种模型取代真实的状况在生活中比比皆是："妇女杂志或生活方式杂志中鼓吹的理想居家，性生活手册或人际关系杂志中的理想性模式，广告或时尚电视剧中宣传的理想服饰，计算机手册中提供的理想计算机技术等等。在这些例子里，模型成了真实的决定因素,超真实和日常生活之间的界限被夷平了。"①

与汉斯·恩芩斯伯格对媒介所持的乐观态度截然不同,鲍德里亚更多地站在阿多诺等人的立场上,认为媒介的发展并不会将社会导向民主与解放,媒介所给予人们的事实是对人自身的软性控制。在这一点上,他也和福柯的观点如出一辙,不过,与福柯相较,他比福柯走得更远。就此,鲍德里亚曾专门写过一本书,书名就是《忘记福柯》,因为在鲍德里亚看来,福柯对符号权力的理解,恰恰说明他所描述的年代已经是陈年旧事了,忽略了对消费、时尚、休闲以及符号等这些当代权力与社会再生产关键机制的探讨。"关于权力,福柯对我们说的那么好……难道这不正是权力已经寿终正寝了吗?权力不仅因为撒播而无法确定其位置,而且它也以某种至今我们尚不清楚的方式被纯粹且直接地消解掉了,或者是由于逆转(reversal)和取消(cancellation)而被消解掉了,或者是由于类像而转变成了超真实。"② 鲍德里亚建议我们忘记福柯,就在于政治微观权力对大众的无形渗透和作用能力,已经转变成了一个由模型、符码信息以及媒体所决定的类像的新纪元中,权力不再是一种规诫性的,而成了一种死权力,漂浮在不确定的符号流中,权力成了一种幻象,"它已经形变为符号,并在符号的基础上被创造出来"③。进而言之,鲍德里亚认为后现代社会权力已经发生了重大的变化,这种变化就在于已经从诸如学校、监狱、医院、车间等实体性的权力结构构建了个体对社会的认同和顺服,转向了符号对人的无意识的控制,如果说前者我们还能感受到一种意识形态国家机器的外在力量对我们的强制和灌输,那么,到了鲍德里亚这里,符号对我们的雕塑已经不是一种外在力量作用的结果,而是我们自己主动的接纳。"自从 17 世纪以来,个人一直束缚在一个复杂的、规诫性的、规范化的、全方位的权力网络中,这个权力网络监视、

---

① [美]斯蒂文·贝斯特、道格拉斯·凯尔纳:《后现代理论——批判性的质疑》,张志斌译,中央编译出版社 2006 年版,第 137 页。
② Jean Baudrillard, *Forget Foucoult*, New York: Semiotext (e), pp. 11–12.
③ Jean Baudrillard, *Forget Foucoult*, New York: Semiotext (e), p. 59.

判断、评估和矫正着他们的一举一动。"① 从而把主体规诫为一个缺乏自我主体的个体，一个对权力无助且被动的受害者，鲍德里亚则认为后现代权力观已经发生了重大的变化，后现代权力观已经脱离了这种实体性的符号权力，构成了一个由电子媒体、信息技术和符号权力瓦解了真实和非真实之间的界限，并迅速繁衍出了一种由图像和被操纵的能指构成的抽象环境。

正是基于以上的认识，鲍德里亚把符号学的发展按照一般的历史嬗变分为仿像（counterfeit）、生产（production）、拟真（simulation）三个阶段。从文艺复兴到工业革命属于仿像阶段，在这一阶段，符号是绝对固定和透明的，符号的透明性和等级制度相辅相成。到了工业革命的生产阶段，符号从凝固的状态中解放出来，符号内涵的增值和需求的拓展，民主制度代替了等级制度实现了对符号的控制和运用。现代符号寻求新的内涵，而拟真则属于后现代时期符号发展的阶段。在这一阶段，我们完全成为一个被"超真实"的世界所控制的时代。"符号不再表征任何真实，实际上，在符号和真实之间，不可能存在任何关系，存在的只是符号和符号之间的交换，这样一来，任何揭示隐匿于仿像之下的现实都只能是一种浪漫的幻想，因为仿像独立于这样一种现实，如果人们坚持寻找和揭示这一现实的话，那么可能会更明确地发现仿像之下根本没有任何之物，仿像本身就是现实——这一发现恐怕是人们难以应付的。"② 之所以如此，这是和电子媒介自身的特点密不可分的。在电子媒介和符号的共同作用下，真实之物变成符号，这是拟真的阶段，但在接下来的阶段，符号再次变成物，但不是真实的物：一个比符号本身更加远离真实的物。由此，鲍德里亚给我们描述了事物在符号作用下从拟真到仿像的过程。（1）它（图像）是对深广现实的反映；（2）它（图像）遮蔽和消解自然深广的现实；（3）它遮蔽深广现实的缺场；（4）它与任何现实无

---

① ［美］斯蒂文·贝斯特、道格拉斯·凯尔纳：《后现代理论——批判性的质疑》，张志斌译，中央编译出版社 2006 年版，第 63 页。
② 瑞安·毕晓普、道格拉斯·凯尔纳：《鲍德里亚：追思与展望》，戴阿宝译，河南大学出版社 2008 年版，第 131 页。

关,它是自身的纯粹仿像。① 在这四个连续发展阶段中,给我们指出了真实的死亡和仿像不可避免的最终胜利。

公允地说,鲍德里亚对于媒介主导下超真实的思想,的确揭示了媒介理论的本质之所在,但问题是,这种一叶障目的极端看法不免有些顾此失彼,忽视了现代传媒符号对于民主的促进作用和还原事实真相的价值。众所周知,发生在2007年陕西镇坪县的"周老虎事件"在笔者看来无疑是对这一理论的形象诠释。围绕"周老虎事件"而出现了"挺虎派"和"打虎派"。"挺虎牌"(周正龙、镇坪县人民政府、陕西省林业局)借助于媒介的超真实理论编制了"华南虎出没"于镇坪县的弥天大谎,一时间在网络迅速蹿红。旋即这一消息就招致了"打虎派"(中科院专家傅德志、动物专家胡惠建、摄影记者奚志农等)的质疑。正是借助于媒体才最终使事实真相水落石出,这不过是挺虎派们出于发展当地经济,目的为套取中央财政的支持而导演的一场政治闹剧而已。类似这样通过网络而推进民主进程和还原事实真相的情况不胜枚举,而鲍德里亚基于社会批判的视野只看到媒介自身的消极价值而无视媒介技术积极作用的思想,在我们看来,无疑暴露了其思想的极端和片面。

借助于媒介技术,使得资本主义的经济发展方式发生了重大的变化。从商品的使用价值的生产转换到符号价值的生产。因为晚期资本主义所面对的迫切问题不是产品的生产问题,而是如何把所生产的产品销售出去实现生产的最终目的的问题。正如我们前已论及的,要把物品销售出去,物首先必须变成符号。也就是让物本身脱离其功能价值而成为非功能性的符号价值。但是物品的符号价值又必须通过建立在符号意义的需求基础上,人们如其所愿地购买商品本身,实现商品自身的最终价值。要达到这一目的,就必须借助于发达媒介技术对商品本身的意义需求的建构。这样,广告就成为助推商品消费的重要引擎。正是它带你进商场,教你买东西,帮你花钞票。正如学者们所言:"许多批评广告的人士称,商品的生产者站在自身的立场上,将广告作为一种工具来操纵并控制消费者,使他们渴望购买一些本来不需要的东西。营造这样的需求的动机,

---

① Jean Baudrillard, *Simulations*, New York: Semiotext(e), p. 11.

在于资本主义作为一个体系所固有的一种动力,就是要让成堆的商品都卖出去。生产商们为了避免滞销而陷入经济困境以至最终的破产,就不得不确保生产出来的产品必须卖掉。广告正是生产商们企图用来为他们的产品营造出足够的消费市场的一种主要武器,为了达到这一目的,广告于是在人们中间制造出一些虚假的需求(说它虚假,是因为它只是反映了制造商的需要而不是消费者自身的需要)。"[1] 在人们迈过了温饱型经济而进入显贵型经济的时代,作为助推商品销售的重要方式,显然就不能仅仅在商品自身的使用价值上做文章,而必须在商品的符号意义上下功夫。正如费瑟斯通在分析鲍德里亚消费理论的特点时指出:"在鲍德里亚看来,面向大众的商品生产运动的一个重要特征,是在资本主义交换价值的支配下,原有的'自然'使用价值消失了,从而使商品变成了索绪尔意义上的记号,其意义可以任意地由它在能指的自我参考系统中的位置来确定,因此,消费就绝不能理解为对使用价值、实物用途的消费。而应主要看作对记号的消费。"[2] 因此,控制需求与符号,而不是探讨生产过程的内在矛盾,变成了资本主义所关注的重心。但是,令人遗憾的是,随着越来越多的需要被带进符号消费的领域,个人也失去了以自主的方式来控制符码的能力,而拜倒在符码的脚下。

在实际生活中,虽然人们对广告深恶痛绝,但民意调查显示,当问及人们喜欢生活在充斥广告的世界里,还是无广告的世界里时,大多数被调查者还是毫不犹豫地选择了前者而非后者。广告之所以能实现对消费者的自我控制,就在于广告的作用和"洗脑"的程序完全一致,它是按照受众的动机和欲望来创造广告的形象,实现了从商品的介绍转变为非理性的操纵,破坏购买者残存的理性根基,把商品交换中工具理性蜕变成欲望的符号,追求没有必要的消费。广告之所以要走上激发人们动机的道路,就在于今天面临的经济难题不是如何生产一辆汽车而是如何卖掉它。不但产品销售比过去更为紧迫,更重要的在于如何说服已经颇

---

[1] [美]苏特·杰哈利:《广告符码——消费社会中的政治经济学和拜物现象》,第3页。
[2] [英]迈克·费瑟斯通:《消费文化与后现代主义》,刘精明译,译林出版社2000年版,第124页。

为富裕,而拥有大部分必需品和先进产品的人,去作更多的消费。对消费的分析也要求一种范畴方面的转换,即价值及效用这些经济学范畴要转换为符号及能指这些语言学范畴。因此,广告在宣扬产品方面并不以产品本身的性能和使用价值为中心,而是以产品使用价值之外的符号为中心,所以大多数广告本身是不及物的。正是借助于符号的引导机制,人们不由自主地在广告符号的引导下购买了商家生产的商品。还有一个更重要的现象是,借助于电视等大众传媒,广告产品以一种不可置辩和毋庸商量的非应答的手段而强行让受众去接受。在消费活动中人们已经失去了理性判断和选择的能力,成为受符号支配的奴隶。在"消费的普遍化过程中,再也没有灵魂、影子、复制品、镜像……消费者从未面对过他自身的需要,就像从未面对过他自己的劳动产品一样,他从未遭遇过自己的影像:它是内在于他所安排的那些符号的"①。面对信息无休无止的狂轰滥炸,面对信息的诱惑教唆,大众已由冷漠的大众变成了犹豫而沉默的大多数。从而使消费者所拥有的购买商品的主动权被生产企业以民意调查、营销广告的方式所剥夺和控制。

顾客之所以在商品面前失去了自己的选择能力而听凭广告的诱导,用斯图尔特·埃文的话来说,就在于人类出现"工业化之后的社会危机"。之所以会出现这一意义危机,是由于人们素所尊崇的一些价值观念在社会的变迁过程中,失去了对人类行为的意义引领价值而坍塌崩溃了。人类必须在此情况下寻找新的意义体系。"面对老谋深算的资本代理人时,美国人并不是消极被动地受制于他们的直接操纵与控制。正是美国人积极调整,来适应发达资本主义社会物质和精神生活环境,逐渐地就变成了其中的消费者,以前,他们的祖先在超然的宗教领域追寻'真正的生活';而现在,他们通过消费……来继续这未竟之业。"② 在生产过程中商品的意义并不就像前资本主义社会那样,产品的意义以非常明晰和突出的特点,而体现在商品生产本身过程之中,在这方面,我们还能依

---

① [法] 鲍德里亚:《消费社会》,第 225 页。
② [美] 苏特·杰哈利:《广告符码——消费社会中的政治经济学和拜物现象》,第 219 页。

稀隐约地感受到一些商品品牌本身所具有的一脉相承的文化，比如一些商品打着"老字号"的文化符号招牌，来显示他们所生产的产品历经历史风雨的考验而深受消费者信赖的美誉，原因就在于这种老字号产品，它们的原料采集、生产工艺、销售方式在消费者中间是透明和公开的。即使在资本主义的早期，劳动者也掌握并且控制着劳动过程中的大部分知识，他们根据自身的能力进行生产，也根据自己的选择来创造社会关系。所以，商品的意义是内在于他们所生产的产品之中的，商品意义是与特定的地域文化密不可分的。正如苏特·杰哈利（Sut Jhally）所言："从前的物质生产与手工艺劳动紧密相连；而现在却变成了集体装配线上批量化生产，商品已是无名无姓。因此，旧有生活方式所积累的各种意义，也就无法在这些匿名的商品身上留下任何的痕迹。从前那些个人行为的符码，是由于封闭的宗教价值观与独具民族群体所形成的，具有高度的限制性，但在工业文明的潜移默化的影响下，这些符码将难以为继……工业社会是一个变迁的社会，既不能从过去汲取意义，也无法建构自己的意义结构，新旧生活方式的碰撞就形成了一个文化的空白。"[①] 所以，这种尊重自身需求的生产方式很快在追求利润最大化的动力驱使下，造成了生产方式上的重大变化。

这一现象典型体现在资本主义"泰罗制"（Taylorism）管理模式的应运而生。泰罗制的目的就在于最大限度地挖掘工人自身在有限时间内的最大生产潜能。为了实现这一目的，在管理思想上就形成了生产和管理的分离，或者是概念构思和实际执行的分离。这一泰罗制包含了三个最基本的原则：一是将劳动者的各种技能和劳动过程相分离。管理就是要"承担起任务，把传统上由工人拥有的所有知识集中起来，然后分门别类、列表统计，最后把这些知识简化为规则、法则和公式"[②]。二是能够得到和浓缩这些知识的人仅限于管理阶层，这样就使得概念构思阶段和执行阶段分开来。布雷弗曼写道："既为了确保有效的管理与控制，又为

---

① ［美］苏特·杰哈利：《广告符码——消费社会中的政治经济学和拜物现象》，第218页。

② F. Taylor. 引自 Braverman, *H. Labour and Monopoly Capital*, Monthly Review Press, New York, p. 112。

了贬低工人劳动力的价值,因此必须把概念构思与实际执行分成两个独立运作的领域。为了达到这个目标,对劳动过程的研究就只是留给了管理阶层,而工人不得参与。管理人员研究劳动过程得出结果以后,就以简单的指令的形式来传达这一结果,工人就负责不假思索地照本执行,也不必去了解那些背后的技术推理或数据资料。"① 三是管理阶层运用这些知识进行安排,进而把劳动过程分成独立的组成部分,并且加以控制。从而使劳动过程完全被管理阶层所控制,而工人只能以特定的或残缺不全的方式看到劳动过程。从而剥夺了他们以整体的观点审视劳动过程的潜能。因此,单个的工人作为产品的"直接生产者",只能完成产品生产过程中某一阶段的任务,以至于他对与此之外的一些其他知识全然不知。譬如,产品的原料来自何处,产品又往何处去,这些对于从事生产的工人来说都是一个谜。

在当代社会,这种情况更加突出了,因为同一个产品的各个零件可能在许多不同的国家由不同的工厂联合生产来完成。在这种情况下,人们要想知道所购买产品的性能和实际情况,就只能通过市场上广告和相关的消费者杂志所提供的资讯来获知。所以,马克思虽然未能充分揭开商品自身所可能笼罩的神秘面纱,但他一语成谶地告诉了我们:"最初一看,商品好像是一种很简单而平凡的东西。但对商品的分析表明,它却是以一种很古怪的东西,充满了形而上学的微妙和神学的怪诞。就商品是使用价值来说,不论从它靠自己的属性来满足人的需要这个角度来考察,或者从它作为人类劳动的产品才具有这些属性这个角度来考察,它都没有什么神秘的地方。很明显,人通过自己的活动按照对自己有用的方式来改变自然物质的形态。例如,用木头做桌子,木头的形状就改变了。可是桌子还是木头,还是一个普通的可以感觉的物。但是桌子一旦作为商品出现,就转化为一个可感觉而又超感觉的物。它不仅用它的脚站在地上,而且在对其他一切商品的关系上用头倒立着,从它的木脑袋里生出比它自动跳舞还奇怪得多的狂想。"② 在这里,马克思告诉了我们

---

① Braverman. H, *Labour and Monopoly Capital*, Monthly Review Press, New York, p. 118.
② [德] 马克思:《资本论》(第1卷),人民出版社2008年版,第88页。

商品的可感觉同时又超感觉的东西，而商品的这一矛盾体，就体现在商品在产销过程中既显又隐的方面。商品在这里隐藏的是它的不为人知的生产过程的资讯，它们在资本主义的生产过程中被别有用意的生产者和销售者掩盖起来了，"劳动和生活的条件，处于商品生产背后的欢乐、愤怒或挫折感，生产者的思想状态，在我们用一件物品（货币）去交换另一件物品（商品）时全部都被隐瞒了。我们可以每天吃早餐而不去想无数的人们曾经从事这顿早餐的生产。剥削的一切踪迹被湮没在了物品之中（在日常的面包里毫无剥削的指痕）。我们无法通过凝视超级市场里的任何商品而说出处在它的生产背后的劳动状况"①。另外，"产品的计划和生产过程、真实的生产关系，特别是在世界各国的工厂实际运转中的生产关系；工人的工作条件；工人的工资和福利水平；有没有工会组织；质量检查和自动化程度；对消费者所做的市场营销研究；一些特殊的工业生产过程对环境造成的影响；使用的材料是否能够再生产利用；在遍布世界的原料产地中，占主导地位的生产关系是什么……以上所有的东西，都已被植根于产品中，成了产品意义的一个组成部分"②。虽然这些活动是内化到商品的生产过程中的，但实际上，这些东西却不为消费者所晓知。一如大卫哈维所分析的，"我们无法仅仅看到商品就能分辨出它是由意大利合作社的快乐劳工生产的，或是由南美洲在被隔离的情况下遭受严重剥削的劳工生产的，还是由瑞典受到适当的劳动法与工资协议保护的受薪劳工所生产的。超级货架上的葡萄不会说话，我们看不到上面剥削的指纹，也不能立刻指出它们来自哪里"③。之所以不被消费者所知晓，就在于如果这些生产的实情被消费者所晓知后，会大大地改变人们购买该商品的行为。因为消费者在购买这些商品时不仅仅专注于商品本身的使用价值，还注重使用价值之外商品所具有的符号价值。如果消费者了解到所购买的商品是在雇用童工的情况下所生产的，或者所销售的商品是以灭绝稀有资源为代价的，则会大大地影响人们购买该产品时

---

① ［美］戴维·哈维：《后现代的状况——对文化变迁之缘起的探究》，阎嘉译，商务印书馆2003年版，第135页。
② ［美］苏特·杰哈利：《广告符码——消费社会中的政治经济学和拜物现象》，第59页。
③ 夏林：《穿越资本的历史时空》，社会科学文献出版社2008年版，第1页。

的决定。

更重要的是，商品的资讯一旦为人们所得知，就成为消费者评价商品的重要因素。例如，我国近年来食品安全问题频发，一旦这些危及人类身体的食品所造成的重大伤害曝光，就会严重影响到产品的销售。近年来，我国部分奶粉产品在生产过程中因添加三聚氰胺而损害儿童生命健康甚至导致孩童死亡的事件，一度在消费者的心理蒙上了一层挥之不去的阴影，使得问题奶粉的生产者不但遭到了受害者的一致谩骂和抵制性购买，使该商品在市场上的销售一路看跌，甚至可能因此而退出市场。由此看来，商品的意义远远超出了其在市场上所得的意义。因此，资本主义的社会关系结构不可能确保我们来完完整整地获得产品的社会意义。真正而完整的生产意义被掩藏在交换中的空洞表象之下。也只有在这种真实的意义被系统地从商品中掏得干干净净的情况下，广告才乘虚而入，诱惑人们购买其所宣传的作品。正如苏特·杰哈利所言："商品拜物教中最重要的就是挖空商品的意义，藏匿真实的社会关系，通过人们的劳动将社会关系客体化于商品中，然后再使虚幻的/符号的社会关系乘虚而入，在间接的层面上建构意义。生产已被掏空，广告重新填充，真实在虚幻的遮掩之下已经无影无踪。"①

那么，广告建构什么样的意义呢？显然，在这里，广告不会站在消费者立场上来替消费者说话，而是站在生产者的立场上"起着拉皮条的作用"。为了完成这一作用它就必须刺激消费者病态的欲望，培养消费者的过度和放纵，这样，"愉快、悠闲、勾引和色情生活全部都被带进了货币力量和商品生产的范围之中……广告和商业文化破坏了它们意象中的生产的一切痕迹，强化了在市场交换过程中自动出现的拜物教"②。所以哈维对此评价道："后现代关注的是能指而非所指，强调符号而非事物，强调美学而非伦理学，使人想到的是强化货币的作用，而不是像马克思描述的那样转变货币的作用。"③ 真可谓一语中的。

---

① ［美］苏特·杰哈利：《广告符码——消费社会中的政治经济学和拜物现象》，第61页。
② ［美］戴维·哈维：《后现代的状况——对文化变迁之缘起的探究》，阎嘉译，商务印书馆2003年版，第137页。
③ ［美］戴维·哈维：《后现代的状况——对文化变迁之缘起的探究》，第137页。

实际上，作为促销商品的广告起初并不像今天我们所想象的那样，成为操控人们购物的真正目的。一开始，广告基本上秉持着自己的本色，更多地称颂商品本身的使用价值，其焦点对准产品的使用价值。但是到了后来，特别是社会的发展由生产型社会转变为消费型社会之后，广告的焦点，就从注重商品本身转向注重产品的对消费者的诉求。"广告的信息历史性地从强调物质功能为中心……转移到强调人的欲望为中心……又转移到强调个人与小群体的生活方式……最后转移到强调在整体的社会形态中，物我一体的感觉，难道这些都是一个偶然的巧合吗？"[1] 如果说前期的广告主要在与其他商品的比较中以突出其所宣传的产品本身的优越性，那么，后期广告的目的不在于商品本身，而总是以愉悦的环境，或以有吸引力的模特与演员来烘托产品，或用专门的美学知识控制和宰制消费者的消费意向，将消费者并不真正需要的商品交给他们，为了营造一种伪消费的消费需求，显然，单靠商品本身是实现不了商品的最终目的的。

为了实现这一目的，广告商们都不约而同地借助于符号来完成这一工作，一如鲍德里亚所言，消费系统并非建立在对需求和享受的迫切要求上，而是建立在对某种符号（物品和符号）和区分的编码上。实际的情形是，在符号的基础上，广告并没有实事求是地反映产品本身所具有的真实意义，而是与产品销售商沆瀣一气地"蒙骗"消费者。为了实现这一目的，广告商们都不约而同地借助于符号来完成这一工作，这是和符号自身的特点密切相关的，正是符号的能指对所指的反噬特点与广告的诉求达到了本性上的一致。正如罗兰·巴特所说："一切广告都言说着产品（这是其涵指），而它却叙事着其他事物（这是其直指）。"[2] 因为生产者生产商品的最终目的就是要把自己所生产的产品让消费者来购买，处在财富极为丰富、商品过剩的消费时代，为了避免产品的滞销而陷入卖不出去的困境，如何使"剩余物"让人们所购买，成为销售者挖空心思不得不面对的课题，广告就成为生产商为推销产品而营造"意义"消

---

[1] Lvant. *On the Religion of Use-Value*, unpubished Xerox, university of Regina. 1983, p. 83.

[2] ［法］罗兰·巴特：《符号学历险》，第186页。

费的锐利武器，为满足和刺激人们的欲望需求发挥着推波助澜的作用。那么，广告是如何实施它的这一目的的呢？

首先，广告通过欲望刺激方式来诱导人们对商品的消费。按照鲍德里亚的理解，人类的需求系统大致而言可以分为生理需要和心理需要。在人的生理需要阶段，一个人最起码知道他需要什么，即作为一个人他总要吃、喝、睡、繁衍、居住，等等。但是当超越了人的生理需要之后，人就不知道他需要什么了，人的这种需要就会被其所生活的社会文化系统所操控。正如鲍德里亚所言："显而易见，心理需求与'生理'需求不同，它是建立在'有决定自由的收入'和选择自由基础之上的，因而能够无情地加以控制……承认消费者的自由和主权只是个骗局。"① 处在一个差异化的社会，人的社会方面的需求就会在与周围人的心理攀比过程中来确定，而处在一个永远等级化的社会，一个人的欲望需求就成了永无止境的追求。人类的贪欲是无法满足的，正如贝尔所言："欲求超过了生理本能，进入心理层次，它因而是无限的要求。"② 这一点正如古语所言"欲壑难填""人心不足蛇吞象"等，一首脍炙人口的明诗更是揭示了古今中外人类普遍性的对欲望的贪得无厌的追求：

> 终日奔波只为饥，方才一饱便思衣；
> 衣食两般皆俱足，又想娇容美貌妻；
> 娶得美妻生下子，恨无田地少根基；
> 买得田园多广阔，出入无船少马骑；
> 槽头扣了骡和马，叹无官职被人欺；
> 县丞主簿还嫌小，又要朝中挂紫衣；
> 作了皇帝求仙术，更想登天跨鹤飞；
> 若要世人求仙术，除非南柯一梦西。③

---

① ［法］鲍德里亚：《消费社会》，第 44 页。
② ［美］丹尼尔·贝尔：《后工业社会的来临——对社会预测的一项探索》，高铦译，商务印书馆 1984 年版，第 68 页。
③ 叶舟：《在北大讲解脱之道》，广西科学技术出版社 2008 年版，第 1 页。

对于古人而言，这种对欲望的追求体现在对功名利禄等外在欲望的实现上；而对于当代人也不例外，在实现自己的欲望追求过程中，欲望更多的是以商品化方式呈现出来的，广告正是利用这一点不断地制造物品神话，以趋时鹜新、花样翻新的方式不断满足人们永不落伍的欲望追求。"广告既不让人去理解，也不让人去学习，而是让人去希望，在此意义上，它是一种预言性话语，它所说的并不代表天生的真相（物品使用价值的真相），由它表明的预言性符号所代表的现实推动着人们在日后去加以证实。这才是其效率模式。它使物品成为一种伪事件，后者将通过消费者对其话语的认同而变成日常生活中的真实事件。"① 在广告的共谋下，人们被撺掇去购买逾越他们实际需要的商品，正如有学者所言："现代商品社会不断鼓励甚至强迫人们超越或逾越他们的需要，或用一种过时的说法：对奢侈的需求，人们被说服要消费多于他们真正需要的东西，这是现代社会大多数——如果不是全部——苦难的原因。"② 正基于此，我们看到广告并不把宣传商品本身的性能作为主要目的，而是选取更多的社会名流和明星大腕作为产品的形象代言，似乎人们买了某位形象代言人的商品，人们就也会享受像明星一样的奢华生活，从而制造一种消费幻象，使人们丧失了对商品的真实感觉。在广告的作用下，奢侈品也会很快地变成必需品。

其次，广告通过符号修辞来实现对人的"消费控制"。结构主义语言学家告诉我们，意义是不同词之间差异关系的结果，语言的关键与其说是词与物的关系，还不如说是依赖于差异标志（differential mark）的任意指定。因而，广告并没有把语言预设为一种实在之物的指涉，而是将其预设为能指之间的任意关联。广告径自排列能指，悖逆它们的正常所指。因此对于大多数现在完全标准化和一致化的产品来说，譬如不同商标的洗衣粉、牙膏、洗头液、香烟中，实际上并没有丝毫的客观差异，但是在广告的作用下，往往这些产品却似乎有着本质上的差异。符号不是作

---

① ［法］鲍德里亚：《消费社会》，第97页。
② ［芬］尤卡·格罗瑙：《趣味社会学》，向建华译，南京大学出版社2002年版，第84页。

为商品的指代功能而存在，相反，"通过广告、大众传媒和商品的展陈技巧，赋予了商品新的影像和符号，全面激发人们广泛的感觉联想和欲望，鼓励个体购买对于商品的非实用性态度，从而从购买的物品中来彰显物品所有者独特的个性。在广告符号中，符号或是通过重复来对接受者加以限制或是通过开启下意识情感反应来指向接受者的动机。这是因为广告并不是站在消费者的立场而是站在销售商的立场，为了替雇主服务，广告就把与所要销售的产品（符号学意义上的所指）并不具有必然联系的意义（能指）'嫁接'到该产品上，独具匠心地把罗曼蒂克、珍奇异宝、欲望、美、成功、共同体、科学进步与舒适生活等等各种意象附着于肥皂、洗衣机、摩托车及酒精饮品等平庸的消费品之上"①。对于趣味、欲望和判断等这些似乎漂亮的理由对于商品的说明，尽管在多数情况下是真诚的，但它们却是非理性的。

对于符号的这种功能，我们也可以从杰姆逊在考察当代资本主义社会时，对于香烟这种商品的分析上充分地体现出来。

> 在资本主义社会，垄断是商品生产的一个特征，产品都是成批地生产，而且，都是大同小异。比方说有五家香烟公司，生产的香烟基本上都一样，生产技术都是同一水平，那么怎样才能推销这些大同小异的香烟呢？人们于是给不同的香烟一个不同的形象，然后说服消费者相信各种香烟的味道都是独特的。他们会说"万宝路"抽起来不同于"温斯敦"，虽然两种香烟的味道实际上是一样的。这就要求让消费者相信在抽"万宝路"时，他能够获得一种特殊的东西。因此"万宝路"香烟总是和西部的风光、马背上的好汉、辽阔的空间等等联系在一起，这样就产生了不同的精神商品，不同的物神。②

---

① [英] 迈克·费瑟斯通：《消费文化与后现代主义》，刘精明译，译林出版社 2000 年版，第 21 页。
② [美] 弗里德里克·杰姆逊：《后现代主义与文化理论》，唐小兵译，北京大学出版社 1997 年版，第 221 页。

在广告的作用下，购买香烟者似乎不是在吸烟，而是在吸烟卷的形象，虽然杰姆逊的分析是针对香烟而言的，但对所有的商品都适用。同样，妇女们也不是在购物，而是在寻求青春、成功和爱情的形象，所以产品本身并非人们的兴趣所在，必须在产品上嫁接一套与该产品没有内在联系的意义才能把它卖掉。由此，"我们看到名称、包装和一切可称为'标志形象'的东西的作用，做买卖就是在出售象征符号，这些象征符号就是在完全非理性的超意识和潜意识各个平面上发挥作用"[①]。所以生产商在生产商品时，虽然产品的性能与质量和用途大同小异，但生产商总是要处心积虑地生产出同一类型不同型号的商品，而且还煞费苦心地通过广告等传媒方式为每一种型号的商品赋予其各自不同的价值，以此把其作为兜售给消费者的"卖点"，譬如，梅赛德斯提供了76种不同的喷漆和697种内在装饰供消费者选择，消费者也在销售商巧舌如簧、甜言蜜语地肆意渲染和诱导下，信以为真地购买了这种商品。广告的这种拼贴性修辞伎俩也在目前中国的市场上粉墨登场，如火如荼地上演着"挂羊头，卖狗肉"的策略，正像"谎言"说上一次是谎言，而谎言如果说上百次就可能成为真理那样。正是在广告符号这种喧宾夺主般"美丽的谎言"地蛊惑诱导下，人们心甘情愿地做自己制造的符号的奴隶，自我陶醉和自我目眩心撩，以至于人们在日常生活中失去了理性的观察力和判断力，成为一个失去自我主体而被广告牵引和麻醉的"受控消费的动物"。

这种通过形象观念，信息观念，以及通过公众的内心动机的了解来操纵公众，已成为目前我们文化的一种关键，这种观念已经大大地超出了广告的范畴，甚至进入了政治领域和社会关系领域。正如美国媒介学家马克·波斯特对于广告现象所总结的那样，"在人文道德语域内，电视广告是操纵性的、欺骗性的、令人厌恶的；它们唆使消费者作出'非理性'的决定，并且鼓励'只图眼前的快活'这种吸毒心态、这种虚假地解决人生问题之计。在市场营销语域，人们评价广告也根据电视广告'创造有效的（对产品的）需求'的能力。在民主政治语域中，电视广告

[①]［法］皮埃尔·吉罗：《符号学概论》，怀宇译，四川人民出版社1988年版，第133页。

从根本上瓦解了选民的独立思维,削弱了选民辨别真伪、甄别真幻的能力,把他们推到一种被动的冷漠状态。在马克思的社会批判语域,电视广告刺激起种种偏离工人阶级革命目标的虚假需求,只不过起到了经济充气的作用,而生产者又控制不了这种经济"①。在国内,一些心怀不轨的招摇撞骗之士故意用一些老百姓根本不明真相的时髦术语嫁接在平淡无奇的商品上,坑蒙普通消费者从中牟取暴利的不良现象,在中国的屡屡得手,不正是商品广告符号学上演的活幕剧吗?

　　由此看来,鲍德里亚和马克思虽然所处的时代不同,但两人都无一例外地看到了作为意识符号系统的资本符号对物的超强编码,不但使物之本性隐而不彰,而且连锁般地带来诸多始料未及的危机。

---

① [加]马歇尔·麦克卢汉:《理解媒介——论人的延伸》,何道宽译,商务印书馆2009年版,第86—87页。

第 四 章

符号唯心主义危机

在当今这个时代，人们更愿意用符号代替事物的所指、用复制代替原创、用幻想代替真实、用表象代替本质……幻觉一旦是神圣的，真理就会被亵渎。不仅如此，神圣的强化相应地会带来幻想的增加，真理的减少，导致最高程度的幻想往往来源于最大程度的神化。①

——路德维希·费尔巴哈

如果说现代社会人们通过思想领域的革命把盘踞在人类精神中的上帝驱逐之后，获得了思想的大解放；那么，在现实生活中，人们又迎来了一位统治自己的新上帝——符号，即由宗教观念的统治转变为符号的统治，这一作为符号新上帝对人的统治较之于宗教思想的统治更为广泛和深入。正如科西克所说："到了19世纪，至上的实在不再以超验的上帝（即关于人与自然的神秘化观念）的身份在天国实行统治；而是下降到地上，以超验的'经济'（即拜物教化的人类物质产品）的身份实行统治。"② 这一符号统治既是马克思所说的"抽象对人的统治"，也是哈贝马斯所讲的不同于古代社会血缘统治和传统社会权力统治的资本统治。从而造成社会发展的合法化危机。具体表现在拜金主义价值观念的盛行，公共领域被媒介广告话语所垄断，物性的丧失和生态的危机等。

---

① Georges Bataille, *the Accursed Share: An Essay On General Economy*, Volume, consumption, Trans, Robert Hurley, New York, Zone Books, 1998, perface.

② ［捷克］卡莱尔·科西克：《具体的辩证法》，傅小平译，社会科学文献出版社1989年版，第85页。

第一节　价值的颠覆

符号自身在发展的过程中，基于膨胀的利益博弈等诸多因素所形成的能指与所指的背离而造成的能指僭越所指之上的"能指游戏"。使符号愈鹜愈远离开了其奠基的良善愿望，脱离了物之"真际"而反缚于一套自主、自律、自控的形式符号系统，其重要的原因在于符号的"唯心主义"特质。这种符号唯心主义的特质，从现实的层面而言，是与人类社会高度发达物质文明密不可分，也与人类需求的不断提升相联系。在物质匮乏的农业社会和工业社会，由于科学技术发展的水平较低，人的物质生产能力低下，物质产品严重不足，不断增加物质消费，提高物质消费水平是当时人们在生产和生活中的主要任务，人们购买物品更多的是为了满足人的生理需求，符号消费还不过是生活的点缀。但是在工业革命的后期，随着科学技术的不断进步，人类对自然的控制和改造能力迅速提高，各类物质产品达到了前所未有的丰富，人类的物质消费水平也显著地提高，绝大多数人在自己的生存需求得到满足后，物质消费的边际效用就开始递减，而精神需求的要求就开始提升，这样符号消费占据人们消费的主导。[1]

就像贺麟先生所言："唯心论是因科学发达、知识进步而去研究科学的前提知识条件，因物质文明发达而去寻求创造物质文明、驾驭物质文明的心的自然产物。故物质文明与科学知识最发达的时代，往往唯心论也愈盛……无创造物质文明、驾驭物质文明的需要，无精神上的困难需得征服的自然人，绝不会感觉精神的重要，绝不会发生唯心的思想。"[2] 就理论层面而言，这种"符号唯心主义"的特质就在于意识哲学的理性化所导致的"身心二分""以心控身"所引起的主体对客体的支配性统治，这实际上是肇端于近代笛卡儿祛身化意识哲学所致的结果。这一思想对符号学的影响就体现在：一方面，符号中所指与能指的

---

[1]　柳洲：《后现代经济的本质：广义符号经济》，《经济学家》2007年第1期。
[2]　贺麟：《近代唯心论简释》，上海人民出版社2009年版，第4页。

分离，以及能指僭越于所指之上，变成了能指在脱离所指的情况下的随意"赋义"行为。另一方面，这种意识哲学的理性化还体现在这种概念符号系统的共时性特点对物的历时性特点的抹杀，从而使一个原本充满丰富性和多样性且具有生机与活力的事物成为符号宰制下的同一之物。

其实，在这种符号发展的同时，一些有识之士也在不遗余力地展开对这种符号唯心主义批判。就货币符号而言，首先货币符号在任何时候、任何情况下，都是从交换过程中自然产生的，它是交换关系的产物，是客观的交换关系派生出来的货币符号，而不是货币符号演绎出交换关系和交换物。但是，人们在实践中却颠倒和混淆了二者之间的关系，一切实在的产品和劳动竟成为货币的代表，往往把与货币发生关系的交换对象当作货币符号的派生物，从而导致货币拜物教和拜金主义的盛行。正如马克思所说："货币的量越来越成为它的唯一的强有力的属性，正像货币把任何存在物归结为它的抽象一样，它也在自己本身的运动中把自己本身归结为量的存在物。无度和过度成为了货币的真正尺度。"① 在早期的《1844年经济学—哲学手稿》中，青年马克思就借莎士比亚之口对货币凌驾于一切之上的现象发出情感的控诉："这东西，只这一点点儿，它足以使黑的变成白的，丑的变成美的；邪恶的变成善良，衰老变成年少，怯懦变成英勇，卑贱变成崇高。它……能将祭司诱离神坛，从将要康复的病人头上撤去枕头。……它给人老珠黄的寡妇领来求婚者；使那疮口流着毒脓、被人厌恶地赶出病院的女人，恢复五月香花一般的青春。万恶的金钱，你这人尽可夫的娼妓，你这在各国人民之间挑起纷争的祸根。"这也为我们揭示了货币的这种倒行逆施、颠倒黑白的通天力量。"它把坚贞变成背叛，把爱变成恨，把恨变成爱，把德行变成邪恶，把邪恶变成德行，把奴隶变成主人，把主人变成奴隶，把愚蠢变成明智，把明智变成愚蠢。"② 在这里马克思借用莎翁的话深刻地批判了在货币符号

---

① [德]马克思：《1844年经济学—哲学手稿》，人民出版社1979年版，刘丕坤译，第85页。着重号为原文所加。

② [德]马克思：《1844年经济学—哲学手稿》，第108页。

的作用下人的社会生活、经济生活和精神生活日益的单向度化，给个体生命所带来的难以医治的创伤。更重要的是，随着货币符号向资本符号的推进，马克思又揭示了笼罩在资本符号下"钱能生钱"的神秘面纱，通过符号的解魅，揭示了资本符号增殖的秘密乃是工人阶级所创造的剩余价值。激烈地批评了作为资本的货币符号所带给人的身心之摧残。以至于"劳动者在自己的劳动中并不肯定自己，而是否定自己，并不感到幸福，而是感到不幸，并不自由地发挥人的肉体和精神，而是使人的肉体受到损伤，精神遭到摧残"①。从而使"动物的东西变成了人的东西，而人的东西变成了动物的东西"②。对于人与物的这种颠倒的关系，马克思写道："我们的一切发明和进步，似乎结果是使物质力量成为有智慧的生命，而人的生命则化为愚钝的物质力量。"③ "人本来是物的占有者，现在，被人生产出来的物似乎具有了独立的生命，现实的生命荒谬地成为资本增殖的工具和机器，以物化的存在证明自己的价值和本质力量，人失去了自身生命的全面性，失去了自由自觉活动的本性，被自己的对象物控制和奴役，人本身的价值虚无化了。"④ 个人的本质力量的丰富性被单一化为货币。货币又以"万能者"的姿态来实现自己不能实现的本质性力量。正如马克思所说："由于货币而为我存在的东西，我所能偿付的东西，也即货币所能购买的东西，就是我这个货币持有者本身，货币的力量有多大，我的力量就有多大。货币的特性就是我这个货币持有者的特性和本质力量。因此，我是什么和我能够做什么，这绝不是由我的个性来决定的。我是丑的，但是我能为自己买到最美丽的女人。所以，我并不丑，因为丑的作用，它的使人见而生厌的力量，被货币化为乌有了。我——就我作为一个个人的性质而言——是个跛子，可是货币给我弄到了二十四只脚；所以，我并不是跛子。我是一个邪恶的、不诚实的、没有良心的、没有头脑的人，可是货币是受尊敬的，所以，它的持有者也受尊敬。货币是最高的善，所以，它的持有者也是善的。此外，货币还

---

① [德] 马克思：《1844年经济学—哲学手稿》，第47页。
② [德] 马克思：《1844年经济学—哲学手稿》，第48页。
③ 《马克思恩格斯选集》（第1卷），人民出版社2012年版，第776页。
④ 张有奎：《资本逻辑与虚无主义的批判》，《哲学动态》2011年第8期。

使我不必为成为一个不诚实的人而大伤脑筋，所以我事先被认定是诚实的。我是没有头脑的，可是货币是万物的实际的头脑，它的持有者又怎么会没有头脑呢？而且，它还可以给自己买到头脑聪明的人，而且有权支配头脑聪明的人，岂不比他们更聪明吗？既然我能够凭借货币得到人的心灵所渴望的一切东西，我岂不具有人的一切能力吗？总之，我的货币岂不是把我的一切无能变成它的反面吗？"①因此，"凡是我作为人所不能做到的，也即我个人的一切本质力量所不能做到的，我借助于货币都能做到。因此，货币把这些本质力量的每一种本质力量都变成它本来所不是的那个东西，亦即变成它的对立物"②。这样，"货币——作为外在的、并非来源于作为人和作为社会的人类社会的、能够把观念变成现实而把现实变成纯观念的普遍手段和能力——一方面，它把人和自然界的现实的本质力量变成了纯抽象的观念，并因而变成不完善的东西和使人痛苦的妄想；另一方面，同样地也把现实的不完善的东西和妄想，把个人的实际上的无力、只存在于个人想象中的本质力量，变成现实的本质力量和能力。因此，按照这个特征说来，货币乃是对个性的普遍颠倒：它把个性变成它们的对立物，赋予个性以与它的〔现实〕特性相矛盾的特性"③。

另外，这种对货币符号的膜拜以及货币符号自我增殖的假象，固然在经济发展过程中促进了经济发展，在投融资方面可以激发经济发展的活力，但其自身并不带来经济总量（GDP）的增长，只是货币之间流量的盈亏流转而已。这样的符号经济容易滋生经济生活中大量的"食利者"阶层，因为符号经济中的投资者们，他们并不从事实体经济的生产，但他们却分享了实体经济的利润增长，从而极大地挫伤了人们从事实体经济的积极性。此外，符号经济的发展也可能给人们带来了难以预料的发展风险，因为符号经济在其发展过程中必须具有良好的信用价值和完善的借贷系统方面的制度支撑，一旦支撑符号经济的制度系统处于瘫痪状

---

① ［德］马克思：《1844年经济学—哲学手稿》，第106页。着重号为原文所加。
② ［德］马克思：《1844年经济学—哲学手稿》，第107页。着重号为原文所加。
③ ［德］马克思：《1844年经济学—哲学手稿》，第108页。着重号为原文所加。

态，那么符号经济的发展就会因此而使经济发展面临崩溃状态。美国因房地产市场所引发的全球"多米诺骨牌效应"般的次贷金融危机，就使我们每一个人看到建立在货币信贷基础上依赖于指称和代码的人类符号体系的现代金融体系自身的脆弱性。因此，从根本上说，当今的次贷危机与其说是西方经济制度的危机，不如说是植根于意识符号系统中能指与所指的严格分离，植根于符号与生俱来的"唯心主义"，以及植根这种"唯心主义"所导致的"以名乱实"的"符号暴力"。消费社会的鲍德里亚，则提出了一种商品自身的符号价值，从某种意义而言，这不过是立足于符号学基础上对商品自由地"赋义"行为，其实质仍是执迷于符号唯心主义的结果。

第二节　真实的谎言

在符号的发展过程中，商品符号的"能指"凌驾于"所指"的"不及物"思想，使得广告再也不是围绕着一般意义上的告知或宣传的观念建构起来了，而是日益适合于通过各种形象来操纵各种欲望和趣味，那些形象和要销售的产品可能有，也可能没有什么关系，如果我们把现代广告同直接有关的金钱、性和权力剥离开来后，就几乎剩不下什么东西。[①] 因此广告不但以符号的形式在建构人们的虚假消费，而且蛊惑和诱导消费者，使消费者所购买的商品并不是基于商品本身的使用功能，而是广告所宣扬的凸显其等级身份的符号价值。广告的这种现象最为集中地体现在当今社会的身体消费上。如果说在古代宗教社会，身体还是人们的一种话语禁忌的话，那么在现代，随着身体的诸多禁忌被打破之后，身体特别是女性的身体成为广告的主题，无论是美容化妆，还是时装保健，无不受到媒介符号的引导，从而使开发身体、管理身体、美化身体、保养身体成为经济发展的命脉，使身体还未摆脱生产主义的异化牢笼，又陷入消费主义的陷阱。以至于人的身体在广告符号的引导下成为了同质化、标准化的身体。

---

① ［美］戴维·哈维：《后现代的状况——对文化变迁之缘起的探究》，第359页。

另外，企业的开支重心从产品开发转向了市场调查。电视广告把企业从生产有价值的产品引向了设法使消费者感觉产品是有价值的。亦即，在经济生产中，由于生产厂家不注重产品质量升级改造反而在广告营销、符码统治方面斥以巨资，大做文章，不但欺骗了消费者使消费者购买了徒有虚名的商品，还因大部分产品利润被广告商所分割而使自己在投资方面捉襟见肘，导致扩大再生产因资金短缺而陷入困境。前者就体现在许多丧失良知、不负责任的名流大腕为华而不实的商品做广告形象代言而身陷官司，害人害己。[①] 后者就体现在许多在央视黄金时段成为广告标王的企业昙花一现，风光不再。[②] 在这方面，让我们一方面见识了广告在传媒技术的给力下，广告传播所可能获得的巨大的利润回报，这种巨大的利润回报可能是生产技术的改进和扩大投资所无法比拟的，以至于投资形象建构（赞助艺术、展览会、电视制作）变得跟投资于新工厂和机器一样重要。这也是导致许多企业在产品生产过程中不在产品本身质量的提高上下功夫，而一味地在产品的广告宣传上下赌注的缘由所在。我们目睹了很多大牌演员由于高额利润的诱惑，不惜屈从于拙劣的导演，充当欺世的代言人，而身陷"广告门"事件。在这方面，作为典型，莫过于哈尔滨制药六厂"严迪""盖中盖""泻立停"产品的如火如荼的广告攻势。这个企业的总资产不过上亿元，但是，企业2000年投入电视广告的费用竟然7亿元左右。当然，这样的投资对于哈药六厂而言，绝非盲目投资也确实产生了一定实效：1999年的广告投入已经为企业增加了46%的利润——哈药六厂税后利润从1998年的1698万元增至1999年的2483万元。还有一个令人深思的是，演员巩俐代言"盖中盖"的广告所得的报酬是220万元，而该厂1999年投入的科研开发资金仅为234万元。类似这样的企业还有很多，不管怎样看待这个现象，人们不免看到这些

[①] 众所周知，近年来许多明星人物纷纷代言广告产品，但由于他们在赚取巨额广告费用的同时根本没有注重自己所代言产品本身的质量，结果，受其诱导，许多消费者在使用了他们所代言的产品后，不但未能达到他们所代言的效果，反而因此受害。

[②] 近年来，很多企业不注重产品研发、质量提高，却不惜把更多的资金投入在产品的营销策略上，结果使企业因此背上了沉重的债务负担，而使企业的持续发展举步维艰，走向了破产倒闭的现象。

蛊惑人心的现象背后所隐藏的某种畸形的颠倒。①

引人深思的是，这种巨额的商品广告的制作费用到底由谁来买单呢？是由商品生产者和销售者来支付吗？还是由媒介这种广告的运营商来支付，显然都不是。他们都不会去做这种赔本的买卖。这些费用最终只能转嫁到购买商品的消费者头上，因为对于前者而言，追求利润的最大化是他们的终极目的，所以投资广告也非他们的目的所在，只不过是在商品云集的时代他们不得已而为之的无奈之举。作为广告运营商的大众传媒，给观众提供的电视节目似乎是"免费的视听盛宴"，但是轮番插播其中的广告也为他们赚得了足够的财富。所以最终的费用只能由购买商品的消费者来支付，这样，消费者在购买自己的商品过程中，就无形之中支付了与所买商品的使用价值毫无关系的广告策划者、制作者即运营商的费用。令人悲哀的是，许多消费者乐此不疲地被符号所引导而不明就里。消费者最终买到的并不是货真价实的商品，而是盛名之下名不副实的"虚假"商品。

第三节　物性的丧失

这种符号统治一切的时代，不但导致人们颠倒了数量和质量、手段和目的之间的关系，从而出现价值观念的颠倒，而且导致了物性的丧失。本来，人所创造的符号是为了服务于人类自己的目的，但是，如今符号却摆脱了人所赋予他的原初义务，获得了自己的主体性，反过来成为统治人的上帝。正如马克思所认为的那样，交换价值对使用价值的僭越使得异质性差异的使用价值被削平为同一性价值一样，事物由质的差异转化为量的同一。人类生活中的一切都被纳入了货币符号的算计之中，从而使得那些未能进入这一货币符号系统的事物往往被人们所忽视。西美尔因此而写道："客体的质的本性由于货币经济而失去了其在心理上的重

---

① 有关哈尔滨制药六厂的广告方面的有关报道可参考 2000 年 7 月 27 日《南方周末》第 14 版陈涛的文章《哈药六厂该补啥?》。或可参阅南帆《广告与欲望修辞学》，《天津社会科学》2001 年第 2 期。

要性，根据货币的价值客体持续地被要求进行估价，这最终使之成为唯一有效的评价方式；人们越来越频繁地在那些无法用货币方式表示出来的事物的特殊价值旁快速掠过。它所带来的报复性后果是一种非常现代的感受；生活的核心与意义从我们的手指间一次次溜走，确定无疑的满足感越来越罕见，所有的努力与生活实际上都没有价值。我不希望我们的时代已经完全陷入这种思维状态之中，但是我们正在向一个点靠拢，这一点无疑是用一种单纯的数量价值、一种对纯粹的多或少的兴趣逐步抹杀质量的价值，尽管毕竟只有质量的价值能最终满足我们的要求。"①因此，最为异质的元素被转换成货币这样单一符号，使某样东西值什么的问题逐渐被值多少的问题所替代，从而使对事物最具个性与最具魅力的细致感受力必定会愈益萎缩，使那些最为对立者、最为相异者和最为疏远者都在货币这里找到了公约数，事物最内在的价值受到了损害，这是平均化过程都有的悲剧。

正是由于货币把事物都化约为一个普遍性的标准和最小公分母，从而使得对待事物包括人身的价值都可以通过货币的形式来算计，致使货币达到了无所不能、至高无上的地步。马克思针对货币作为"万能者"的作用而写道：譬如说一个人如果获罪他可能通过货币赔偿而得到获释，灾难性事故的受害者也可能通过货币来抚平受害者家属心灵中的创伤。服役者用货币可以免除自己的劳役之苦。更重要的是，货币也成为人们权衡事物价值的重要尺度。养成了人们的算计性的思维特性。西美尔也认识到："现代人用以对付世界，用以调整其内在的——一个人和社会的——关系的精神功能大部分可称作为算计性（calculative）功能，这些功能的认知理念是把世界设想成一个巨大的算术题，把发生的事件和事物质的规定性当成一个数字系统。"②紧接着他又写道："我们时代的这种心理特点与古代更加冲动的、不顾一切的、更受情绪影响的性格针锋相对，在我看来，它与货币经济又有非常紧密的因果关系，货币经济迫使

---

① ［德］齐奥尔格·西美尔：《时尚的哲学》，费勇等译，文化艺术出版社 2001 年版，第 102 页。

② ［德］齐奥尔格·西美尔：《货币哲学》，华夏出版社 2002 年版，第 358 页。

我们在日常事务的处理中，必须不断地进行数学计算。许多人的生活充斥着这种对质的价值进行评估、盘算和计算，并把它们简化成量的价值的行为。货币估算的闯入，教导人们对每一种价值锱铢必较，从而迫使一种更高的精确性和界限的明晰性进入生活内容……虽然它们对高尚生活的内容并无补益。"① 正是在这种算计性思维的左右下，人类生活中所具有的崇高的目的、美好的情愫和良好的道德等都在货币的过滤下被荡涤了，成为可以称斤论价的商品。正如鲍德里亚所说的那样，"时尚中美与丑的互换、物体层面上有用和无用的互换、一切意指层面上自然与文化的互换。所有那些伟大的人文主义价值标准，具有道德、美学、实践判断力的整个文明的标准，都在我们这种图像和符号系统中消失了，一切都变得不可判定"②。鲍德里亚极端地将其称之为"资本普及化的妓院"。也正是由于物的符号化，人们看重的是物的符号性质而非物品性质，从而使物之本性丧失殆尽，而物之符号颇受青睐。

无独有偶，海德格尔虽然没有对货币问题发表自己的看法，但是他也提出了和西美尔几乎相同的思想，即当代社会的计算性思维甚嚣尘上。这种计算性思维，海德格尔亦称之为"表象性思维"，"表象在此意味：从自身而来把某物摆置（stellen）到面前来，并把被摆置者确证为某个被摆置者。这种确证必然是一种计算，因为只有可计算状态才能担保要表象的东西预先并且持续地是确定的。表象不再是对在场者的觉知（Vernehmen），这种觉知本身就归属于在场者之无蔽状态，而且是作为一种特有的在场归属于无蔽的在场者。表象不再是'为……自行解蔽'，而是'对……的把捉和掌握'"③。这种思维的一大特点在于把物树立为对象，然后对该对象进行"座架化"处理，而在这种对象化的处理中，外在世界的一切被无情地贯彻到主体自我的意图设计之中，而主体自我的设计又都在"有用性"的理念下得以进行。在这种主体性形而上思想下所形成的"算计性思维"，虽然其出发点有所不同，但二者都殊途同归地反映

---

① ［德］齐奥尔格·西美尔：《货币哲学》，第359页。
② ［法］鲍德里亚：《象征交换与死亡》，车槿山译，译林出版社2006年版，第7页。
③ ［德］马丁·海德格尔：《海德格尔选集》，孙周兴编，生活·读书·新知三联书店1996年版，第918页。

了当代社会在算计性思维的辖域下所具有的一种普遍功利主义精神，以及在这种功利主义思想下物之物性的荡然无存。

而在货币符号下所形成的这种计算性思维模式一旦和资本的功利主义结合在一起的时候，它就可能成为世俗社会人们权衡事物的一切尺度，也成为人们普适性的价值追求。在这种价值追求的影响下，有用性的就是有价值的，没用的就是无价值的，从而使物本身多样性的本性在这样的强光过滤下丧失殆尽。

第四节 生态危机

这种符号唯心主义还体现在对资本符号的过度追逐所导致的人类愈益严重的生态危机。目前生态危机已经成为人类社会的普遍共识，但是在追溯导致这一危机发生的内在根源上，人们并没有达成一致性的意见。笔者认为符号唯心主义是导致这一危机发生的重要原因。符号唯心主义之所以会导致生态危机，一个主要的原因在于资本逻辑导演下人类欲望肆意膨胀。本来欲望是人类的本性，人也是通过向自然的索取和转换资源的方式来满足人的基本生存所需。只要人类对欲望的满足是不以破坏人类自己的生存环境为代价都是合理的，但是，当人类的欲望被符码化以后，欲望的本质就发生了变化，这一欲望无论是在生产领域还是消费领域，都是以刺激和诱惑人的非实质性的需要为目的。资本主义生产商品的目的，并不是为了满足人们的生活所需，而是为了追逐更多的剩余价值。而为了达到这一目的，使得商品本身发生了两次华丽转身。一次是商品的使用价值向交换价值的转换；一次是商品的使用价值向符号价值的转换。如果说前者的目的在于把人们永无餍足的欲望数量化，从而使人们逾越了对具体实物的占有，使欲望成为不占体积的数字；那么，后者则在于通过附加于商品之上的符号的营销手段来满足人们对于物欲的追求。不管如何，两者的目的都在于促使欲望的最大化发展，并通过欲望的最大化的兑现来证明自己存在的价值。

为了满足这些被夸张化的欲望，人类就不得不在对大自然无穷过度的索取中实现人类并不合理的欲望追求，在对资源环境的消耗中满足自己的需要。正是这一现象导致了自然资源的日益枯竭,生态环境的日益恶化,地球上的物种在急剧地减少,全球变暖,如果以此速度往下发展,人类的环境危机、能源危机、精神危机等生态危机为期不远。生态危机成为与经济危机同等重要甚而更为严重的社会危机,并将使人类日益丧失作为安身立命之根的自然生态环境。正如经济学家戴利所言:"贪得无厌的人类在心理和精神方面的饥渴是不会饱足的,实际上,眼下为越来越多的人生产越来越多的东西的疯狂愚行还在加剧着人类的饥渴。备受无穷贪欲的折磨,现代人的搜刮已进入误区,他们凶猛的抓挠,正在使生命赖以支持的地球方舟的循环系统——生物圈渗出血来。"[①] 就是由于在资本符号逐利性的驱使下,赚钱和占有更多的财富成为人们的全部追求,利己主义价值观念普遍流行。这一价值观表现在人与自然的关系上就是人类中心主义,这种人类中心主义为了满足人类无限膨胀的欲望而片面地强调人类对自然的控制和奴役,直接导致自然环境的恶化。对于人类这种过分贪婪的欲望,如果人类自身还不自省的话,人类必将会饱尝自酿的苦果。就像美国纽约世界观察研究所艾伦·杜宁给我们援引波兰一位渔夫的故事和希腊国王米达斯的故事,来警告人类放纵欲望的后果。前者讲的是住在海边茅草屋里的一位渔夫,捕到了一条神奇的金鱼,这条鱼答应了他朴实的要求——一座小屋和足够的粮食。一周以后,他不再满足又回到海边向小金鱼要一幢更大的房子,这个要求再次被同意了,但后来,他又要一座城堡和一座宫殿,由于他的贪得无厌,他最后又回到了海边的茅草屋,继续自己贫穷清苦的生活。后者因为同样的贪婪用自己"点石成金"的手指断送了他女儿的生命。[②]

更具讽刺意味的是,这种欲望的符码化统治并不能给人类带来他所期望的幸福。反而导致了人类自身更多的身心痛苦。正如本杰明·富兰克林所说:"金钱从没有使一个人幸福,也永远不会使人幸福。在金钱的本质中,没有产生幸福的东西。一个人拥有的东西越多,他的欲望就越

---

① [美] 赫尔曼·戴利、肯尼思·N. 汤森:《珍惜地球——经济学·生态学·伦理学》,商务印书馆2001年版,第179页。

② [美] 艾伦·杜宁:《多少算够——消费社会和地球的未来》,毕聿译,刘晓君校,吉林人民出版社2004年版,第108—109页。

大。这不是填满一个欲壑,而是制造另一个。"① 这也就是当今人们生活较之以往已经发生了诸多改善的情况下,人类却普遍感到自己的生活并不幸福。就是由于受符号唯心主义的蒙蔽,人类一直在徒劳地企图用物质的东西(货币)来满足不可缺少的社会、心理和精神的需要。所以,和我们的祖辈们比较起来,我们在物质生活的享受方面远非他们能比,但是,在生活的幸福指数上我们却远比不上我们的祖先。"人们不满足,可是他们似乎不知道为什么他们不满足,我们能想象的唯一满足的机会就是比我们现在得到的更多。但是,正是我们现在已经得到的东西使每个人不满足。所以如果得到比我们已经得到的东西更多时,是否使我们更满足呢?还是更不满足?"② 正是由于需要不是来自于我们自己的本真需求,而是被社会伪消费意识形态所定义,在和他人的攀比和"跟上时髦"的角逐中,我们处于心竞物逐的不断提高之中,所以,在某一阶段可能是奢侈品的东西,很快就变成大众生活的必需品。甚至作为体现人的自由和高贵精神的追求的文化,也蜕变为资本盈利的手段,堕落为按照资本原则的最高标准迎合大众口味的文化商品,精神生活因丧失自身的内在性与丰富性而变得物像化、平庸化和狭隘化了。③ 因此,有学者批评当代社会人类普遍表现的拜金主义、虚无主义和享乐主义思潮无不是欲望的资本符号化体现。

总而言之,这种符号能指与所指的颠倒进而能指僭越所指的符号唯心主义肆意泛滥,使人们身不由己身陷其中而难以自拔,更为重要的是,这种符号的统治方式由前期的"上层建筑"的硬性管控转向"意识形态"的"柔风细雨",这种意识符号的全面渗透在西方许多敏锐的思想家那里都有形象深刻的描绘。在本杰明看来,这种意识符号的全面统治,造成了我们身体感觉的全面麻醉,导致了一种商品展示橱窗里的"霓虹式的梦幻影像"(phantasmagoria),犹如毒品一样对人的生命的全面支配。在海德格尔、西美尔笔下,意识符号的全面统治,使以诗意栖居为本真生

---

① [美]艾伦·杜宁:《多少算够——消费社会和地球的未来》,毕聿译,刘晓君校,吉林人民出版社2004年版,第109页。
② [美]艾伦·杜宁:《多少算够——消费社会和地球的未来》,第22页。
③ 张有奎:《资本逻辑与虚无主义的批判》,《哲学动态》2011年第8期。

活方式的人类陷入虚无主义和无家可归的凄惨境地。在福柯看来，这种意识符号的全面统治，带给我们的不仅是社会历史——礼仪机制转变为科学——监督机制，还有度量对身份的取代、计算人对记忆人的取代。在布迪厄笔下，这种意识形态的全面统治，是社会的暴力由一种实质性的强制暴力转变为象征性的温柔暴力。在鲍德里亚眼里，这种意识符号的统治，已由人们对商品的实物消费转变为对商品"品牌""商标"的符号消费。由"真实"转向了"超真实"。人们被符号所俘反以此为荣。①

"险厄存于何处，何处就存在着拯救的力量"（荷尔德林），面对意识符号的诸种危机，思想家们并没有静守旁观、坐以待毙，而是积极寻求破解这一危机的诸种尝试。

---

① 张再林、燕连福等：《身体、两性、家庭及其符号》，西安交通大学出版社2010年版，第9页。

第五章

面向事实本身:符号唯心主义解构之维

> 现象学是关于本质的研究,在现象学看来,一切问题都在于确定本质。但现象学也是一种将本质重新放回存在,不认为人们仅根据"人为性"就能理解人和世界的哲学。它是一种先验的哲学,它悬置自然态度的肯定,以便能理解它们,但它也是这样的一种哲学:在它看来,在进行反省之前,世界作为一种不可剥夺的呈现始终"已经存在",所有的反省努力都在于重新找回这种与世界自然的联系,以便最后给予世界一个哲学地位。①
>
> ——莫里斯·梅洛-庞蒂

面对符号唯心主义给人类所带来的万劫不复的诸多问题,思想家们并没有因此而俯首称臣,听凭符号的发落,而是在批判这一符号唯心主义思想的同时,不遗余力地寻求走出这一危机的诸多尝试。虽然他们就此问题的致思路径和解决问题的方法各自不同,提出的"警世恒言"也千奇百怪,但是摆脱这一符号异化的深渊却是他们共同的志向和追求。在西方这一漫长的历史发展过程中,我们可以列出许多对人类的发展充满了批判精神和忧患意识的哲学家。正是他们先知先觉般的睿智思想,不断地调校着人类社会的发展方向,从而使我们这个世界因此而保持着

---

① [法]莫里斯·梅洛-庞蒂:《知觉现象学》,姜志辉译,商务印书馆2005年版,第1页。

一种健康发展的态势。当然，在这些队伍中，有的批判有余而建设不足，有的则是批判与建设并举。他们为我们了解和认识这个社会提供了重要的思想资源。细绎他们的思想，我们不无惊奇地发现，他们都不约而同地走向了对理性主义主导的意识哲学的批判，对这种"实体形而上学"的批判，反对意识哲学基础上的符号唯心主义思想，反对符号（资本、时尚、广告等）凌驾于人类之上对人的颐指气使的符码统治，也反对用一统不变的所谓永恒的真理来匡正和解决充满变化、日益丰富的社会现实。认为哲学应该放下它凌空蹈虚的高蹈思维，应该回归和关注我们具体而实在的现实生活。有感于此，海德格尔继尼采的"上帝之死"之后，又惊人地提出"哲学的终结"。这种终结不是说哲学就此完成了自己的任务，没有事情可干了，而是指作为意识哲学及其意识哲学的符号表征系统的终结。① 德里达在《宗教》一书中也指出："理性的观念或理想在现时代的境遇中，越来越被设想为一种单纯的迷失，它创造了一种'非人'的科学和技术。这种迷失使人远离人的存在依赖的永恒和可用的基础。"② 就此，孙周兴教授指出了我们已经进入了"后哲学的时代"，而在后哲学时代的突出标志就是超感性世界的自行废黜，在这里，尼采、费尔巴哈对基督教的批判，现代哲学对理性的批判，后现代哲学对符号唯心主义的批判，无不是对意识哲学及其所表征的符号唯心主义的批判。哲学正是在对这一系列思想的批判中，让人类越来越接近我们生活的实际状况，让我们明白这一系列思想背后他们内在不为人知的深层动因。

这一批判既是一种从"同一"哲学走向"差异"哲学，也是一种张扬感性的哲学。但是，这一批判并不意味着人类因此抛弃我们既有的东西而重新构造一个全新的思想体系，而是在对既有思想的检省和批判中，重置人类对社会问题思考的新向度，从而挽救我们这个愈骛愈远符号唯心主义的社会。在这一走向中，人类对这种意识哲学的批判从来就没有终止过，只不过早期的涓涓细流在意识哲学的宏大叙事中被淹没和遮蔽

---

① ［德］马丁·海德格尔：《海德格尔选集》，孙周兴编，第1245页。
② ［法］雅克·德里达、［意］基阿尼·瓦蒂莫：《宗教》，杜小真译，商务印书馆2006年版，第92页。

了而已。随着社会的发展和思想的突围,以黑格尔为代表的意识哲学最终走向了没落,意识哲学成为众矢之的。而在这其中,与意识哲学不共戴天的唯意志主义、现象学、生命哲学、存在主义哲学渐成气候,声讨意识哲学对现实生活的强制性编码,而主张直接面对现实生活本身。而在这一思想的重大转型中,我们发现,原先一些已成定论的共识在新的思维方式的烛照下,都必须悬置重审,在这一悬置重审的过程中,我们并不是把既有的思想打入万劫不复的死牢,而在于寻找这些思想更为本源性的东西,也就是寻找这些思想得以奠基的根源之处。正是在这一意义上,马克思在对黑格尔的批判中走向了实践哲学,海德格尔从"存在者"走向了"存在",舒斯特曼从分析哲学走向了实用主义,继而又从实用主义走向了身体美学。维特根斯坦从符号的语义学走向了符号的语用学,认为符号不仅仅实现对外在世界的指称功能,符号只有在其日常生活的具体用法中才能彰显其真正意义,从而批判了"人类思想史上一种源远流长的趋向,即相信并且努力探求存在于个别事物中所谓共同的、一致的、本质的属性,同时把这种属性作为理解各种个别事物的前提"[①]的符号唯心主义思想,从而告诉我们,对符号的把握必须从符号形而上学的使用转到日常生活的使用上来。也正是有感于工具理性独领风骚而导致人的危机,哈贝马斯主张从符号的"独白"走向符号的"对话",进而主张建立一种立足于真实性、正确性和真诚性基础上的人类有效性交往的"普遍符号学",其良苦用心也是不满于建立在意识符号基础上的资本符号的垄断性统治。梅洛-庞蒂从意识哲学走向了身体哲学,等等。在这众多的思想大家中,一个共同的旨趣就是对先验的、对象化、指义论抽离于现实的意识哲学主导下资本符号的批判,而主张回归意识哲学得以形成的源头活水中去,使哲学回归到前理论、前知识、前逻辑以及生活世界的非对象化之中去。实现哲学对现实生活的直接性诉求,而不是对现实生活的任意性符号编码。

在我们看来,这种对意识哲学和资本符号的双重批判,在某种意义上而言,也就是对现代性的批判,正是意识哲学和资本符号的独霸天下,

---

[①] 李彬:《符号透视:传播内容的本体诠释》,复旦大学出版社2003年版,第187页。

也正是在资本符号的摧枯拉朽所向披靡的力量下，符号的自主和权威正走向了特权化和功利化，它边缘化了感性，并且剥夺了富有感性特征的身体和自然，也歪曲了人们对真理的理解，也正因如此，身体被编码，自然被祛魅，真理被僵化，因而才招致以上哲学家解救人类危机，重返其本然状态。正如张再林教授针对符号对人的生命的宰制而由衷地感叹道："在科学主义祛魅的背后是人的身体及其感觉日益沦丧的'祛身化'，与理性的富有、知识爆炸并行的是感性的贫困、生命感受的江河日下。当人的生命只是为了一味地满足物质需要，当人的身价主要地被金钱、权势、头衔这些身外之物所规定，当人的欲望完全服从商学的广告技术支配，当所有人都被还原为数字和符号，而其性别、亲情连同与祖先的血缘联系都作为非理性的东西被化约掉，当科学家宣称克隆技术可以不假男女之爱而生产人的身体，而计算机技术能够无须人自身的思考而代庖人的大脑，当诗人已经在大学中隐退，而诗意已经在人类社会中匿迹销声，当上述一切的一切都已在当代社会中成为现实之时，这表明了现代主义文明不仅使人失去了其自己支配的身体，而且也把人彻底地打回到动物的原形使其失去了身体之属人感觉的全部丰富性；表明了我们今天不仅要解放身体，而且要把解放身体的感觉理所当然并刻不容缓地提到文明的议事日程。"①

这种符号唯心主义不仅潜移默化地成为人们的一种致思方式，更为触目惊心的是，就像"启蒙辩证法"所揭示的那样，它以貌似真理的方式不再扮演和司职启蒙时代为社会弱者打抱不平的重任，而是不动声色地为以丛林法则为其实质的资本主义生产逻辑辩护，马首是瞻地为巧取豪夺的社会既得利益者代言，并最终实现了从社会意识形态的"批判者"向意识形态的"共谋者"这一社会角色的转换。"人又退回到洞穴中，不过这洞穴现在已被窒息人的文明的瘴气所污染。"② 但是，"自我异化的扬弃跟自我异化走着同一条道路。"③ 对理性的批判和对感性的回归已经暗

---

① 张再林：《作为身体哲学的中国古代哲学》，中国社会科学出版社2008年版，第201页。
② [德] 马克思：《1844年经济学—哲学手稿》，人民出版社1979年版，刘丕坤译，第86页。
③ [德] 马克思：《1844年经济学—哲学手稿》，第70页。

潮涌动，一种重启人类生存希望的新思想救亡运动已经上演。由于笔者目前的学识所限，仅以舒斯特曼的身体思想转向、海德格尔的对自然与真理的重新诠释为例，来说明哲学回归感性世界的理论努力。

第一节 从被编码的身体走向感性的身体①

与欧洲大陆理性主义美学不同，20世纪英美美学分别由英国分析美学和美国实用主义美学构成。它们都以批判理性形而上学为职志，在反对形而上学过程中，分析美学一度成为英美美学的主流，以至于土生土长的美国实用主义美学几乎被强大的分析美学所统治。然而随着美国本土对自己民族文化认同的诉求，加之分析美学自身仅仅囿于语言分析的科学主义局限，使得一度处于沉寂的实用主义美学日益受到向来崇尚实用精神的美国学者的重视，甚至一些曾经热衷于分析美学研究的学者，也纷纷把关注的眼光转向了颇受冷遇的实用主义美学，舒斯特曼就是其中一个杰出代表。

舒斯特曼之所以要从盛极一时的分析美学转向实用主义美学，源自美学实践和对美学的重新认识。1985年，舒斯特曼回到美国，在天普大学哲学系从事美学教学与研究工作，实用主义才作为一种哲学视域呈现给他。1988年，在给舞蹈专业和哲学系研究生上美学课时，起初杜威的实用主义美学还不过是当时远为出众的阿多诺美学的陪衬，但在学期结束时，经过仔细观察课堂上不同辩论和在跳舞地板上检验某些论点，促使他不得不用朴实、乐观、民主的杜威实用主义美学来取代严峻、阴沉和傲慢的阿多诺美学。② 就其对美学的新认识而言，舒斯特曼深刻地认识到，作为一门追求智慧的学问，美学就像其当初产生时那样，应以指导人们的生活实践和完善人们的美好生活为旨归，但实际情形却恰恰相反，美学日益地专业化、学院化和工具化，远离了人们的日常生活实际，变

---

① 本节部分内容笔者曾以"论舒斯特曼的身体美学"为题发表于2011年第6期《世界哲学》，此处有所修改。

② [美]理查德·舒斯特曼：《实用主义美学》，彭锋译，商务印书馆2002年版，第11页。

成了狭隘范围内少数人研究的学问，渐渐地失去了其在人们生活中的影响，以致被边缘化。舒斯特曼通过对早期古希腊思想和后现代哲学的研究，试图重新恢复美学本应具有的现实价值，实现其对身体的伦理关怀和对生活的实践指导。

舒斯特曼这一美学思想的重大转向，尽管招致了那些固守分析美学学者的批评，但他对实用主义美学的开拓性研究，奠定了其继杜威、罗蒂之后新一代实用主义美学领军人物的重要地位。这一开拓性研究就在于，他对美学回归日常生活的倡导以及对自古以来颇受诟病的通俗艺术的正名，尤其是近年来他所力倡建立的身体美学学科及其在这一领域所取得的卓越成就，使他在国内外声誉鹊起。舒斯特曼从实用主义角度倡导建立的身体美学思想，与后现代一些哲学家对欧陆意识美学批判与反思基础上所提出的身体美学主张灵犀相通，但舒斯特曼立足实用主义角度，无论就身体转向的旨趣和身体理论的主张都和欧洲大陆理性主义的身体美学理论迥然有别。① 因此，理解舒斯特曼的身体美学思想，对于当今人类日渐隆盛的身体关怀行为不无积极的借鉴意义和启示价值。

一 从实用主义美学走向身体

正是基于实用主义美学对美学要面向生活实践的要求，舒斯特曼把美学研究焦点转向为基础的身体。在舒斯特曼看来，"哲学不是一个文本

---

① 在这里，要强调的是，在身体转向中，与福柯通过性欲、犯罪和吸毒等激进地愉悦身体的方式来挑战铭刻着社会权力的规训化压制性身体观不同，舒斯特曼更强调以"中道"的自觉的身体意识循序渐进地来培养身体的敏锐感知。正如舒氏对福柯批评的那样："他（指福柯）武断地认为只有通过最大强度的刺激，这种身体意识才能得到最大强度的刺激，这种身体意识才能最佳地得以增强；无可争辩的是，这种最大强度刺激的暴力，最终将只能钝化我们的敏感性，只能减弱我们的愉悦。"与身体现象学家梅洛·庞蒂主张回归"非反思的""无意识的""直接的""消极的"身体不同，而舒斯特曼则主张一种"反思的""实践的""改良的"身体。正如舒斯特曼所言："梅洛·庞蒂强力提倡身体在哲学上的重要性，但是，他的理论缺少一种富有活力的见识，没有把真实的身体作为善意反思的实践训练场所来看待。这种善意反思的目标是重建身体感知和表现，从而达到更加有益而丰实的体验和行动。"因而它认为梅洛庞蒂的身体是一种"沉默跛脚的身体"。参见舒斯特曼《身体意识与身体美学》，程相占译，商务印书馆，第75、112页及相关章节。

问题，而是一个具体的生活实践问题"①。传统哲学对真理和理性研究并没有实现哲学真正的目的。"如果理性和真理的最大目的是维持和推进我们肉体的存在，那么为什么不转向目的本身直接关注身体呢?"②

舒斯特曼对身体的关注与20世纪美学发展的基本走向不期而遇，20世纪现代西方美学基本发展趋向是对意识美学的批判和身体美学的出场。在身体美学看来，作为抹平差异、追求同一的意识美学不但是一种缺乏爱恨情仇的"太监美学"，而且是无视身体差异的"独白美学"，其归根结底都是一种唯心主义的"意识美学"。一如有学者所言"如果可以把美学从窒息他的唯心主义的沉重负担中解救出来，那么只能通过一种发生于身体本身的革命才能实现"③，必须"在身体的基础上重建一切——伦理、历史、政治、理性等"④。因此，转向身体成为19世纪以降思想的根本走向。如果说19世纪马克思通过"劳动的身体"、尼采通过"权力的身体"、弗洛伊德通过"欲望的身体"恢复了身体在各种人类活动中的基础性地位，⑤那么"20世纪有三个伟大传统将身体拖出意识哲学的深渊。追随胡塞尔的梅洛-庞蒂将身体依然插入到知识的起源中，他取消了意识在这个领域的特权位置，……涂尔干、莫斯、布尔迪厄这一人类学传统重视人的身体实践和训练，这一反复的实践逐渐内化进身体中并养成习性，但是这个习性不仅仅是身体性的，它也以认知的形式出现，尤其是要克服意识在认知和实践中对身体的压制，身体和意识在此水乳交融。尼采和福柯的传统根本不想调和身体和意识的关系，在这个传统中，只有身体和历史、身体和权利、身体和社会的复杂纠葛"⑥。正是他们不遗余力地通过对意识美学的批判与清算，从而使向来为人们所熟视无睹的默会性身体一跃成为关注的中心。与欧洲大陆哲学家对身体转向的理解

---

① [美]理查德·舒斯特曼:《生活即审美》，彭锋译，北京大学出版社2007年版，第209页。
② [美]理查德·舒斯特曼:《生活即审美》，第217页。
③ [英]特里·伊格尔顿:《美学意识形态》，王杰等译，广西师范大学出版社1997年版，第188页。
④ [英]特里·伊格尔顿:《美学意识形态》，第189页。
⑤ [英]特里·伊格尔顿:《美学意识形态》，第189页。
⑥ 汪民安主编:《身体的文化政治学》，导言，河南大学出版社2004年版，第4页。

不同，舒斯特曼从实用主义立场提出了身体转向的旨趣。

首先，舒斯特曼之所以要转向对身体的关注，就在于对"身体缺席"的意识美学反思与纠拨。意识美学要么把美学当作脱离鲜活生活经验而致力于"先验—本质—形式"领域的纯概念的逻辑推理演绎，要么把美学仅仅停留于语言分析，建立一套凌驾于一切之上的知识系统，从而一劳永逸地解决人们在实际生活中的问题。而无论是理性演绎还是语言分析，均遮蔽了与原始生活经验密切相关的身体维度。"造成这种状况的部分原因是当代西方哲学的逻各斯中心主义和语言中心主义对身体领域的总体忽视。"① 而它们之所以忽视身体存在，一方面，在于难以避免的身体缺陷，譬如死亡、疾病、疼痛、残疾等，它们不仅导致我们认知能力的不足，扭曲了我们的感知能力，而且影响我们对真理的判断，阻碍我们通达普遍一致的认识；另一方面，我们的身体与其他动物相比，更多地受我们后天经验和行为的决定而非受制于基因遗传的限定，处身于不同时空境域和社会交往场域的身体就形成了各自不同的身体特性，而差异化身体就形成了我们对同一事物各自不同的理解，从而耽误我们一致性的判断，阻碍我们追求普遍性的真理，因此身体向来被视为欺骗性牢笼而备受谴责。

然而，舒斯特曼认为正是由于人们对理性与语言的推崇而对身体的忽视，致使本应充满活力和具有生活指南的美学变成了高深莫测、远离生活、令人望而生畏的抽象玄学，它不但歪曲了我们对世界直接而原初的实际体验，而且遮蔽了认识得以奠基的存在论基础。与身体知觉对事物的外在把握不同，意识是借助概念而把外物作为对象来把握，而在这种对外在事物的把握过程中，我们不经意中完成了对物的双重歪曲。第一次使我们忽略了外物与我们身体知觉的直接照面而以主体之先验意识实现对物的把握，这种借助先验意识而显现的外在事物总不是事物本身，因为"事物不再是野性的事物，它已经被改造和软化得服从我们的想象，以便我们可以用概念来把握它"。② 第二次歪曲则是体现在语言符号中，

---

① ［美］理查德·舒斯特曼：《生活即审美》，第 203 页。
② 彭锋：《身体美学的理论进展》，《中州学刊》2005 年第 3 期。

因为我们对外物的认识总是通过语言符号体现出来，而任何语言符号只能描述事物的一般特征，这样，事物本身的丰富性和生动性在语言符号中又一次被裁汰掉了。就此而言，意识不是对事物的真实把握，而是对物的强暴，只有在不以对象化的意识方式而是以身体的知觉方式来把握外物时，我们才能直面事物本身。因为是我们的身体先于意识与外物打交道的，是身体首先"看到""闻到""触摸到"外物，在我们形成对外物的概念把握之前身体已经以前反思、非概念的、非推论的默会方式直接接触到外在事物，而理性与语言只不过是身体经验主题化的结果，因此身体知觉在我们的知识构造中具有奠基性的意义。我们不应该因为身体感官的欺骗性而拒斥身体，相反，我们应当努力通过提高身体意识和不良的身体习惯来纠正感觉使用的失误，实际上，严重的错误常常产生于病弱的身体。基于此，舒斯特曼认为："人类意识和语言的发展使我们超越了无理性的肉体存在，成功地改善了我们的生活环境。然而，由于我们的生活环境现今已变得太过复杂和变动不居，以至于不利于建立本能和习惯，因此，我们仍然需要有效地利用意识来引导我们的生活，这不仅仅是创造理念和工具，而且包括改善对身体的自我运用。"① 因而转向身体也就是要把长期以来处于辅助意识（subsidiary awareness，波兰尼语）的身体从久受遮蔽和隐匿的状态中凸显出来，使人们认识到身体以及良好的身体意识在人类实践活动中基础性的价值与意义。

其次，舒斯特曼之所以要转向对身体的关注，就是要纠正在现代社会发展过程中，重"肉体"轻"意识"所导致的人们大量身心失调之痛，建立身心一体的身体美学观。在现代社会，随着生产方式的根本改变和人们生活的日益富足，大部分繁重的体力劳动和脑力劳动可以被人类自身所创造的发达的生产工具所取代，欲望的躯体代替了劳动的躯体，被科技解放的人们可以把更多的闲暇打发在对自我身体的关怀与照顾上。"我们现在越来越关注我们的身体，这是因为在我们的环境里已经没有集中关注其他事情的真正需要了。"② 尤其是随着媒介技术的发展和消费文

---

① ［美］理查德·舒斯特曼：《生活即审美》，第225页。
② ［美］理查德·舒斯特曼：《生活即审美》，第219页。

化的崛起，一如鲍德里亚所理解的，在经历了千年清教传统之后，身体在广告、时尚和大众文化中完全出场，成为消费社会中唯一的最美、最珍贵和最光辉的物品，唯一具有最深不可测的意涵的物品，彻底取代了灵魂。① 在现实生活中，身体变得越来越紧要了，美容化妆、养生保健、整容变性、塑身减肥等呵护和美化身体的时尚已从星星之火发展至燎原之势，耗费了人们大量的时间和金钱，身体产业成为助推经济发展的重要引擎。但是在对身体万般呵护中，人们往往把身体视同工具意义上的物质实体，仅仅局限于腹部、臀部、大腿、脸庞等部分表面的矫饰，通过隆鼻、隆胸、文身、抽脂等整容技术，强求一致地把身体修复为像商业广告和大众传媒中人人心仪的帅哥靓妹，甚而出现了"人造美女"的奇观。这种不顾身体自身的个性差异，无视作为整体意义上的身体机能的生长规律的过火的身体美容技术，却带给了人们大量无可挽回的不堪后果。舒斯特曼认为，作为时代精神集中反映的美学怎能龟缩在学院之内对日渐隆盛的畸形的身体矫饰现象装聋作哑呢？它有责任纠正社会上人们不良的身体矫饰，为人们对美丽、健康和完善的身体追求提供一种理论指南，因此舒斯特曼讲"如果我们把哲学看作对经验和生活的正确道路的根本探求，那么我们就可以认为身体学——连同它通过实际的身体训练对一个人自己鲜活的经验所做出的具体测试和改善——是哲学生活的一个必要部分"②。如何正确地引导和规范人们的身体行为，是哲学家不应回避的迫切的现实课题。

因此，舒斯特曼强调"身体美学不限于它的表面形式和装饰性的美容，它还关注身体自身的运动与经验"③。换而言之，人们对身体这种异乎寻常的关注不应该仅仅体现在追求永葆青春靓丽的外表，更重要的在于改善和促进身心的和谐。正如舒斯特曼所言："身体美学本质上并不关注身体，而只关注身体的意识和中介，关注具体化的精神。"④ 正如我们

---

① ［法］鲍德里亚：《消费社会》，第98页。
② ［美］理查德·舒斯特曼：《生活即审美》，第209页。
③ ［美］理查德·舒斯特曼：《实用主义美学》，彭锋译，商务印书馆2002年版，第345页。
④ ［美］理查德·舒斯特曼：《生活即审美》，第214页。

前所论及，正是由于身体很少受先天遗传基因的决定，而更多地来自于后天社会环境的影响，因此身体不仅仅是生理和物理意义上的身体，更是进化论意义上的身体。在人的身体上更多地铭刻着社会规驯的印记，人的举手投足、动容周旋无不是后天熏陶和教化的结果。但人们却想当然地把铭刻着身体规范的身体习惯认为是自然而然的，缺乏对其进行合理性的批判检省。而问题在于："我们未经反思地获得坏习惯如同获得好习惯一样易如反掌，一旦获得坏习惯，我们如何纠正？"① 更进一步的是，长期以来由于受占统治地位的柏拉图—基督教—笛卡儿传统对身体的贬抑，身体常常被视为心灵之牢笼、丧志之玩物、罪恶之源、堕落之根。因此西方哲学家通常漠视身体的修养。现代文明的快速变化的节奏已经对我们的身体构成了一种威胁，使得旧的、缓慢的以及无意识形成的身体习惯很快就变得落伍而不适应现代社会的变化和节奏，导致更为基础的身体机能和更高级的智力行为不相和谐，从而引发了身体的流行性伤残并激发了身心不适，造成了文明人遭受更多的身体失调。正是基于此，舒斯特曼认为仅仅依靠身体的缓慢进化来获得无意识和本能的身体已经不能适应快速变化的社会，我们必须进行身体功能的再教育，通过有意识的身体控制来改造和调节我们的身体机能和身体习惯，使身体朝向更有意识、更有理性、更有控制的方向推进，以适应日趋复杂的外界环境。舒斯特曼主张："身体美学鼓励人们从对身体的外在形态和吸引力的注意转移到对活的身体经验和身体机能的一种改善的品质感受上。"② 因此，舒斯特曼这里所提出的身体美学思想，绝不仅仅等同于流俗意义上的诸如整容保健和美容化妆之类的表面性修饰，而是旨在通过培养一种积极的身体意识，纠正不良的身体习惯，以达到身体感知的丰富性和敏锐性，从而使身体适应不断变化的现实社会。

再次，舒斯特曼认为我们之所以要转向身体，还在于纠正人们仅仅视身体为实现目的之手段的不当认识，强调身体在人文学科的特殊地位

---

① ［美］理查德·舒斯特曼：《身体意识与身体美学》，程相占译，商务印书馆2011年版，第55页。

② ［美］理查德·舒斯特曼：《生活即审美》，第202页。

与重要价值。身体向来是人文学科研究领域的一个"空场",因为人文学科最初是相对于神学而建立起来的,但人文思想家并不满足于做人,他们心底里暗自渴望超越死亡、软弱、错误,像神那样地存在,既然在身体里不能实现这些愿望,他们便专注于心灵。① 所以人们往往把身体研究视为自然科学的对象,而人文学科是精神科学的对象。这样,人文知识分子往往忽视了身体之于意识的基础性作用。即使研究身体也常常像自然科学那样,以为身体和其他事物一样是遵循物理与化学的规律的物质实体,结果我们的宗教是没有形体灵魂的宗教,我们的心理学是没有形体的精神心理学,甚至在医学领域,医生把患者肉体的生理指征是否合标作为诊断的主要依据,而完全忽视了患者肉体生理指征背后的差异化的社会和精神因素,它让医生们不去思考疾病的心理因素,而精神病医生则不关心患者的肉体因素。其实身体不但是生理的身体,它更是意识的身体,也是我们感知和行动的身体。没有无身体的意识,也没有无意识的身体,身体既是手段,也是目的,但是人们往往只是把身体当作实现目的的工具,而无视工具之于目的的重要价值,就像我们通过眼镜观看世界却不能看清楚眼镜那样,在日常生活中,身体往往被视为心灵的仆人而被忽略和边缘化。只有在人的身体出了故障和生命大限临近之际,人们才能切身地意识到身体所负荷的价值与基础性的意义。

舒斯特曼站在中庸的立场上,认为我们在专注于目的本身的同时,也必须关心实现目的之手段——身体。身体也应该得到人们的重视,以便改善对它的运用。也就是说,如果我们达乎目的的手段——身体——出了毛病,那么,也就不能完美地实现我们的目的。舒斯特曼常举的一个典型例子是著名的身体理论家和治疗师 F. M 亚历山大,他最初是一位戏剧表演家,由于一度声音嘶哑和失声而不得不中断自己的演出生涯,后来经过仔细研究发现,之所以出现如此状况,是由于自己关于身体想法和运用自己身体方式存在问题造成的,于是他通过纠正自己不正当的头颈姿势重新登上戏剧舞台。亚历山大后来专门创立亚历山大技法来帮

---

① [美]理查德·舒斯特曼:《通过身体思考:人文学科的教育》,《学术月刊》2007年第10期。

助那些在日常生活中由于不适当的身体习惯而导致身体疾患的人。其实不特亚历山大本人，其他的艺术家诸如音乐家、画家、舞蹈家、演员等，如果学会了与其艺术相关的技能，学会了如何操作自己的工具和身体，以避免不良的身体习惯所导致的疼痛和残疾，他们可能表演得更为自如和出色。但是这种良好身体习惯的培养绝非是一蹴而就的，它需要人们持之以恒地努力。正如舒斯特曼所言："用语言快速而易于说出的东西，也许需要成年累月的时间的实践，才能在身体上获得成功。"① 所以时时反省和纠正我们不当的习以为常的身体习惯不但不会耽误我们的工作，反而会更有力地促进我们工作的进展。"虽然小刀是切割的手段而非打磨锋利的目的，我们有时也需要打磨和保养它们以使它们更锋利、在使用时更有效。"② 正是基于此，我们在关注我们的心灵的同时，也应该重视作为工具意义的身体之于目的的重要价值。

最后，舒斯特曼认为，我们之所以要转向和推崇身体，就在于摒弃长期以来理性主义哲学所主张的禁欲主义思想观念，充分肯定人们的身体所具有的正当合理的欲望。长期以来，由于人们对身体的久怀敌视，身体以及身体所具有的内在欲望却被视为魔鬼和罪孽，身体以及由身体而来的合理欲望始终处在被压抑的状态。正如舒斯特曼所言："在自然科学已经剥夺了宗教的权威并将世界世俗化之后，为了保卫精神性的领域，唯心主义着重于心灵意识和大体上继承下来的基督教占统治地位的贬斥的身体的冲动。"③ 因此，"在中世纪，身体主要遭受道德伦理的压制，而在宗教改革之后，尤其从17世纪起，身体主要受到知识的诘难"④。对身体的禁欲主张一直不绝如缕。然而在舒氏看来，肯定身体必然肯定身体的欲望，因为"身体不仅是快乐的源泉，还是协调所有情感经验的中介，

---

① ［美］理查德·舒斯特曼：《生活即审美》，第225页。
② ［美］理查德·舒斯特曼：《通过身体思考：人文学科的教育》，《学术月刊》2007年第10期。
③ ［美］理查德·舒斯特曼：《哲学实践》，彭锋等译，北京大学出版社2002年版，第199页。
④ 汪民安：《尼采与身体》，北京大学出版社2008年版，第257页。

因此身体转向构成了我们文化的美学转向的一部分。"① 因而自叔本华、尼采之后,通过对意识美学的批判和对身体的颂扬,身体及身体正当欲望的追求才得到积极的肯定。尼采甚至认为美学艺术就是一种"艺术生理学"。彻底颠覆了传统意识美学所主张的"无功利""无目的"的禁欲主义主张。而舒斯特曼则立足于实用主义的立场,认为这种禁欲主义思想主张不过是统治阶级别有用意维护阶级特权和自我利益的反映,在阶级特权被打破、消费社会已经来临的时代,充分肯定躯体的正当欲望无疑是时代发展的反映。所以舒斯特曼充分肯定了自柏拉图以来颇受诽谤的通俗艺术,认为被贵族阶级视为颓废、肤浅的摇滚、Rap、乡村音乐等通俗艺术,恰恰彰显了世俗生活的欲望,其以向身体维度快乐回归的方式满足了大众的审美需求,从而为向来被人所不齿的通俗艺术立身正名。

二 从身体走向身体美学

上述这些美学关注的多元维度和身体的联结,促使舒斯特曼提出了"身体美学"的思想。与其他身体美学理论不同,他不仅认识到身体在诸多方面的重要意义,而且在身体美学的实践方面也做出了卓有成效的工作,他本人就是专业身体训练师。在舒斯特曼看来,其实这种身体训练古已有之,比如印度的瑜伽和中国的气功、武术,还有古希腊犬儒学派都突出身体训练对于智慧和善的生活的重要意义。当代西方的身体训练如亚历山大技法(Alexander Technique)、费尔登克拉斯方法(the Feldenkrais Method)和生物疗法等都通过培养身体运行,来改善我们的身体感知。如何把我们所形成的身体理论和卓有成效的身体实践结合起来,迄今还是一个学科建设上的空白,正如舒斯特曼所言:"尽管当代理论对于身体的关注取得了明显进展,但是,我们会发现当代身体理论缺少两个重要的特征。一是缺少一个结构性的整体框架,无法将那些非常不同的、似乎毫不相关的话语整合成一个更加富有成果的系统领域。这种全面的框架能够富有成果地将生物政治学话语和生物能量学的疗法联结起来,或者将随附性的本体论与超集的身体塑形方法联结起来。二是当前大多

---

① [美] 理查德·舒斯特曼:《生活即审美》,第 217 页。

数哲学性的身体理论缺少一个明确的实用主义取向,通过它,个体可以直接将理论转化成改良身体训练的实践。"① 正是基于这方面考虑,舒斯特曼首倡建立一门新兴学科——身体美学,来形成人们正确的审美欣赏和实现对身体的关怀,修正当前人们在改善身体方面时的诸多误区和盲点。因为在舒斯特曼看来,"鲍姆嘉通将美学定义为感性认识的科学且旨在感性认识的完善。而感觉当然属于身体并深深地受身体条件的影响。因此,我们的感性认识依赖于身体怎样感觉和运行,依赖于身体的所欲、所为和所受"②。因此,为了论证建立身体美学的必要性和可行性,他从美学创立之初的鲍姆嘉通那里寻找学科建立之根据。

既然身体是作为感性学的美学得以运行的关键,那么为什么在鲍姆嘉通创立美学之初身体却成为令人震惊的缺席对象,甚至在后——鲍姆嘉通的时代,美学的范围被从感性认识的广大领域减缩为美和美的艺术的狭隘范围呢?换而言之,美学如何像哲学一样,从一个高尚的生活艺术收缩为狭小的、专门的大学学科而遗漏了至为重要的身体呢?要回答这个问题,我们必须回到鲍姆嘉通创立美学的初始情境中去。一方面,从哲学根源上讲,鲍姆嘉通的思想继承了自笛卡儿通过莱布尼茨至沃尔夫的理性主义传统,而在这一浓郁的理性主义传统中,身体仅仅被视为一种物理学意义上的机器或机械装置,因此,它从来不能真正成为感觉能力或感性认识的场所。另一方面,18世纪中期宗教思想在意识形态领域还占统治地位,而且鲍姆嘉通出身于一个宗教氛围非常浓郁的家庭,他又是一个虔诚的基督徒,他的老师沃尔夫就因为强调身—心统一问题而被教皇逐出大学的校门,故此,即使在创立美学之初意识到身体的意义,他也不敢冒险与视身体为"邪恶的""淫荡的"的宗教思想相冲突。到后鲍姆嘉通的启蒙主义时期,理性主义雄踞时代主流,身体始终处在理性思想的阴霾之中,所以在美学的开端,身体处于缺席的状态也就毫不惊奇了。真正颠覆理性和宗教理论而使身体成为人们关注中心的则肇

---

① [美]理查德·舒斯特曼:《身体意识与身体美学》,第38页。
② [美]理查德·舒斯特曼:《实用主义美学》,彭锋译,商务印书馆2002年版,第353页。

始自喊出"上帝死了"旗号的尼采。

所以,我们今天建立身体美学就是要把鲍姆嘉通在创立美学方案之初不幸遗漏的中心——身体的培养——作为美学研究的核心,恢复身体在美学中本应具有的重要地位。所以,舒斯特曼坦陈,他建立身体美学的主要目的是:(1)复兴鲍姆嘉通将美学当作超越美和美的艺术问题之上,既包含理论也包含实践练习的改善生命的认知学科的观念;(2)终结鲍姆嘉通灾难性地带进美学中的对身体的否定(一个被19世纪美学中的主要唯心主义传统所强化的否定);(3)提议一个被扩大的、身体中心的领域,即身体美学,它能对许多至关重要的哲学关怀做出重要的贡献,因而使哲学能够更成功地恢复它最初作为一种生活艺术的角色。① 因此,在这里,舒斯特曼所建立的身体美学绝不是身体美学下属的类似于环境美学、艺术美学的分支美学。而是要让身体恢复美学的本体地位。这是因为,一方面身体不仅被视为审美价值和审美创造的对象,而且身体被视为增进我们对其他所有审美对象的处理以及增进对非标准的审美事物处理的至关重要的感觉媒介;另一方面,身体美学不仅涉及人类学、社会学和历史的研究,而且要进行生理学和心理学的研究,更重要的还要进行传统美学所不屑的武术、健美、节食等身体的实践训练。正是在此意义上,身体美学是对传统意义上美学的开拓和创新。所以舒斯特曼认为身体美学应该包含分析、实用和实践身体美学三个方面的状况。在这里分析的层面是纯理论的,实践的层面是纯应用的,实用主义的层面是介乎理论和应用之间的。所以身体美学是一门理论与实践相结合的学科,这符合鲍姆嘉通当初对美学的构想。

在今天人们身心被日益增长的电子传媒、网络技术等信息符号的洪流聒噪和编码情况下,在资本逻辑和权力话语操控和规训一切的时代,舒斯特曼在对感性的回归中对身体强调,对关注我们的身体和培养良好的身体意识,对于纠正我们愈骛愈远的"身心分离"所导致的"以身为殉"生命感性经验贫乏的异化悲剧,无疑具有重要的意义。

---

① [美]理查德·舒斯特曼:《身体意识与身体美学》,第199页。

第二节 从自然的祛魅到自然的返魅[①]

当代生态伦理学发展的一个重要动因，就在于人类赖以生存的自然环境，遭到了史无前例的蹂躏与破坏，从而导致了自然与人的关系危机。"自然与人的关系危机不仅仅是一个科学—技术问题，也不仅仅是一个经济—政治问题，而且也是一个如何理解人、如何理解自然的统领全局性的问题。"[②] 但是如何理解自然与人的关系，进而如何对待和保护我们人类所生活的自然环境，往往存在着两种不同的答案：一种把环境恶化问题归因于人类中心主义，因此而提出了与之相对的非人类中心主义思想；一种则把环境恶化问题归因于只关注自然对于人类自身的工具价值而完全无视自然本身的内在价值，因此而要求人类要重视自然内在价值的理论。毋庸置疑，两种自然保护主义思想在某种意义上拓展了传统伦理学研究论域，使伦理学由传统的"人际伦理学"走向了现代的"物际伦理学"。但是我们也不无遗憾地看到其终因囿于流俗的形上范式的对象思维，并未从根底上探明环境危机的真正始因。一如德国哲学家U. 梅勒所言："生态哲学的初始问题是关于人类中心论和自然的内在固有价值的讨论，而它的核心问题，我认为，是关于自然之异化的问题。"[③] 显然，在梅勒看来，仅仅局限于人类中心主义和自然内在价值的讨论，还只是生态哲学的"初始问题"，并未触及"自然异化"这一生态哲学的"核心问题"，梅勒的这一核心问题在海德格尔那里得到具体的阐明，海氏正是通过对自古希腊以来"自然"历史的探源工作，独具慧眼地指出，人们之所以造成"自然异化"，就在于人们在究极意义上未能对自然与自然物做出根本的区分，误把自然物当作自然来对待，未能建立真正意义上人与自然的存在关系。而正是人把自然当作自然物，进而又把自然物当作满足人类自我需要的"储备物"和"资源库"，才发生了"自然的异

[①] 此处部分内容笔者曾以"重返人与自然的本然关系——论海德格尔生态自然观"为题发表于2011年第4期《社会科学辑刊》，此处有修改。
[②] ［德］U. 梅勒：《生态现象学》，《世界哲学》2004年第4期。
[③] ［德］U. 梅勒：《生态现象学》，《世界哲学》2004年第4期。

化",进而导致了生态环境的恶化。"哪里有危险,哪里就有救",① 如何解决这一自然的异化问题,进而拯救日遭恶化的人类生存环境,海德格尔认为必须重返希腊本源意义的自然观,这种本源意义上的自然观在审美艺术(τεχлη)中得到具体绽现,正是在审美艺术中自然如其本然地得以澄明和显现。就在人们对这种自然的把握中,"是"与"应该"的壁垒涣然冰释,对"物"的守护也油然而生,自然因此而成为环境伦理学的基础。这也是海德格尔在后期抛开"此在"大谈艺术的真正缘由之所在。

一 自然物:自然的异化

在日常生活中,当人们谈及"自然"时不正是指通常意义上的山川草木、花鸟虫鱼等之类的自然物吗?或者从总体上将之归为自然物的总和吗?但海德格尔却认为,我们今日这种对象性意义上把自然当作自然物是现代人对自然的一种理解,自然源初意义正是人们在对这种意义的理解中隐匿遁迹了。为了真正地了解自然的源初意义,我们必须在悬置流俗意义上对自然理解的同时,对自然做一番探本求源的谱系考古工作。

海德格尔认为这一本源性自然意义就充分地体现在早期一些希腊思想家的理论中,他正是通过对希腊思想家关于自然思想一番艰辛地探源功夫,从而使这一久受遮蔽的自然之源初意义在千年沉霾之后复萌于世。按照海德格尔的考证,"'自然'(natura,希腊文为Φύσης)的本源意义是生长,这种生长既不是量的增加,也不是发展,更不是变易,而是指出现和涌现,是自行开启,它有所出现的同时又回到出现的过程中,并因此在一向赋予某个在场者以在场的那个东西中自行锁闭。"② 因此自然(Nature)一词涉及的是某种使它的持有者如其所表现的那样表现的东西:如果根源在它之外,那么来自它的行为就不是自然的,而是被迫的。也就是说,自然源初意义在于自然本身,而并非是我们今天所理解的在其自身之外的自然物。因为"Φύσης之存在和作为存在的Φύσης始终是不可

---

① [德]马丁·海德格尔:《海德格尔选集》,孙周兴编,第946页。
② [德]海德格尔:《荷尔德林诗的阐释》,孙周兴译,商务印书馆2000年版,第65页。

证明的，因为Φύσης无须证明；而且，它之所以不需要证明，是因为，从Φύσης而来的存在者无论在何处立身于敞开域中，它都可以自行显示出来并且可以一目了然了"①。与海德格尔的认识一样，英国历史学家柯林伍德也认为现代欧洲语言的"自然"（英语 Nature，德语 Natur，法语 Nature）一词虽然总体来说，是更经常的在集合（collective）意义上用于自然事物的总和或汇集，但是这不是现代语言的唯一意义，它还有另一个固有的意义，即指原则或本源，而这一原则或本源总是指内在于这些事物之中，使得它们像它们所表现的那样表现的某种东西。②那么人们不免要问：自然为什么会被后世的人们理解为自然物呢？这一语义的转变究竟意味着什么？自然与自然物二者之间是怎样的关系？

海德格尔认为，在人们把希腊文的自然（Ψūδιš）翻译为拉丁文的自然（natura）时，把后来的一些因素转嫁到自然的源初意义上，从而把促使自然界或自然物得以显现的自然当作了触目可及的自然物来对待。从此真正意义上自然就匿而不彰了。正如赫拉克利特所言："自然喜欢躲藏起来。"③ 相对于自然物而言，自然是远比自然物更为原始和古老的存在，是自然物得以澄明的本源。自然蕴含在自然物之中并通过自然物表现出来，自然物被自然所规定并依据自然而生成和变化，自然离开了自然物则无所栖身，自然物缺乏自然也就丧失了自身的规定性。然而随着现代工业文明的到来，源初的自然失去了自身的庇护，变成了人们可以任意剥夺的客观之物，随着人的认识能力与实践能力的日益增长，人狂妄地把自我的主体意志凌驾于自然之上，不但揭开了笼罩在自然身上的神秘面纱，而且在掌握自然规律以后，使得自然按照人的意志和目的在发展，自然逐渐沦落到自然物地步，自然的神圣性和自明性不复存在。这种对"自然的祛魅"（the disenchantment of nature）不但使源初自然隐而不显，而且使人们对待自然的态度和实践方式发生了重大的变化，以至于无论

---

① ［德］海德格尔：《路标》，孙周兴译，商务印书馆2000年版，第304页。
② ［德］柯林伍德：《自然的观念》，吴国盛译，北京大学出版社2006年版，第52—54页。
③ 北京大学哲学系外国哲学史教研室编译：《西方哲学原著选读》，商务印书馆2005年版，第26页。

在人们对待自然的思维方式、目的态度和审美经验中都是以对待自然物的方式对待自然。正是在这样历史性的"祛魅"活动中自然走向了自己的反面，自然被异化了。

首先，自然的异化与人们对待自然的对象性或表象性的思维方式密切相关，这种对象性的思维方式不加质疑地把变动不居的现成自然的存在，作为自己理论建构的前提，而从不把自然的创生问题作为自己研究的课题。对于变动不居的自然而言，人类如何把握其不变的东西成为人们的矢志追求。所以古希腊一些哲学家认为只要抓住了支配自然变化多端的事物自身和事物之间的运行规律和结构，就等于抓住了世界的本源。因此早期古希腊的很多自然哲学家都在寻找支配事物背后的运行的秘密。虽然在今天看来泰勒斯以"水"作为万物的始基难免显得不近情理，但是他无疑开启了后世人们探索自然奥秘的基本思维范式。泰勒斯之后的每一个重要的哲学家都对这个基本的自然是什么提出了自己的推测，譬如苏格拉底—柏拉图把"相"，亚里士多德把"本体"或"形式"，笛卡儿把"我思"，莱布尼茨把"单子"，黑格尔把"绝对理念"等看作自然得以运行的内在秘密。虽然他们的认识迥然有异，但在探索自然的方式上并没有超出泰勒斯对象性表象论思维方法。此后在对自然的认识上也是以自然数学化式的抽象为追求的最终鹄的。以至于哲学史上的很多哲学家都有很高深的数学造诣，甚至于哲学家斯宾诺莎都要把伦理学建构在数学化的基础上。自然也走向了数学化的致思道路。

如果说古希腊时期对待自然的对象性方式与自然的本义还多少有所牵连的话，那么，到了近代，特别是受基督教神学思想的洗礼之后，自然则彻底地被理解为人的创造物。尤其在笛卡尔和培根哲学思想的作用下，对象性的思维范式不仅得以真正的确立，还把这种理论真正地付诸实践。笛卡尔的理性思维完成了心物二元对立的格局，认为人是主体，自然是客体，康德则主张自然向人生成和"人为自然立法"。黑格尔则把人与自然看作一种主—奴关系。培根则彻底地把自然当作人类认识自然的试验场，随着工业革命的推进，他不但强化了而且加速了人们在对待自然上对象化的步伐。海德格尔认为正是人们这样对待自然，世界进入了图像时代，以至于横在人与自然的屏障越来越厚重，我们多半已无法真正地接近自在自持的自然本身了。即使人们接近自然，也不把自然当作富有生机和活力的生命来对待，而是把自然当作机械的只具有因果关系的物来看待。正是在这一表象性思维范式下自然退隐了，自然事物的内在价值隐匿不彰。更为隐忧的是，随着现代技术带给人类生产力的极大解放，物质财富的空前增加，人类生活的空前便捷，以至于现代技术对自然的态度已成为人类的价值标准和宰制性力量，人类沉浸和享受着现代技术所带给人类的繁华和时尚文明生活的同时，丝毫意识不到自身岌岌可危的现实处境。

其次，自然的异化也与人们对待自然的价值观念密不可分。人们认为，自然的存在没有它自身的目的，自然的存在不过是以满足人类自我需要为目的，而人才是万物的最终目的。正如亚里士多德所说："在动物出生后，植物是为了动物的缘故而存在的，而其他动物又是为了人的缘故而存在的……大自然是为了人的缘故而创造了所有的动物。"① 对于自然而言，万事万物没有自己的存在价值，他们的存在都间接或直接地以满足人的需要为最高目的。自然对于人类而言只具有工具价值而不具有自然本身的内在价值。正是在这种观念的主导下，人类才毫无顾虑地控制自然来满足自己各方面的需求，以至于人们在自然身上只看到了自然所具有的使用价值，对自然的审美价值、生命价值等多样性的价值置若罔闻。因为他们认为相对于自然本身所具有的具体可见的工具价值而言，自然的内在价值是无足轻重的。

既然自然的存在价值是以人的存在为目的，开发和利用自然就成为理所当然的事情，自然作为满足人的需要的材料，如果说在农业社会里面人们还多少保持着与自然本身的亲缘关系的话，那么到了现代的工业社会，在资本逻辑的宰制下，在科学技术的"助纣为虐"下，自然被一个由交换价值、商品化和利润的渴求和抽象权力所统治的破碎的资本逻辑所取代。自然物的作为商品的使用价值转化成为可供购买一切的交换价值，使得自然物由质上的差异转化成为价值上的量的差异。以至于自

---

① ［美］尤金·哈格洛夫：《环境伦理学基础》，杨通进等译，重庆出版社2007年版，第33页。

然的内在价值——某物之有价值是靠其自身的缘故而不是它会带来什么用处——让位于工具价值。人们对自然的开发与控制达到了史无前例的程度，人对自然颐指气使几乎达到了随心所欲地安排自然的地步。"当自然不合人的想法时，人就整理自然。当人缺乏事物时，人就生产出新事物。当事物干扰人时，人就改造事物。当事物把人从他的意图那里引开时，人就调节事物。当人为了出售和获利而吹嘘事物时，人就展示事物。在多种的生产中，世界成为站立的，并被带进这种状态。开放的东西成为对象，并被转向人，与作为对象的世界相对立，人突出自身，并以蓄意贯彻着一切生产的身份出现。"① 以至于自然万物的存在处于人的目的性的"订造"活动之中，"自然变成了被技术变形了的、贫瘠乏味的残余自然（Restnatur）。在这个残余自然中，任何东西只要不能直接进入工业生产过程而被当作基础原料，就会被作为休闲公园而得到商业化"②。正是在对自然的这种无止境的"逼索"中使自然走向了其自身的反面，使自然超越了自身已有的承受能力。人类的这种自恃其智慧和力量而支配自然反其道而行之的肆无忌惮的贪婪掠夺行为，使人类把自己置入万劫不复的生态风险之中，饱受自酿的苦果。

二 审美：自然的发现

"皮之不存，毛将焉附？"相比于人类既往的经济危机、政治危机而言，生态危机是全人类所面临的最大的生存危机。因而也引起了政治家们和思想家们的普遍关注，并尝试提出了拯救自然的各种途径。和其他思想家略有不同，海德格尔认为正是人们混淆了自然和自然界之间的"核心问题"，把人和自然的关系建立在人和自然物的关系上，才形成了人类中心主义和自然工具价值观，导致了自然的贫乏和生态的恶化。后者的自然观固然在解放人类思想、树立理性权威、促进科技发展方面均具有不容低估的价值和意义，但是这样的自然观把一个原本富有色、声、

---

① 宋祖良:《拯救地球和人类未来——海德格尔的后期思想》，中国社会科学出版社1993年版，第67页。

② [德] U. 梅勒:《生态现象学》，《世界哲学》2004年第4期。

香，充满喜、乐、爱、美，内含生命和目的且丰富多彩、生机盎然的创造性的世界，变成了一个冷、硬、无色、无声的服从机械规律、数学计算的僵化冰冷、空洞枯燥的沉寂的世界。要拯救人类愈演愈烈的生态危机，就必须重返源初的人与自然的本源关系，审美艺术是我们重返这一自然关系的重要途径。

提出审美作为通达自然的重要途径，人们难免要问：在今天这样一个交通工具如此迅捷的时代，生态旅游持续高涨，各大旅行社生意火爆，人们不正是来往穿梭于各大风景名胜领略自然的秀色之美吗？但是，正是在这种我们与周遭自然的亲熟状态中自然却抽身而去。即使自然一如既往地环绕着我们，我们也鲜能把自然当作自然本身来对待，人们眼里的自然不过是具有这样那样的性质或可派上某种用场的自然而已，而自然本身仍匿而不彰，自然并未进入人类的视野，或者说即使进入了人们的视野，人们也是以非自然的方式来对待自然的。而且这种非自然的对待自然的态度在今日不但没有改观，而且还在不断地加剧。自然之所以受到压制而且与人类看起来距离如此遥远，这仍与人们长久以来所形成的对待"自然的祛魅"（the disenchantment of nature）工作密不可分。在这种"自然的祛魅"活动中，与其说人在与自然打招呼，还不如说人在跟人打招呼，因为人们在欣赏自然美时要么以"比德""移情""象征""内模仿"的方式来欣赏自然，要么就是以诸如多样统一、比例匀称、节奏韵律等形式美的法则来欣赏自然。前者这种对自然的欣赏"其实是假道自然物的自我欣赏：它虽通过'物'但最终又返回到'人'，自然物在此不过是一种载体、中介或符号，即一种并无独立地位而只是为了映衬人的美的东西。"[①] 依然是没有走出人类中心主义的藩篱的审美方式；而后者的形式美则是人们在长期的符号实践中抽象化和独立化的结果。因此仍未脱离人自身的本质性力量，是借物来彰显人。更为重要的是，这种仅仅局限于"自然人化"意义的对自然的理解而无视"天然自然"存在的现象恰恰是受限于对象性审美方式的作用的结果。因此，我们必须回归真正意义上对自然审美问题上来。

[①] 成穷：《自然审美的两种基本样式》，《四川大学学报》2002年第5期。

既然以对象性的审美方式所理解的自然不能让我们通达真正意义上的自然。那么我们究竟通过何种意义上的审美才能认识到这种自然呢？在这里，我们所意指的审美不是我们上面提及的人类学本体论意义上的对自然的对象性审美。这种审美是一种现象学存在论意义上对自然的审美。

与人类学本体论意义上的审美相比，现象学存在论意义上对自然的审美更具有本源性的奠基性，这种现象学存在论意义上的审美不是以"这是什么？"的知识论的提问方式来探讨对象自身的性质和规律，而是认为对这些事物的结构、原理和运动规律的探讨，其实只有以该事物已经存在为前提才是可能的。正如有学者所言："知识（科学）只是一种衍生性的或者派生性的揭示（解蔽）方式，艺术才是源初的（本源性的）的揭示（解蔽）方式。只有在艺术所开启的源初真理基础上，知识（科学）的揭示活动才是可能的。"① 在存在论意义上人与自然的源初关系本身就是一种审美意义上的关系，在这样的一种审美关系中，自然以其自身所是的方式向人显现出来。物之物性与人之人性都得到了呈现。人们之所以在这样的审美处境中还未感觉到物自身的存在，就是因为人们还惯于对对象进行观念的规定和意愿的把握，从而使物失去了与人源初一体的亲缘关系而蜕化成现成被给予的事物了，以至于阿多诺哀叹"感受自然，尤其是感受自然的宁静，已经变成了一种稀罕的特权"②。所以我们的当务之急就是要悬置积习已久的思维习惯，放弃以理性概念和意愿把握的态度对待自然的方式，那么人类如何才能完成这一思维方式的根本变革通达物性本身呢？海德格尔认为艺术是我们通达这一物性的重要方式。正如海德格尔所言："我们绝对无法直接认识物之物因素，即使可能认识，那也是不确定的认识，也需要作品的帮忙。"③ 那么在艺术作品中物之物性如何呈现呢？

---

① 孙周兴：《后哲学的哲学问题》，商务印书馆 2009 年版，第 324 页。
② Adorno, *Aesthetic Theory*, London: The Athlone Press Ltd. 1997, p. 304.
③ ［德］马丁·海德格尔：《海德格尔选集》，孙周兴编，第 323 页。

三 艺术：自然的拯救

在西方艺术发展的历史上，艺术作为一种历史的存在命运不佳，常因"说谎"和"伤风败俗"等原因而遭人诟病。① 虽然不少思想家竭力为艺术的合法性存在进行辩护，但也难抵艺术"终结"的历史命运。海德格尔却一反常态不但力挺艺术在当代社会的价值，而且把艺术看作关切和保护自然的守护神，化解人与自然异化的通衢。这也是海德格尔在其思想的中后期转向阐释荷尔德林、里尔克等诗人的重要缘由。问题在于艺术何以承担如此重任呢？

"依于本源而居者，终难离弃原位。"② 与海德格尔对其他术语的理解一样，对于艺术他也做了一番词源学的考证功夫。艺术（art）一词来自于拉丁语"arts"，而"arts"又来自于希腊语"τεχλη"的翻译，而"τεχλη"的拉丁拼法是Tekhne，因此"τεχλη"一词远比我们今天的意义宽泛，即指技艺。诚如波兰美学家塔塔尔凯维奇考证的那样，"'τεχλη'在希腊——arts在罗马和中世纪，甚或在晚至近代开始的文艺复兴时期，都表示技巧，也即制造某种对象所需之技艺，诸如：一栋房子、一座雕像、一条船只、一台床架、一只壶、一件衣服，此外，也表示指挥军队、丈量土地、风靡听众所需之技艺。所有这些技艺都被称为艺术"③。所以"τεχλη不只表示手工行为和技能的名称，它也是表示精湛技艺和各种美好艺术的名称"④。依此看来，希腊的"τεχλη"不但包含了我们所理解的艺术概念，还指技术性的成分。⑤ 而我们今天则把原本技艺合一的"τεχλη"截然地分裂开来，让技术完成对自然的改造，使技术以"促逼"的方式让自然服从人的意图和目的，从而在这种目的性的"订造"活动中导

---

① 王岳川：《西方文艺理论名著教程》，北京大学出版社2003年版，第24页。
② ［德］马丁·海德格尔：《海德格尔选集》，孙周兴编，第299页。
③ ［意］瓦迪斯瓦夫·塔塔尔凯维奇：《西方六大美学观念史》，刘文谭译，上海译文出版社2006年版，第13页。
④ ［瑞士］费尔迪南·德·索绪尔：《普通语言学教程》，第931页。
⑤ 饶有意味的是，古代汉语中的"藝"和希腊意义上的"τεχλη"意思极为相近，本意为"种植"，引申指百工的技艺，如《论语·述而》所言"志于道，据于德，游于艺"，这里"艺"就指礼、乐、射、御、书、数六艺，而不仅仅指今天的狭隘意义上的"艺术"。

致了对自然的强暴，正是在这种"技术的白昼"中自然匿而不彰；而让艺术满足于人的审美情感的需求，正是在对艺术的情感体验中使艺术走向了自身的终结。为了挽救自然日遭沉沦的命运，让自然如其所是地呈现出来，我们就必须事先赢获通达自然的正确方式，而如何赢获通达自然的方式，海德格尔认为为了赢获通达自然的方式，就必须回归原初的"τεχλη"（技艺）而非今日意义上的艺术（art），使自然在艺术作品中得到本真地呈现。而自然之所以在艺术作品中得以本真地呈现，就是由于"τεχλη"（技艺）虽然是人的一种实践行为，但这一实践行为并非以概念的把握和功利的满足为目的，而是尽量地让物自身来道说。正如康德所言："（艺术）尽管它是有意的，但却不显得是有意的，就是说，美的艺术必须看上去像是自然，虽然人们意识到它是艺术。"① 正是在此意义上，自然在"τεχλη"（技艺）以其去主体的方式使自然得以如其本然的呈现，达到自然与艺术同一的境地。恰如康德所说："自然是美的，如果它看上去同时像是艺术；而艺术只有当我们意识到它是艺术而在我们看来它却又像自然时，才能被称为美的。"② 而二者之所以同一就在于艺术家在艺术活动中不过是通达自然的一条通道。正如柏拉图在《伊安篇》中，借苏格拉底说出了诗人并非借自己的力量在无知无觉中说出那些珍贵的词句，而是由神凭附着来向人说话。海德格尔同样认为艺术家（诗人）是半神，在作品创作中，他并不关注自然的有用性而是关注于物的可靠性，正是在这种可靠性中物才以物的方式向我们呈现出来。所以"作诗是最清白无邪的事业""美是作为无蔽的真理的一种现身的方式"③。艺术之所以可以化解生态恶化的危机，就在于艺术以其去主体和非对象的方式克服了环境恶化的思想根源——人类中心主义和对象性思维——而让自然以自己本己的方式表现出来。

遗憾的是，长期以来，人们把海德格尔中后期对艺术的关注视为是浪漫主义的诗化哲学，并未深刻地认识到在这一转向的背后所体现的是

---

① ［德］康德：《判断力批判》，邓晓芒译，杨祖陶校，人民出版社2004年版，第150页。
② ［德］康德：《判断力批判》，第149页。
③ ［德］马丁·海德格尔：《海德格尔选集》，孙周兴编，生活·读书·新知三联书店1996年版，第276页。

一个思想家对人类生存环境日益恶化的内在隐忧。虽然海德格尔通过"τεχλη"（技艺）来"拯救地球"的努力还未得到人们普遍的认同，但是一些环境伦理学家在这一点上与海德格尔致思方向却不谋而合。如环境伦理学家尤金·哈格洛夫所说："自然保存的最终历史根据在审美。"① 环境伦理学家戴斯·贾斯丁也认为："环境危机要求的'新伦理'一定是以美学价值观唱主调的。"而罗尔斯顿则认为："美学能否成为环境伦理学的基础，这取决于你的美学思想的深刻程度。大多数的美学家一开始相当肤浅的认为，美学不能成为环境伦理学的基础。不过，随着人们对自然的适当渗入，当人们发现美学自身与自然史之间存在着一种发现与被发现的关系时，他们就会逐渐的认为美学是能够成为环境伦理学的基础的。环境伦理学需要这种美学来成为它坚实的基础吗？是的，确实需要。"② 这些不约而同的共识则无疑是海德格尔自然生态观思想在时代的历史回响。

第三节　从存在者的真理到存在的真理③

真理，作为贯穿于西方哲学发展史上的一个核心的概念，哲学家们囿于不同的理论视域发表了对于这一问题的不同看法。如逻辑实证主义侧重于真理的语义分析，认为真理就是语义的真值函项；实用主义认为"有用即真理"。而传统哲学特别是近代哲学却把真理看作人们的认识与外在对象的符合。总而言之，人们在真理问题上仁智互见极大地丰富和深化了对真理问题的认识。作为存在主义大师的海德格尔在其思想的发展过程中，尤其是中期思想以符合论真理观为批判的靶向发表了一系列对真理问题的独特理解，从而把对真理问题的思考引向深入。海氏认为

---

① Eugene Hargrove, *Foundations of Environmental Ethics*, Englewood Cliff, NJ: prentice-hall, 1989, p. 168.
② Rolston H, *From beauty to duty: aesthetics of nature and environmental ethics*, Environmental and the Arts, Ashgate, p. 140.
③ 本部分内容曾以"从存在者真理到存在真理——论海德格尔存在论视域中的真理观"为题发表于《社会科学家》2010 年第 5 期，此处有修改。

认识论意义上的真理远未达到真理认识的深度，仅只是对真理的浮表之知，真理有其深层的意蕴。而只有在存在论的视野中真理的深层意蕴才能如其所是地向我们呈现出来。那么海德格尔是如何论述存在论视野中的真理问题？这一存在论视野中的真理问题与传统意义上的真理问题有何区别与联系？这一真理问题对于我们重新思考真理的学说有何启示意义？

一　符合：传统真理观的本质

说到真理这个大家耳熟能详的词语，人们都会不约而同地认为就是指我们的主观判断和其所认识的外在对象的符合，这几乎是不言自明的公理。在这一思想理论的指南下这一符合论的真理观在人类科学的进展过程中做出了卓越的贡献，人类因此而受惠颇多。这难道还有什么可疑之处吗？但海德格尔却对人类这一自明性的真理观提出了前所未有的批评与质疑，并指出这一真理观自身所暴露出来的诸多问题与困境。

要明白海氏对这一符合论真理观的批评，我们就必须搞清楚符合论真理观得以形成的来龙去脉，由此才可以找到其在形成过程中所暴露出来的破绽与不足。这就不得不对符合论真理观形成做一番追根溯源的工作。依据德国哲学家克劳斯·海尔德的观点，如果我们把真理理解为实事本身的存在及其如何存在的话，那么事物本身也可能因个人视域的局限以如此偏颇的方式显现出来，以至于人们在对待同一事物上因为意见的相左而可能相互争执起来，这样争论便会爆发起来。哲学的任务就在于克服由这一情况而产生的意见之争，而统一到一致性的认识上来。所以哲学的开端就陷入了关于真理问题的争论之中。[①] 如何把同一事物各不相同的意见统一到真理的轨道上来呢？不同时期的哲学家给出了不同的答案。首先在古希腊时期，赫拉克利特是对这个问题做出首要思考的人，赫拉克利特认为既然人们囿于个人的视域形成了对事物的私人理解，人们只能通过个人视域把握真理，并不意味立足于私人视域所形成的对真

---

① ［德］克劳斯·海尔德：《真理之争——哲学的起源与未来》，《浙江学刊》1999 年第 1 期。

理问题的认识会得到大多数认同。赫拉克利特认为真理只能在一个共同的世界中来显现。而局限于个人视域而形成的真理是由于他们脱离这个共同的世界所造成的。正如赫拉克利特所言:"清醒的人们有一个共同的世界。可是在睡梦中人们却离开这个共同的世界,各自走进自己的世界。"① 赫拉克利特认为哲学的任务就在于把人们从私人视域的睡梦中唤醒而回归到这一共同世界的方向上来。我们如何寻找到这个共同的世界呢?对这一共同世界的寻找却遭到了智者学派普罗泰哥拉的反对,普罗泰哥拉认为,"对于人类来说,只存在他们的许多私人世界,而不存在一个超越于此的共同的同一个世界"②。正如他的一句名言所说:"人是万物的尺度,是存在者存在的尺度,也是不存在者不存在的尺度。"③

智者学派的相对主义的观点受到了巴门尼德的批评。巴门尼德区分了对对象认识过程中的两条道路:一条是真理之路,一条是意见之路。真理的道路就是存在的道路,是一条哲学所追求的道路,也是一条思想的道路。正如巴门尼德所言:"思想与存在共属于一个东西""能被思维者和能存在者是同一的"④。

意见之路在巴门尼德看来就是一条跟着感觉走的道路,这条路就是一条梦幻的人生之路。继巴门尼德之后,苏格拉底、柏拉图与亚里士多德批判了普罗泰哥拉,而主张哲学的正确道路就是巴门尼德指出的真理之路,即对于存在的追寻。但如何追寻存在,到苏格拉底这里发生了一个革命性的转变,苏格拉底认为智者学派之所以会形成对于事物的不同认识,错误在于他们并未认识到人的本质,"因为只有人觉悟到自己的绝对本质,他才能根据这一本质去规定一自然事物真正能够是什么事物,从而避免同一事物在智者们不同的主观关照下呈现为不同的,甚至是相

---

① 北京大学哲学系外国哲学史教研室编译:《西方哲学原著选读》,商务印书馆2005年版,第25页。

② Eugene Hargrove. *Foundations of Environmental Ethics*, Englewood Cliff, NJ: prentice-hall, 1989, p.13.

③ 北京大学哲学系外国哲学史教研室编译:《西方哲学原著选读》,第54页。

④ 北京大学哲学系外国哲学史教研室编译:《西方哲学原著选读》,第31页。

反的事物"①。因此，到苏格拉底这里，关注的重心从"自然"转向了"人（心灵）"，从物理学转向了伦理学。他认为只有在我们弄清了关于人的伦理学品德之后，才能保证我们对外在对象的认识可取得一致性的认识。"认识你自己"是苏格拉底至死不渝的哲学信念，那么，人又如何认识自己呢？苏格拉底提出了"辩证法"的思维方法。这种辩证法就是定义法和归纳法。柏拉图则沿袭了苏格拉底的思想，认为人的理念（灵魂）高于一切，万物是因为分有理念的成分才享有真理。一切外在的感性自然现象都是不真实的。掌握了至高无上的理念也就等于说掌握了真理。现实世界只是理念的影子，是虚幻不真的。只有走出洞穴在光（理念）的普照下我们才能认识事物的本来面目。这里符合论真理观的思想已初露端倪。到了亚里士多德则进一步落实了这一思想，主体就是陈述者，外在事物就是陈述的对象。到了近代哲学笛卡儿则以"我思故我在"高扬了主体的地位，而英国的经验主义则完成了真理的实证化、工具化。后来的康德以"哥白尼式革命"的方式把主体在符合论真理观中的核心地位推到了无以复加的地步。

通过以上对符合论真理观形成过程的简要梳理，我们发现这一符合论真理观至少暴露了以下几方面的问题与不足：首先，这种符合论的真理观是以主客二分为依据的主体主义真理观，在很大程度上带有唯我论的成分。如前所述，这一主体主义的真理观肇端于苏格拉底，在柏拉图和亚里士多德那里得到进一步的发展，在笛卡儿那里趋于成熟，在康德那里达至极致。这种真理观不是人符合物（笛卡儿），就是物符合人（康德）。前者见物不见人，人丧失掉了自己的自由，贬低人的地位，成为真理的奴隶。后者见人不见物，主体以自己的先验范畴来建构物。"如此一来，个别人的精神，我的精神，便成为显现方式的基质，成为近代意义上的主体，显现方式很快便不再是实事的自身展示，而成为精神本身的各个特征展现给我的精神方式。"② 在海氏看来，这种主体主义的真理观

---

① 黄裕生：《真理与自由》，江苏人民出版社2002年版，第6页。
② [德] 克劳斯·海尔德：《真理之争——哲学的起源与未来》，《浙江学刊》1999年第1期。

第五章 面向事实本身:符号唯心主义解构之维

错失了真理得以形成的本源地位。

其次,这种符合论真理观仅仅是一种"在场(光)"的真理观。是一种显性的真理观。而使真理得以可能的隐而不显的存在的真理却被无端地遗忘了。这一被无端遗忘的"不在场(遮蔽)"的存在的真理并不是由于人的粗心大意,而是由于它因"空"或"无"的特性而与人们在打交道的过程中失之交臂了。或者人们以非真理的方式来对待它忽视了其在真理认识过程中的价值与作用。海氏认为正是由于人的这一疏忽造成了人们往往把真理等价于科学知识。因此,真理就是千古不移万古不变的金科玉律,谁要是敢对此有所怀疑和反对那岂不是自不量力。可情况并非如此,科学发展的历史和人们的认识,因固守这一思想在此所犯的错误并不少见。在科学发展史和认识史上很多伟大的人物就是在对这一理论的挑战中而被迫害致死的。因此重思真理这一攸关生死的重大课题就显得异乎寻常地重要了。

最后,海德格尔认为符合论真理观的形成还因为长久以来人们深受根深蒂固的基督教神学信仰的影响。认为世上万物都来自于上帝的创造,人的意念也来自于上帝的旨意,人的意念与物依于上帝的同一设计,所以可能相符。以后的符合论源自中世纪的神学而不自知,而中世纪的信仰被放弃后,世界理性代替了上帝的位置。这种世界理性自己为自己立法并声称它的工作具有直接的明晰性。因而符合论的真理观始终居于统治地位。在认识论的发展历史上,凡是符合事物本质的认识就是对于事物正确的反映,凡是错误的认识都是对事物错误的反映。这种理性主义的真理观却被利奥塔指责为"真理的白色恐怖"。福柯更是揭示了这一冠冕堂皇的真理所掩盖的权力话语对人的宰制。罗蒂斥责其为"大写的真理",海德格尔则批判其所造成的人的无家可归状态。

长期以来,这一几近共识的自明性的符合性的认识论一直支配着人们对事物的认识,但海氏却对这种不证自明提出诘难,认为这一自明性的背后还有很多晦暗不明的东西有待于我们去追问。海德格尔认为传统符合论的真理观所说的对象与陈述内容的符合并不是符合实情的,因为人们在不同的意义上使用这个概念。海氏举例说,我们看到桌子上的两个五分硬币,我们便说它们是符合一致的,两者是由于外观与质料的一致而相符合。但我们关于这个五分硬币所形成的判断性陈述与五分硬币本身又在何种意义上符合一致呢？五分硬币作为质料性的东西可以用来购买东西，而一个关于五分硬币的陈述根本就不能用作货币来购买东西。既然知与物并不相同，那么它们怎么可能符合呢？知必须按照物本身来把握物，但它既然不是物，它如何能按照物本身来把握物？但人们依然认为这是真的陈述。显然，命题与事物的符合必定有一种特别的关系，海氏认为这种关系是一种特殊的表象关系。海氏这里的"表象"不是我们所理解的低于概念思维的表象思维，这里的表象，在不考虑所有那些"心理学"的和"意识理论"的先入之见的情况下，表象意指让物对立而为对象。按德文词"vorstellen"意指"摆到面前"，这里的表象就是：命题把它所关涉的物摆到面前，使它与主体相对而立成为对象。主体则形成了对该对象的表象。因此传统真理观所形成的物与知的符合论，就是建立在主客二元对立意义上科学思维和形而上学思维方式上的真理观。而这种思维方式根本无逮于物，反而是对物的一种歪曲和扰乱。① 海氏认为要使存在者成为对象，达到真理性的认识，我们必须追问在表象性的陈述活动中让物如其所是地呈现出来的内在根据？只有当陈述的内容与被表象的物相互协调共在一体时，物才可能向我们本真地呈现出来。但实际情形也有例外，一个错误的陈述也可能与其对象相符合。例如，面对一个五色板，色盲人会说：这是一单色板（无色板），在色盲者的表象陈述中主色板的确作为单色板呈现出来，因此，他的陈述与其对象是相互符合的，但我们并不认为他的这一陈述是正确的，原因就在于，他在其陈述活动中未能如主色板本身那样把它作为一个多色板（对象）来呈现，而是歪曲了这个色板。海德格尔在关于真理学说的另外一篇文章《柏拉图的真理学说》也表达了同样的意思，描述了生活在洞穴里的被捆缚手脚面壁而向的囚徒，由于他们只看到事物在墙上的倒影，便以为自

---

① 海氏在《艺术作品的本源》一文中，探讨了传统意义上关于物的三种认识：一种是物是特性的载体；一种是物是感觉的复合；一种是物是形式的质料。海氏认为第一种使我们与物保持着距离，而把物挪得老远；第二种解释则使我们过于与物相纠缠了，在这两种解释中物都消失不见了；第三种解释则从器具的因素来着眼显然也错失对象的正确反映。参阅［德］马丁·海德格尔《海德格尔选集》，第251页。

己把握到了事物的真理,而那个解除了桎梏走出洞穴在阳光下了解事物真相的人反而被讥讽为疯子。也就是说,表象活动在让物作为对象来对立时,有可能歪曲或掩盖了物自身,而未能使对象如物自身那样呈现出来。因此在表象活动中,陈述只能从它所关联到的物里获取正确尺度。那么,物又如何能够成为正确呢?物只能作为自身出现,它才能成为正确性尺度。于是,更进一步的问题是:物如何能作为自身出现呢?要让物作为自身出现,海氏提出了"敞开领域"(也可称无蔽领域)这个概念。这个敞开领域不是由表象创造出来的,相反,这个敞开领域的可敞开性恰恰是表象成为可能的内在根据与前提。只有在这个敞开领域,物才能如其所是地在表象性的陈述活动中得以正确地反映出来。正如海德格尔研究专家比梅尔所言:"陈述并不是万能的工具,通过它我们可以把握存在者,相反,陈述依赖于我们的敞开持驻性,因为只有在此在的敞开持驻性的基础上存在者才能从根本上显现自身,我们才能从存在者本身那里获得指示,去说有关存在者的情况,或者如前所说,才能够适应存在者。"①

为了更进一步证明自己这一理论,海氏还从语源学的意义上证明自己理论的科学性。真理的希腊词是"A-letheia",而"A"作为希腊词的前缀是否定意义上的意思。海氏认为按照希腊词的原始语义,这个词应译为"无蔽"。正如海氏所言:"西方思想在开端时,就把这一敞开领域把握为 ἀληθεσ 即'无蔽'而不是译为'真理',那么这种翻译不仅更加合乎字面,而且包含着一种指示,即要重新思考通常正确性意义上的真理概念,并予以追思,深入到存在者之被解蔽状态和解蔽过程的那个尚未把握的东西那里。"② 这里海氏所说的"无蔽"与"敞开状态"具有同等的意义。希腊原始意义的真理之所以衍变为流俗意义上的真理概念,这主要是因为希腊语在翻译为拉丁语的过程中,隐藏着希腊思想向另一

---

① [德]比梅尔:《海德格尔》,刘鑫译,商务印书馆1996年版,第77页。
② [德]马丁·海德格尔:《路标》,孙周兴编,商务印书馆2000年版,第217页。

种思维方式的转渡。① 因此作为无蔽的真理之本质在希腊思想中未曾得到思考，在后继时代的哲学中就更是理所当然不受理会了。存在者的真理只有在存在者整体处于无蔽状态或敞开领域的时候，存在者的真理才成为可能，如果存在者整体处于遮蔽状态，那么命题真理中的物与知的符合就无从谈起。显而易见，命题真理的正确性与否与其是否处于敞开领域是密切相关的。问题是："真理作为无蔽领域是如何发生的，这里我们必须更清晰地说明这种无蔽或敞开领域究竟是什么？"②

二 自由：走向真理的前提

敞开领域是物得以显示自身的本真领域，但是通达敞开状态的途径却很少受人注意且易被人们误解，"我们容易这样来理解，似乎敞开状态是人赋予的，因而他可以掌握存在者，其实不然，相反，人与存在的各种关系倒是由敞开状态支持着的，人被置身于敞开状态中，前面阐明的正确性即与表象的存在者相符合之所以可能，仅仅是因为此在是作为持驻于敞开而被把握的"③。海氏认为这种可敞开领域植根自由，因此海氏说："真理的本质乃是自由。"④ 把自由作为真理的本质不免让传统真理的持有者不仅感到困惑。而且是一种挑战。"西方哲学从巴门尼德到笛卡尔对真理的追求被展示为一条缺失自由的求知道路。"⑤ 人们认为自由在人们认识真理的过程中不仅无助于人们认识真理而且是对认识真理的一种扰乱。所以在笛卡儿那里，人的自由意志是必须服从人对事物的外在理智认知的。"任何试图摆脱理智的限制而让意志去对理智认识不到或者尚没有清晰认识的事物做出决断的努力都是对自由意志的滥用或误用。"⑥ 康德更把人的自由意志限制在人的实践理性领域而无关于人的纯粹认识。

---

① 海氏在《艺术作品的本源》中说："罗马思想接受了希腊的词语，却并没有继承相应同样原始的由这些词语所道说出来的经验，即没有继承希腊人的话，西方思想的无根基状态即始于这种转渡"。请参阅［德］马丁·海德格尔《海德格尔选集》，孙周兴编，第243页。
② ［德］马丁·海德格尔：《海德格尔选集》，孙周兴编，第273页。
③ ［德］马丁·海德格尔：《路标》，第81页。
④ ［德］马丁·海德格尔：《海德格尔选集》，孙周兴编，第221页。
⑤ 黄裕生：《真理与自由》，江苏人民出版社2002年版，第2页。
⑥ 黄裕生：《真理与自由》，第61页。

传统真理观认为自由是对必然的认识，一个人对外在事物的认识越清楚，就越拥有自由，就越能体现出主体把握和改造外在客观世界的能力。但这样理解自由无异于取消自由，因为不管对必然有多么深入的认识，未被认识的必然并没有减少，而且以这种认识为根据的行动都是他律的，不是自律的，自由之为自由就在它是自律的。即自己给出自己的法则。对于海德格尔的自由思想的理解，恰如巴雷特所言："如同海德格尔的其他观点一样，要想理解他的意思，我们必须抛弃一般的思维习惯，让我们自己看到事情是怎么回事，也就是要看到事情本身，而不是用现成的概念粗暴地歪曲事物。"①"那个命题并不意味着做出一个陈述或者交流和采用一个陈述是可以随便进行的，那个命题是说，自由是真理的本质因而也是真理的基础和可能性的根据，而传统的真理概念绝没有包含这个思想……自由之所以是正确性的内在可能性的根据，是因为它是从唯一本质性的真理的源始本质中获得自己的本质的。"②

海氏这里的自由既不同于积极意义上的主体对外在客观世界的认识与改造；也绝不等同于放弃与冷漠意义上的消极意义上的自由。海氏认为这种自由是让存在的，因此是存在的自由。所以在此真理作为自由无关乎随意的和可做不做的无约束性的方式，而是关乎存在自身，亦即那于其无蔽中的存在。这种自由就是让存在者存在，是让存在者成其所是，亦即参加到存在者本身的敞开即去蔽过程之中去，让存在者自由自在不受干扰与歪曲的存在，此在不受任何先入之见的打量存在者。存在者自身协调和参与到存在者整体。这里的存在者整体绝不是存在者之和，相反由于其经常处于遮蔽状态而不易被人们所把握。这种存在者之整体相当于中国哲学佛教与道家所谈及的空与无，但他们绝非一无所有，它存在，但却处于隐匿状态。正如海氏所言："存在者不为人所熟悉的地方，存在者没有或还只是粗略地被科学所认识的地方，存在者整体的敞开状态能够更为本质的运作，而比较而言，在熟知的和随时可知的东西成为大量的，并且由于技术的无限度的推进对物的统治地位而使存在者不再

---

① ［美］威廉·巴雷特：《非理性的人》，商务印书馆1996年版，第219页。
② ［德］比梅尔：《海德格尔》，刘鑫译，商务印书馆1996年版，第79页。

能够抵抗人们卖力认识的地方，存在者整体的敞开状态是少见运作的。正是在这种无所不知和唯知独尊的平庸无奇中，存在者之敞开状态被敉平为表面的虚无。那种甚至不至于无关紧要而只被遗忘的东西的虚无。"① 在这里，之所以不厌其烦地引用海氏的这段话，就在于这段话中蕴含着海氏对当今社会主体论自由观的批判。这种主体论的自由观使人类只从自我的消费需求和物的有用性的角度来认识物，以他的打算和计划来充实这个世界，却并没有考虑尺度之采纳的根据和尺度之给出的本质。正如海氏所言："任何一种把无蔽状态之本质建立在'理性'、'精神'、'思维'、'逻各斯'某种主体性之上并且加以论证的尝试，向来都不可能拯救无蔽状态之本质，因为所要建立和论证的东西，即无蔽状态之本质，在这里根本还没有得到充分的追问，在此，只是对未曾把握的无蔽状态之本质的一个本质后果的'说明'而已"。② 因此，人在根本方向上出了差错，人越是一味地把自己当作主体，当作一切存在者的尺度，他就越是错上加错。不但无逮于物的本质，而且是对物的一种促逼和索取。人们在这方面越是用力，可能离存在者整体的被揭示状态越远，而存在者就遮蔽得越深。在这之中，要深入存在者之被解蔽状态和解蔽过程去把握自行展开的存在者，主体必须在存在者面前自行引退，以便使存在者以其所是和如何是的方式公开自身，从而使表象性的陈述从中获取神圣性的尺度。所以海氏说："真理就是存在者的去蔽，通过这种去蔽，敞开状态显现出来。"③ 因此，"人首先是自由的，他才能认识必然，而不是认识了必然才是自由的，在这里，不是必然构成了自由的前提，恰恰是自由构成了必然的前提。这在实质上意味真理与自由的统一。真理以自由为前提"④。

三 真理：在遮蔽与无蔽之间

自由在让存在者整体得以敞开的同时，自由也可能让存在者在其存

---

① ［德］马丁·海德格尔：《海德格尔选集》，孙周兴编，第227页。
② ［德］马丁·海德格尔：《路标》，第274页。
③ ［德］马丁·海德格尔：《路标》，第274页。
④ 黄裕生：《真理与自由》，江苏人民出版社2002年版，第85页。

在者整体中让存在者不成其为它所是和如何是的存在者，存在者便被遮蔽和伪装，这样假象就占了上风，于是真理的非本质部分突显出来了。这里的"非"是指"那尚未被经验的存在之真理的领域"①。因为那作为开端性的非真理遮蔽自身，所以它不让自身在历史中被认识，但海氏说真理的非本质也并非由于人的纯然无能与疏忽，非真理是无蔽领域的遮蔽状态，遮蔽状态就是非解蔽状态，"如果说真理的本质并不仅仅是陈述的正确性，那么，非真理也不等于判断的不正确性"②。"遮蔽状态可以有形形色色的各种方式：锁闭、保藏、掩蔽、蒙蔽、伪装等。"③ 这种存在者整体的遮蔽并非事后才出现，而是真理的原始发生，它比让存在本身更古老，构成了整个敞开领域的基础和开端，作为伪装的遮蔽则发生在敞开领域之中，由于众多存在者彼此遮盖、相互掩饰，使存在者显示的不是自身而是他物，这种遮蔽是假象得以发生的内在根据，因此真理的非本质乃是神秘。但非真理的神秘状态却经常处于被遗忘的状态，因为在存在者的解蔽过程中往往通达便于可达的和可控制的东西，而遗忘了神秘领域的原始运作。但神秘的非本质并不因人类固执于自己的打算和计划而消失，相反，正是对神秘的遗忘却使人类自身与神秘失之交臂，走上了迷误与歧途的道路。

我们通常总是执着于单个的、可敞开的存在者，恰恰没有注意存在者整体，导致了人们对存在真理的遗忘。正是由于人类在此在的生存自由中对存在真理的遗忘，而使存在者整体处于被遮蔽的状态，这种遮蔽就可能以双重的方式发生。一种是伪装，在这里存在者虽然显现出来，但它显现的不是自身而是他物，遮蔽的另一种状态是拒绝，拒绝者完全不显示自身，它是澄明和敞开领域的来源。只有通过对遮蔽状态的剥夺与否定才有无蔽真理的发生，因此海德格尔的好友比梅尔曾经解释说："aletheia一词中的'a'被海德格尔称作剥夺者。"④ 但遮蔽总是抗拒无蔽的剥夺，拒绝者一味地隐匿自身，它永远不会因为无蔽的剥夺而被消除，

---

① ［德］马丁·海德格尔：《海德格尔选集》，孙周兴编，第81页。
② ［德］马丁·海德格尔：《海德格尔选集》，孙周兴编，第81页。
③ ［德］马丁·海德格尔：《路标》，第257页。
④ ［德］比梅尔：《海德格尔》，刘鑫译，商务印书馆1996年版，第67页。

它永远作为无蔽的心脏而属于无蔽。海氏又把这种无蔽与遮蔽的剥夺称为"原始的争执"。"就无蔽者而言,重要的不只是它以某种方式使显现者变成可通达的了,并且使之在显现中保持开放;而不如说,重要的是,无蔽者总是克服着被遮蔽者之遮蔽状态,无蔽者必然是从一种遮蔽状态中被夺得的,在某种意义上,也就是从一种遮蔽状态中被掠夺来的。"①在原始的争执中,澄明生矣。这种澄明绝不是纯光领域,而是晦明相间的"林中空地",在这其中,遮蔽与无蔽并非水火难容,势不两立,而是你中有我、我中有你的相互依存共属一体。而存在的真理就发生在其中。这种情况就像海德格尔在《柏拉图的真理学说》中的"洞穴比喻"的囚徒。被捆绑双手背对事物时,他可能看到的只是事物的倒影,但他却把事物的倒影看作无蔽的真理,当他桎梏的双手被解除后,他可以在洞穴中自由的活动,看到了倒影的持存物,他可能更接近无蔽的真理了,而当他再一次地走出洞穴之外,看到了比人工照亮的更为无蔽的东西,他现在达到的无蔽者乃是最无蔽者,"之所以叫最无蔽者,乃是因为它首先在一切显现者中显现出来,并且使显现者变成可通达的了"②。而捆绑的囚徒一次又一次地接近无蔽的真理就在于与遮蔽的抗争中才达到了最无蔽者。正如德国海德格尔哲学专家奥特·波格勒解释柏拉图的真理学说时所言:"一个存在者在其去蔽的不同阶段中展示自身,但只有去蔽是真的。因此,教育就是为了释放人以转向作为真的东西的去蔽。教育的本质,作为解放,作为摆脱锁链与洞穴而进入明亮的天空之道,乃是以真理的本质为基础。这样,洞穴的本质诚然是讨论教育,但实际上是讨论真理。"③

总而言之,海德格尔以其思的坚韧与伟大为我们开拓了一条理解真理的新思路,这条路总是不断地处于新的开端和起点上。正如海氏所言:"对真理本质的追问是否并非同时必须是对本质的真理的追问,而在'本质'概念中,哲学思的是'存在',从陈述之正确性的内在可能性返回到

---

① [德] 马丁·海德格尔:《路标》,第 257 页。
② [德] 马丁·海德格尔:《路标》,第 257 页。
③ 张世英:《进入澄明之境》,商务印书馆 1994 年版,第 74 页。

作为它的根据的'让存在'的生存着的自由，以及在遮蔽与迷误中预先指明这种根据的原初本质，这一番工作意在表明，真理的本质并不是一种'抽象'普遍性意义上的空洞的'一般'，而是那种独特的去蔽历史中独一的东西；这种去蔽就是我们称之为'在'，而且长期以来习惯被人当作存在者整体看待的东西的'意义'的揭示。"① 因此，海德格尔意义上的真理绝不是传统意义上符合论的真理如此简单的，他更给我们展示了真理得以形成的内在深层本质，真理只有处在敞开领域之中即存在者整体的无遮蔽状态中，存在者的真理才能如其本真地向我们呈现出来。但这一敞开状态来源于易于遗忘和善于隐蔽自己的存在的真理，真理就发生在这两者显隐相间的相互争执中。这样海德格尔就从符合论的真理观走向了生成论的真理观。从认识论意义的真理走向了存在论或本体论的真理，而认识论意义上的真理只有处在本体论意义的真理的去蔽与解蔽过程中，当存在者在其中向人表现自己而人按这个表现陈述该存在者时，认识论意义的真理才可获得。这正如巴雷特所言："海德格尔的重大主张是，真理并不总是处于理智之中，恰恰相反，事实上，理智的真理是更为基本意义上的真理所派生出来的。"② 而生成论的真理以诸多的方式表现出来，而艺术因其去主体和让呈现的两个向度，③ 成为本体论意义的真理得以表现的主要方式。正如海氏所言："艺术是真理的生成与发生。"④ "艺术家对可能性的东西具有本质性的洞见，将存在者隐蔽的可能性带到作品中，由此，使人们首次看到他们盲目游荡于其中现实—存在者，发现现实事物本质性的东西，并不是通过科学发生了或正在发生，而是通过原始哲学和伟大的诗。"⑤

以上我们通过对舒斯特曼的身体转向与海德格尔关于真理和自然的阐发，旨在证明在意识哲学主导下符号唯心主义的危机和感性世界的崛

---

① ［德］马丁·海德格尔：《海德格尔选集》，孙周兴编，第83页。
② ［德］威廉·巴雷特：《非理性的人》，段德智译，商务印书馆1996年版，第212页。
③ 孙斌：《艺术：物之守护》，《复旦学报》2006年第5期。
④ ［德］马丁·海德格尔：《海德格尔选集》，孙周兴编，第292页。
⑤ ［德］马丁·海德格尔：《论真理的本质——柏拉图的洞喻和〈泰阿泰德〉讲疏》，华夏出版社2008年版，第26页。

起。但是，在走向感性世界的道路上，他们采取了各自不同的路径，海德格尔试图通过艺术来实现我们对真理和自然（也即物）的重新理解，而舒斯特曼则主张我们应该恢复身体在感性学的本体地位。而之所以做出如此的努力，就是为了告别意识哲学主客二元对立的对象化思维所造成的符号危机，重新回归感性，从而弥合人与物之间的鸿沟，摆脱当代人类面临的诸多生存困境。

第六章

身体符号:化解符号唯心主义的可能性途径

> 困惑的结果总是产生于显而易见的开端（假设），正因为这样，我们才应该特别小心对待这个"显而易见的开端"，因为正是从这儿起，事情才走上了歧路。①
>
> ——布洛克

第一节 从"思在合一"走向"身在合一"

要回归感性就是要把覆盖在事物身上的层层面纱揭掉，还事实以本来的面目，这正如现象学家胡塞尔所主张的那样：面向事实本身。而要完成这一任务，就必须做一番追根溯源的工作，搞清楚问题的症结之所在，以便于我们对症下药。正如我们前面揭示的那样，造成符号唯心主义问题的根本原因是意识哲学，意识哲学又是一种意识内在性的哲学，这种意识内在性哲学以近代笛卡儿主客二分、身心分离的思想为其发端。后至康德、黑格尔才不断得到发展与完善的哲学。所以黑格尔把笛卡儿看作近代哲学的真正创始人，因为近代哲学正是以意识内在性为原则的，而这一意识内在性原则是从笛卡儿的"我思"开始，在笛卡儿寻找确定性的追求中，其他的一切都是不可信任而悬置待审的，只有"我思"是不可怀疑的，它是我们认识外在事物的阿基米德点。正如笛卡儿所言：

---

① ［美］布洛克:《美学新解》，滕守尧译，辽宁人民出版社1987年版，第202页。

"'我思,所以我在'这条真理是这样的确实,这样的可靠,连怀疑派的任何一种最狂妄的假定都不能使它发生动摇,于是我立刻断定,我可以毫无疑虑地接受这条真理,把它当做我所研求的哲学的第一条原理。"①这里的"我"仅是一个在思想的东西,是一个既不依赖于物质也不依赖于我的肉身的独立的唯一的主体,其他存在者成为与我相对立的对象与客体。"我"在其他存在者面前具有了优先性的地位,成为判定其他存在者存在的法官,成为确定性的根据。逮至康德,他把构成感性材料基础上的物自体置于认识的彼岸。划定理性的能力和范围,进一步巩固和强化了主体性地位,外在事物都是先天感性形式(时间和空间)和知性范畴对外在感性材料进行加工的结果。从而使经验世界得以可能的物自体成为了超验的世界。世界因此而形成了经验世界和超验的世界。知性把握的是经验世界,理性把握的是超验的世界。而理性的超验世界由于缺乏必要的范畴和工具,不得不借助知性范畴,因而形成了不可避免的二律背反,黑格尔则用绝对意识把外在事物纳入主体之自我意识和观念之中。至此,意识内在性达到了登峰造极的地步。②正是基于此,张再林教授简明扼要地把西方传统哲学总结为一种以"意识—范畴—宇宙"为主要致思趋向的意识思维范式。③并非常深刻地指出了这种思维范式是一种"远离生命制作本源的形而上学的幻影和伪名"④。因为这种对"物"的"祛魅"并没有使我们看到"物自身",仅仅看到的不过是物的"客观主义幻象"而已。

在马克思看来,自近代哲学发展以来所形成绝对的自我意识对外在世界的认识只不过是主体自身一厢情愿对外在世界自我认识、自我外化、自我构造的结果,它只是事物的"物相",而不是事物本身。就此,马克

---

① 北京大学哲学系外国哲学史教研室编译:《西方哲学原著选读》,商务印书馆2005年版,第369页。
② 张有奎:《现代性的哲学批判——从马克思生存论角度的分析》,社会科学文献出版社2005年版,第86页。
③ 张再林:《作为身体哲学的中国古代哲学》,中国社会科学出版社2008年版,第257页。
④ 张再林:《我与你和我与它——中西社会本体论比较研究》,西北大学出版社1999年版,第11页。

思说"自我意识通过自己的外化所能创立的只是物相,亦即只是抽象的物,抽象之产物,而不是现实的物"①。因而,物相对于自我意识来说,它只不过是纯粹的创造物,是被自我意识主观创造的结果。只是在表面上看起来似乎是独立的、现实的存在物。对于意识本身而言,"意识知道对象同它是没有区别的,对象对它来说是非存在,因为意识知道对象是它的自我外化,也就是说,意识所以知道自己(作为对象的知识),是因为对象只是对象之假象,是虚无缥缈的海市蜃楼,而就其本质说来不过是知识本身,这种知识把自己同自己本身对立起来,并因而把某种虚无性,某种知识之外没有任何对象性的东西同自己对立起来;换言之,知识知道,当它同某个对象发生关系时,它只是处于自己之外,把自己外化出去;它知道只是它本身对于它自己表现为对象的样子,也就是说,对它表现为对象的那个东西只是它本身"②。因此,自我意识,"作为知识的知识,作为思维的思维,直接地把自己冒充为有别于自身的他者,冒充为感性、现实和生命,——在思维中超越自身的思维"③。黑格尔就此而指出:"在这种抽象的世界里,个人不得不用抽象的方式在他的内心中寻求现实中找不到的满足,他不得不逃避到思想的抽象中去,并把这种抽象当作实存的主体,——这就是说,逃避到主体本身的内心自由中去。"④ 由此,感性失去了它的鲜明的色彩而变成了几何学家抽象的感性。

正如马克思所言:"统治阶级的思想在每一时代都是占统治地位的思想。这就是说,一个阶级是社会上占统治地位的物质力量,同时也是社会上占统治地位的精神力量。支配着生产资料的阶级,同时也支配着精神生产的资料……占统治地位的思想不过是占统治地位的物质关系在观念上的表现,不过是表现为思想的占统治地位的物质关系。"⑤ 马克思的这段话告诉我们近代主体性意识哲学的发展并不是哲学家们无端的自我

---

① [德] 马克思:《1844 年经济学—哲学手稿》,人民出版社 1979 年,刘丕坤译,第 119—120 页。
② [德] 马克思:《1844 年经济学—哲学手稿》,第 123—124 页。
③ [德] 马克思:《1844 年经济学—哲学手稿》,第 124 页。
④ [德] 黑格尔:《哲学史讲演录》(第 3 卷),商务印书馆 1996 年版,第 8 页。
⑤ [德] 马克思、恩格斯:《德意志意识形态》,人民出版社 1961 年版,第 42 页。

编造，而是现实生活在理论上的表现。这一现实生活的具体表现就是资本的符号逻辑对人们的统治。正是资本和理性主义的意识哲学的联姻，构成了现代社会最根本精神。正如王善平博士的精辟阐明："在本质上，现代史乃是资本之物质力量与形而上学之理性力量的汇流。正是这两股相互激荡的全球化力量，造就了真正意义上的世界历史。通过联合长于抽象化、形式化、合理化和数量控制的理性形而上学，尤其是借助于科技，资本得以将形而上学的理性力量转化为空前巨大的生产力，并藉此建立了覆盖全球、全人类乃至外太空的霸业，借助资本惊人物质力量，理性形而上学得以冲出书斋和实验室，成为资本的知识要素，并经由科技、教育、文化、信息等意识形态产业而殖民生活世界，建立了汪洋大海般的现代统治。在此意义上，资本与理性形而上学的联姻，乃是最具世界历史意义的事件。"① 所以，康德所提出的"物自体"不可认识的谜团，在马克思对剩余价值的揭示中以特有的方式为我们揭示了出来，继而在后现代社会又在鲍德里亚那里得到进一步的演变和发展。但是这样一种对物的揭示显然又不是物自身的本来面目，只不过是人自身把自己的强力意志赋予物的结果。正是基于此，马克思对资本符号逻辑的批判并未仅仅停留于资本本身的批判，而是在展开对资本批判的同时，也展开了对符号唯心主义为基础的意识哲学的清算工作。因而马克思对现代社会展开来的批判是理论和现实的双重批判。

在对意识哲学的清算工作中，马克思得益于费尔巴哈的思想，但其很快又超越费尔巴哈的直观唯物主义思想。马克思在《关于费尔巴哈提纲》中批判旧唯物主义说："从前的一切唯物主义——包括费尔巴哈的唯物主义——的主要缺点是：对对象、现实、感性，只是从客体的或者直观的形式去理解，而不是把它们当做人的感性活动，当做实践去理解。不是从主体方面去理解，因此，结果竟是这样。和唯物主义相反，唯心主义却把能动的方面发展了，但只是抽象地发展了，因为唯心主义当然

---

① 王善平：《现代性：资本与理性形而上学的联姻》，《哲学研究》2006 年第 1 期，第 37 页。

是不知道现实的、感性活动本身的。"① 其实，对意识哲学的清算而对人的感性生活的肯定并不始于马克思本人，而是发端于18世纪法国唯物主义者，但是，法国唯物主义者所理解的感性只是肯定外在感性事物的存在，而把作为感性生活的人，排除在自己的思想之外，所以，对感性生活的肯定依然是见物不见人的机械的、庸俗的唯物主义哲学。费尔巴哈在反对意识哲学的同时，正是不满于法国机械唯物主义对人的忽视，而在反对黑格尔把感性现实归因于意识构造物的同时，提出了人本学的唯物主义思想，正如费尔巴哈所言："这种哲学，是从思想之对立物，即从物质、实质、感觉中产生出思想，并且，在通过思维过程来规定对象以前，先就与对象发生感性的，也即受动的、领受的关系。"② 显然，费尔巴哈把自己的思想奠基于不同于思想构造物的感性对象基础之上。但是费尔巴哈在反对黑格尔的过程中，因为仍然囿于意识哲学的思维局限而没有走出意识哲学的阈限，把人的本质规定为意识，对"类"的意识，而不是马克思所强调的感性活动。因此，费尔巴哈包括法国的机械式的一切唯物主义，在马克思看来，仍没有逃出意识哲学的藩篱，因为他们对"对象、现实感性"的把握依然从"形式"着眼，而不是从其本身来理解的。这里的"形式"是指"普遍的，抽象的，适合于任何内容的，从而既超脱任何内容同时又恰恰对任何内容都有效的，脱离现实精神和现实自然界的抽象形式、思维形式、逻辑范畴"③。而以此"形式"对"对象、现实感性"的把握所得到的仍是"思想的客体"，而非"感性的客体"。因此，"西方唯物主义与唯心主义区别只有一点，换了物质概念为逻辑原点，这个概念仍是逻辑概念，所以，这种唯物主义实质上是唯心主义"。④ 因而一切旧唯物主义哲学与一切唯心主义哲学在实质上是相同的，即都是从概念出发，都是通过抽象化的方式来把握世界，也就是说，他们都把自己的阿基米德点建立在抽象概念之中，因而都属于意识

---

① 《马克思恩格斯选集》（第1卷），人民出版社2012年版，第137页。
② ［德］费尔巴哈：《基督教的本质》，荣震华译，商务印书馆1984年版，第15页。
③ 《马克思恩格斯全集》（第3卷），人民出版社2002年版，第333页。
④ 谢遐龄：《中国：现代化呼唤传统文化精神回归——兼论中西文化交融之前景》，《复旦学报》1995年第3期。

哲学的行列。① 正是在这一意义上，马克思既继承了费尔巴哈的思想，又吸收了黑格尔思想中意识能动的方面，在辩证批判继承的思想上，提出了实践唯物主义的感性活动思想，彻底颠覆了唯心主义所强调抽象的概念、范畴意义上的"物相"，把它们当作人的"感性活动"，当"实践"本身来了解，从而实现了哲学意义上的真正革命。一如马克思所说："德国哲学从天国降到人间；和它完全相反，这里我们是从人间升到天国。这就是说，我们不是从人们所说的、所设想的、所想象的东西出发，也不是从口头说的、思考出来的、设想出来的、想象出来的人出发，去理解有血有肉的人。我们的出发点是从事实际活动的人……"②

正如马克思所言，哲学不仅在于解释世界，更重要在于改变世界。马克思哲学在瓦解意识哲学而回归感性生活的这一哲学上的重大革命，可以说是与20世纪哲学的生存论哲学转向殊途同归。"整个现代西方哲学的波澜壮阔的哲学运动，基本上可以看作生存论转向的过程，即从实存转向生存，从注重超验的世界转向注重现实的感性世界，从抽象转向具象，从彼岸转向此岸，从关注群体、类、国家、民族的宏大概念和普遍性价值转向关注个体、个人的微小叙事和独特价值，从抽象的理性转向理性和非理性的统一。由于哲学主题的转换，传统哲学的概念和范畴变得有些陈腐不堪，逐渐成为历史博物馆里的陈列品。"③ 在现代哲学中，与马克思哲学并肩而立的，无疑是继胡塞尔现象学之后的海德格尔和梅洛-庞蒂的现象学思想，从而为我们至为彻底地回归感性世界指明了思想的方向。④

肇始于胡塞尔的现象学把作为严格科学的哲学作为自己一生研究的

---

① 崔唯航：《马克思哲学革命的存在论阐释》，中国社会科学出版社2005年版，第70页。
② 《马克思恩格斯选集》（第1卷），人民出版社2012年版，第152页。
③ 张有奎：《现代性的哲学批判——从马克思生存论角度的分析》，社会科学文献出版社2005年版，第112页。
④ 在这里，我们要特别强调的是，阎孟伟教授认为现象学是一种至为彻底的感性学，其意并不在于抹杀马克思感性学思想的伟大贡献。马克思提出了感性学，但马克思作为一位革命家，其理论旨趣并不在此，由此，从现象学出发回归感性不是对马克思的背叛，而是对马克思主义哲学所做的进一步地有益补充和完善。我们赞同他的这一重要观点。参阅阎孟伟《马克思的"感性世界"理论与现象学运动》，《哲学研究》2006年第6期。

志向，但由于没有走出"纯粹意识"的领域而陷入了先验自我的窘境。因为胡塞尔把现象学严格限定在纯粹意识，纯粹意识"在本质上不需要任何'物'的存在"①。这样，回到事情本身也就是回到意识本身，一切经验实在都是意识构造起来的。从而与所主张的"面向事物本身"的基本宗旨相背离。所以海德格尔认为胡塞尔虽然"挽救了对象，……然而其方式却是，把对象嵌入意识的内在性之中"② "只要人们从 Ego cogito（我思）出发，便根本无法来贯穿对象领域；因为根据我思的基本建制（正如根据莱布尼茨的单子基本建制），它根本没有某物得以进出的窗户。就此而言，我思是一个封闭的区域。……因此，必须从与我思不同的区域出发"③。由此，在海德格尔看来，胡塞尔现象学的错误在于，他仍然局限于笛卡儿以来的先验主体性哲学传统，将意识或自我看成一种绝对明证的存在，或者说看成现象或事情本身，并且同时将世界变成了一种相对存在（意识相关物），这种做法的结果必然导致世界消融在意识之中，或者说导致世界的去世界化。所以，海德格尔在秉承"面向事物本身"这一现象学的基本精神的同时，对"事情本身"的理解上与胡塞尔有了很大的不同，正是不满于先师的先验意识的意向构造活动，他提出了自己的现象学的基本路向，即现象学就是存在论，现象学就是去除存在论的遮蔽与伪装，并从这一"存在论"出发提出了"存在论差异"的思想。认为人的意识以人的存在为前提，对存在者的认识只有在弄清了存在的前提下才可能的。一如海氏所言："任何存在论，如果它未首先充分地澄清存在的意义并把澄清存在的意义理解为自己的基本任务，那么，无论它具备多么丰富多么紧凑的范畴体系，归根到底它仍然是盲目的，并背离了它最本己的意图。"④ 对存在的理解必须要通过"此在"

---

① ［美］布洛克：《美学新解》，滕守尧译，辽宁人民出版社1987年版，第134页。
② ［法］F. 斐迪耶等：《晚期海德格尔三天讨论班纪要》，丁耘译，《哲学译丛》2001年第3期。
③ ［法］F. 斐迪耶等：《晚期海德格尔三天讨论班纪要》，丁耘译，《哲学译丛》2001年第3期。
④ ［德］马丁·海德格尔：《存在与时间》，陈嘉映、王庆节译．生活·读书·新知三联书店1987年版，第15页。

（Da-sein）的能在来进行。从而跳出了意识哲学的视域而实现了哲学研究方向的重大转变。正如海德格尔所言："重要的是做出关于物自身的基本经验。如果从意识出发，那就根本无法做出这种经验，这种经验的进行需要一个与意识领域不同的领域。这另一个领域也就是被称为此在的领域。"① 但令人遗憾的是，海德格尔通过"此在"（Da-sein）所理解的世界，虽然超越了传统形而上学拘泥于"存在者"而忘记存在本身的思路和方法，但终究没有超出领会、倾听、体验、解释等意识哲学的范围，从而没有也不能从他的生存论体验中达到变革世界的积极结论，而只能陷入对"沉沦""被抛""烦""畏""死亡"等过程与结构的体悟之中。或者只能从语言中寻找存在的家，并最终谋求在没有受到概念和逻辑思维浸染的诗的语言中谛听存在的真理。② 通过"向死而在"的面向存在的致思方向也未真正地实现自己"在世之在"的根本意图。就是在此意义上，德里达认为海德格尔是最后的一个形而上学家。显然，海德格尔虽然有走出意识哲学的努力，但还未能彻底地实现，这也就是海德格尔之所以在思想发展的后期，对"存在"的表达采取画"×"的缘由之所在，所以，梅洛－庞蒂认为："整部《存在与时间》没有越出胡塞尔的范围，归根结底，仅仅是对'自然的世界概念'和'生活世界'的一种解释，这些概念是胡塞尔在晚年给予现象学的第一主题，致使矛盾重新出现在胡塞尔自己的哲学之中。"③ 因此，梅氏认为，自胡塞尔最初著作出版后半个世纪，现象学所面临的任务依然没有解决。真正彻底地走出意识哲学而且把作为与意识哲学的"我思"截然相异的"身体"，作为破解意识哲学的桎梏的，是他所主张的身体现象学。

就像张再林教授所认为的那样，"如果说海德格尔对'此在'的理解还残留着意识哲学的影子，在对'生活世界'的问题上多少显得犹豫不决的话，那么，梅洛－庞蒂则真正称得上是名副其实的登堂入室者了。梅洛－庞蒂旗帜鲜明地宣称胡塞尔现象学还原的不可能性，主张'挺身

---

① ［法］F. 斐迪耶等：《晚期海德格尔三天讨论班纪要》，丁耘译，《哲学译丛》2001 年第 3 期。
② 阎孟伟：《马克思的"感性世界"理论与现象学运动》，《哲学研究》2006 年第 6 期。
③ ［法］莫里斯·梅洛－庞蒂：《知觉现象学》，姜志辉译，商务印书馆 2005 年版，前言。

于世界'，世界的意义就在于身体知觉中不断地拓展、延伸，身体与世界联系范围的不断扩大，最终形成休戚相关的'世界之肉'"①。把身体作为我们了解外在世界的窗口和哲学上的阿基米德点，既是对胡塞尔思想的继承，也是对胡塞尔"面向事物本身"思想至为彻底的落实。更是对海德格尔"此在"思想的大力推进。因为胡塞尔的现象学也正是在消解本质与现象二元对立的"间接认知""间接求证"的意义上而推崇现象即本质的直觉主义的思想。正如胡塞尔在《现象学的观念》中所说："一个天生的聋子知道，有声音存在，并且声音形成和谐，并且在这种和谐中建立了一门神圣的艺术；但他不能理解，声音如何做这件事，声音的艺术作品如何可能。他也不能想象同一类东西，即：他不能直观它们，并且不能在直观中把握'如何可能'。他的关于存在的知识对他毫无帮助，并且如果他想根据他的知识的推理弄清声音艺术的'如何可能'进行演绎，通过对他的知识的推理弄清声音艺术的可能性，那就太荒唐了。对只是被知道，而不是被直观到的存在进行演绎，这是行不通的。直观不能论证和演绎。企图通过对一种非直觉知识的逻辑推理来阐明可能性（而且是直接的可能性），这显然是一种背谬。"② 在胡塞尔看来，一个天生的聋子即使他通过后天的努力对音乐的原理如何地了如指掌，如果他无缘亲历聆听悦耳动听的音乐之声，那么他对音乐的本质仍然是一无所知的。胡塞尔通过这个事例告诉我们这样一个事实，唯有亲历性的直觉才是一切理论之源初性的来源，舍此，这样的理论不过是无源之水、空中楼阁。虽然胡塞尔的"意识现象学"更多地强调的是"意识的直觉"而非身体的直觉，但是，对直觉的亲历性的强调无疑已隐含着一种直接的身体体验。这一思想在他后来的弟子们那里得到了进一步地发扬光大。海德格尔通过"此在"上手状态与非上手状态、本真状态与非本真状态的思想的揭示，告诉我们作为不触目的、默会的身体，在我们认识外在事物的过程中的隐性力量。虽然身体未能在他们的思想中得以主题化，

---

① 张再林、李重：《现象学之惑：对"纯粹"与"不纯粹"之争的解绎》，《陕西师范大学学报》2007年第3期。

② ［德］胡塞尔：《现象学的观念》，倪梁康译，上海译文出版社1986年版，第36—37页。

从而使身体在他们的思想研究过程中擦肩而过，但其思想中所蕴含的身体思想仍然依稀可见。① 逮至梅洛-庞蒂，身体以其醒目的方式成为梅洛-庞蒂思想的焦点性话题。

梅洛-庞蒂认为胡塞尔的"纯粹现象学"只能达到"思想的明证性"，但达不到"世界的明证性"。因为纯粹意识能保证"意识的构造物"之确实无疑，但无法保证事物本身的确实无疑，因为事物本身完全在纯粹意识之外，它无法触及和面临事物本源境地。而事物的本源境地在一切纯粹意识的自我反思之前，已经先行获得了自我的明证性，身体就是它的第一个见证者，事物是在默会的身体对它的把握之中获得呈现的。这一与具体时空融为一体的身体会不假思索地信任与身体相连的一切经验。身体解除了一切遮蔽而在一种源初的熟悉性中直接面对世界，在身体的知觉中呈现的正是事物存在的意义。因此，"现象学的世界不属于纯粹的存在，而是通过我的体验的相互作用，通过我的体验和他人体验的相互作用，通过体验对体验的相互作用显现的意义，因此，主体性和主体间性是不可分离的，它们通过我过去的体验在我现在体验中的再现，他人的体验在我的体验中的再现形成它们的统一性"②。纯粹现象学的世界只是一个纯粹的心理世界，不需要这些相互作用，它永远纠结于那个单纯的问题本身——被给予的意识现象。只有进入这些相互作用，还给意识一个身体，扎根于一个无法还原的处境，现象学的真正使命才容易实现。换而言之，纯粹意识的构成物是从事物得以出现的知觉经验中获得的，而事物的主题化的形成知识因为沉默的身体已经先行一步在

---

① 海德格尔思想是否有身体性思想，学界一直有两种说法，一种认为海德格尔思想中没有身体性思想，较为典型的有香港学者刘国英、法国学者瓦朗斯，如瓦朗斯所言："在《存在与时间》中找不到30行探讨知觉问题的文字，找不到10行探讨身体问题的文字"。而王珏博士通过一番细致的考证性研究指出虽然海氏没有就身体问题发表主题性研究，但其思想中仍蕴含着丰富的身体思想。笔者赞同这一观点。进一步了解请参阅王珏《大地式存在——海德格尔哲学中的身体问题初探》，《世界哲学》2009 年第 5 期。

② [法]莫里斯·梅洛-庞蒂：《知觉现象学》，姜志辉译，商务印书馆 2005 年版，第 17 页。

意义的底层进行着最初的奠基。① "我们可以认为,知觉是一种刚开的科学,科学是一种成系统的和完整的知觉,因为科学只是无批判地理解由现成被感知事物所规定的理想形式。"② 因此,梅洛－庞蒂指出了知觉现象学的任务就是从科学的世界向知觉世界的回归。之所以要返回知觉经验,就是澄清科学世界的深层基础。"哲学的首要活动应该是重返在客观世界之前的实际经验世界,因为只有在这个世界中,我们才能理解客观世界的权利和界限;使物体恢复其具体面貌,使机体恢复其固有的对待世界的方式,使主体恢复其历史的内在性;而且,我们的任务是重新发现现象,重新发现他人和物体得以首先向我们呈现的活生生的体验层,处以初始状态的'我—他人—物体'系统;唤起知觉,为了知觉呈现给我们的物体,为了以知觉为其基础的理性传统,挫败知觉使我们忘记其作为事实和知觉的诡计。"③ 正是由于对活生生的流动不定的身体对事物主题化的奠基性的强调,梅洛－庞蒂把哲学家看作永远的初学者。他说:"哲学家永远是初学者。这意味着哲学家不把任何东西当做普通人或学者以为知道的东西,意味着哲学在能够说出真理时,不应该把哲学本身当作知识,意味着哲学是不断更新的对自己开端的体验,意味着哲学整个地致力于描述这种开端,最后,意味着彻底的反省本身依赖于非反省生活的意识,而非反省生活是其初始的、一贯的和最终的处境。正如人们所认为的,唯心主义哲学的公式与存在相去甚远,而现象学还原是一种存在主义哲学的还原:海德格尔的'In-der-Welt-sein'(在—世界中—存在)只出现在现象学还原的基础上。"④ 因此,主体与世界的首要关系不存在于传统认识论意义上的观察和解释中,而是在某种身体力行的默识领会中。主体与世界的首要关系也不是一种对象化或主题化的科学认识的关系,它反而是科学认识活动成为可能的非反思的前提性条件。

---

① 季晓峰:《从意识经验到身体经验——梅洛－庞蒂身体现象学研究》,硕士学位论文,华东师范大学,2010年,第12—13页。
② [法] 莫里斯·梅洛－庞蒂:《知觉现象学》,姜志辉译,商务印书馆2005年版,第86页。
③ [法] 莫里斯·梅洛－庞蒂:《知觉现象学》,第87页。
④ [法] 莫里斯·梅洛－庞蒂:《知觉现象学》,第10页。

无独有偶，这种对意识哲学的批判和对感性身体的张扬，除梅洛－庞蒂等现象学家之外，还值得一提的是，唯意志主义的代表尼采也同样地表现了对身体的充分肯定，在尼采看来，意识哲学要么关注人的心灵和精神（理性主义），要么关注身体的物质性（法国机械唯物主义），前者把身体和世界观念化，后者把身体物质化，两种态度都是对活生生的身体的漠视，未能看到这主动抽象主体和外在的客观事物都牢而不显地依赖于那个生存在世界中的实际身体。因而他要把这个在意识哲学中被视为心灵的牢笼和单纯物质性的身体当作哲学的根本出发点，一切从身体出发。尼采说："要以肉体为准绳……因为肉体乃是比陈旧的'灵魂'更令人惊奇的思想。"① "肯定对肉体的信仰胜于肯定对精神的信仰。"② 这种对身体的颠覆，反映了哲学的自觉，也预示着哲学的一个新时代的到来。

第二节 从身体到身体符号③

一旦把身体作为我们进入前反思、前逻辑、前概念的源初世界的途径，作为清算意识哲学的根本之途，那么身体所体验的源初的世界如何得以向我们如其本真地呈现，这是许多现代哲学家们在此领域殚精竭虑试图破解的"难言之谜"。因为"身体研究不能仅限于身体的内在体验，必须要有形式上的可交流性和可公度性，否则，身体研究只会陷入禅宗式不立文字的顿悟和神秘的冥契主义"④。在这一领域，许多哲学家一反传统意识符号绝对霸主地位，提出了种种耐人深思的解决之途。在我们

---

① ［德］尼采：《权力意志——重估一切价值的尝试》，张念东、凌素心译，商务印书馆1998年版，第152页。

② ［德］尼采：《权力意志——重估一切价值的尝试》，第178页。

③ 在这里，我们要特别加以说明的是，在一定的意义上，"语言学转向"和"符号学转向"同名异谓，在这方面，为了尊重维特根斯坦和海德格尔原文的基本面貌，笔者没有强求在以下行文时把"语言"一律置换"符号"，因此下文在对语言意义的论述上同样也可以看作对符号学的论述。

④ 张再林、燕连福等：《身体、两性、家庭及其符号》，西安交通大学出版社2010年版，前言。

提出身体符号之前有必要阐述一下众多哲学家在此领域所作出的种种努力，以期证明向本源境地的回归以及寻求源初世界的自我表达是20世纪哲学家们共同努力的方向。

一 符号"语义学"转向符号"语用学"

维特根斯坦作为20世纪伟大的哲学家之一，其前后期关于语言的思想发生了截然相异的变化。一般人们简单地把其前期语言认知性思想看作"语义论"，而把后期语言功用性思想看作"语用论"。这种前后期转变也可以看作从"图像语言"向"游戏语言"的转变。从"语言与世界的对应关系"转化为"语言与世界的语境关系"，从而使语言从固定的、僵硬刻板的现成状态转向了灵动不居的在不同语境中呈现不同意义的构成状态。在这一语言学的转向背后，其实质是意识符号向身体符号的转变。

在《逻辑哲学论》中，维特根斯坦把语言的存在划分为两大部分：其一是可说之域，有逻辑图像与其严格对应；其二为不可说之域，这部分意义是不可以用语言说清楚的，对于这些不能用命题语言说清楚的部分（因为不能与语言一一对应）就应该保持缄默。对于后一部分维特根斯坦在其著作中存而不论，主要对能说清楚的可说的部分进行了重要的阐述。对于这部分可说的部分在笔者看来，他依然沿袭了传统语言学中"辞事相称"的基本思想。也就是说，语言作为表达的工具总是指涉着外在的对象。"这种辞事相称精神坚持语言的宗旨在于以表象的方式表达了正确的语义，故语言学乃被视为一种认知性的语义学理论。而作为这种语义学的语言学理论，其有以下几个基本原则一直作为经典性规定而被奉若神明：其一，它坚持语言的本质是之于对象内容的指示；其二，它认为语言的意义是确定的；其三，它主张语言有严格的语法规则；其四，它强调语言应以能指与所指主客式的符合为意义实现的最高宗旨。"[①]

如果我们对这种语言符号学理论细加思忖，这种语言学符号理论只不过是意识哲学在语言学领域的改头换面，其实质不过是命题语言先验

---

① 张再林：《中西哲学的歧异与会通》，人民出版社2004年版，第101页。

逻辑模式对外在世界的构造而已。这种构造出来的语言是一种科学的、人工的智能理想符号语言,它可以在自然科学的天地大显身手,但是在日常生活中却一筹莫展。因此,日常生活语言的复杂性显然不能使用极其明晰的理想语言来描述。所以,语言学必须从晶莹剔透的透明性理想语言天空返回到充满含混、模糊的这一日常语言的粗糙地面。故语言"精确的表象"作为一种超历史、超时空的"幻象"终归不过是传统意识哲学所凭空杜撰的华而不实的赝品。正基于此,歇业若干年之后自以为已经解决了哲学所有问题的维特根斯坦又重返哲坛,对语言问题提出了不同于以前的新认识。如果说前者是一种理想语言研究的话;那么,后者则可以看作对日常生活语言的研究。在《哲学研究》中,一反前期的"语言图像说",提出了"语言游戏说"。在语言游戏说中,他认为语言并没有固定的本质,语言是源发的、前逻辑的,命题语言是从日常生活的语言中派生而出的一种高级语言。语言的意义只有在它们具体使用的情境中才能确定它们的意义,单独的语言没有意义。语言的意义由特定的现实生活情境来决定就必然导致语言意义的相对性而非绝对性的性质,语义学意义上的辞事相称只不过是语言功能的一种,不可把其视为语言的全部。正如维特根斯坦所说:"事实上,我们用语句做大量的各种各样的事情,请想一想,光是惊呼就有完全不同的功能——水!走开!哎唷!救命!好极了!不!难道你们仍然想把这些词叫做'对象的名称'吗?"[①] 语言也并不像人们所认为的那样是透明的,而是模糊和含混的。语言就像棋类游戏和纸牌游戏、球类游戏一样,虽然每个人都心照不宣地运用这些规则,但每个人又难以具体地说出这一规则的具体内容是什么。正如其所宣称的那样,"词的应用并非处处都受规则的约束。""甚至于我们一边玩,一边改变规则"[②]。此外,语言游戏论也超越了语言的能指和所指之间的主客符合论的表象论说明,主张语言的意义在于主体间性之间的社会性理解。

---

① [英]维特根斯坦:《哲学研究》,李步楼译,商务印书馆2010年版,第20页。
② [英]维特根斯坦:《哲学研究》,第59页。

二 语言是对存在本源的诗性道说

几乎和维特根斯坦一样，同时期的海德格尔也对语言问题提出了一致性的看法：对形而上学语言的拒斥与对诗性语言的张扬。这种对诗性语言的张扬往往被人们看作海德格尔的一种浪漫情怀。对此笔者并不苟同。笔者认为海德格尔后期思想之所以对荷尔德林的诗情有独钟和对语言问题倾注更多的笔墨，其最重要的目的在于，对传统形而上学语言观的反动，是对主客分叉之前更本源的回归。正如张祥龙教授所言："如果存在论和认识论的根本局面被设想为主体面对客体，那么语言只不过是主体间交流的手段而已，它的功能与任何人工符号系统一样，都只是传送现成的观念和意义。语言本身没有意义，其意义只在于表征语言之外的现成的东西，不管是心理的还是物理的。"[①] 与维特根斯坦在对理想的语义学的反对而主张语用学一样，海德格尔同样认为，作为深入形而上学得以生成的缘发境域如果还拘泥于形而上学的语言，那充其量只能是包含和表达这些因素的解释和中介，绝不足以成为海德格尔讲的"存在的家"。作为存在之家，语言作为将存在者作为一个存在者而首次带入开启之域。这个开启域就如同把真理视为解蔽那样，把那鲜活的缘发境域通过语言而让其显豁出来。所以，原本意义的语言承载着源初的、域性的意义和消息，"它并不意味着语言可以创造对象，也不只是说存在者必须通过语言这个必不可少的中介而被给予我们；而是讲，只有在语言这个缘构成的域之中，存在者才作为存在者显现出来，人和世界才同样原初地成为其自身"[②]。显然，一切符号都是这一源初境域的显现，在这个显现域中并出于这个显现的意图，这个符号才是符号。所以这样的源初境域就不能用形而上学的现成性语言去表达，而必须独辟新径去寻找非形而上学的语言来表现。这非形而上学的语言在海德格尔看来就是"诗"，因为，在海德格尔看来，"语言最本原的意义是诗""作诗是最清白无邪的事业"（荷尔德林）。但海德格尔这里所讲的是诗不是我们所理

---

① 张祥龙：《海德格尔传》，商务印书馆2007年版，第278页。
② 张祥龙：《海德格尔传》，第279页。

解的表情达意意义上的"言志"诗,而是究天人之际的缘构,是对存在的诗意道说。正是在这一层面的意义上,我们就不难理解海德格尔之所以推崇荷尔德林为"诗人之诗人",因而就绝不能把海德格尔对荷尔德林诗的作品的阐释看作一种语文史意义上的研究论文和美学论文,应该看作荷尔德林这一时代的先知先觉者先行地思入了"存在的天命"。其是对"存在天命"的本质性诗性道说。

三 身体符号:世界之肉身化表达

无论是维特根斯坦还是海德格尔,他们都不约而同地思及后形而上学时代语言问题。但他们也遗忘了默会的身体在其中所担负的重要作用。虽然他们未能使身体思想得以主题化,但是在他们的思想中仍然蕴含着非常丰富的身体思想,在这里我们要做的就是把他们未挑明的、隐而不显的身体进一步地主题化。对于维特根斯坦而言,那种不可言说而必须保持沉默的东西就是和身体有着密切的关联,维特根斯坦说:"纯粹的身体可能是非同寻常的""或许,那些不可言说的事物(那些我觉得神秘而无法表达的事物)就是背景;相对于这个背景,我所能表达的任何事物都有意义。"① 他甚至认为:"人类的身体是人类灵魂的最佳写照。"因而他认为我们的审美态度和伦理观念无不和我们的身体紧密关联,所以他说:"彻底毁坏一个人的肢体,割掉他的胳膊和双腿,鼻子和耳朵,然后,再看他的自尊和尊严还留下些什么,又是什么表明了他对这些事物的观念依然如故。我们完全不必怀疑,这些观念将怎样依赖于我们身体的那种习惯性的正常状态。"② 所以,维特根斯坦语言符号只不过是我们通达事物本身的媒介,而不可纠缠于语言符号本身。海德格尔更是把我们的"现身情态"的"形式显示"作为我们把握事物的先行保证,正是我们与事物的"亲熟关系"才使我们对物的把握得以可能。如果说在前两位思想家中,身体还多少没有摆脱对象化嫌疑的话,那么,梅洛-庞

---

① [美]理查德·舒斯特曼:《身体意识与身体美学》,程相占译,商务印书馆2011年版,第180页。

② [美]理查德·舒斯特曼:《身体意识与身体美学》,第183页。

蒂则至为彻底地通过身体，实现了现象学的基本宗旨，认为身体本身就是一种符号，甚至把这种身体符号彻底化为"世界之肉""语言之肉"的思想。

比维特根斯坦和海德格尔在反对意识符号方面更为激进的是，梅洛-庞蒂提出了身体符号思想，认为身体本身就是现象的表达。其身体符号的推出旨在反对符号的唯理智主义主张。也就是在这一点他公开地站在了反对索绪尔语言观的基础上。

首先，他颠覆了索绪尔对语言学中语言和言语、共时和历时的严格区分。在索绪尔的《普通语言学》教程中，索绪尔正是有感于言语的含混性、个人性、历时性、动态性等方面的原因，认为语言学研究的不是言语而是语言。相对于言语来说，语言却是确定性、社会性、共时性、静态性的特点。① 梅洛-庞蒂则从语言的实际经验出发反对这种区分。他认为语言的形成和人的身体的处境性密切相关。"语言并不是某种外来的，阻隔我们与事物的直接关系的力量，相反它把我们带入到与事物的直接关系之中，我们不能仅仅停留在符号的能指与所指关系中，停留在观念的理想联系中，而是应该指向我们的身体主体与世界的原始关系。"② 梅洛-庞蒂因此强调，"寻找世界的本质不是探讨世界在观念中之所是，如果我们已经使世界成为讨论的主题的话，而是探讨在主题化之前实际

---

① 索绪尔在《普通语言学教程》中把语言的特征概括为以下几个特征：（1）它是言语活动事实的混杂的总体中一个十分确定的对象。我们可以把它定位在循环中听觉形象和概念相联结的那确定的部分。它是言语活动的社会部分，个人以外的东西。一方面，个人独自不能创造语言，它只凭社会的成员间通过的一种契约而存在；另一方面，个人必须经过一个见习期才能懂得它的运用，儿童只能一点一滴地掌握它。它是一种很确定的东西，一个人即使丧失了使用语言的能力，只要能理解所听到的声音符号，还算是保持着语言。（2）语言和言语不同，它是人们能够分出来加以研究的对象。我们虽已不再说死去的语言，但是完全能够掌握他们的语言机构。语言科学不仅可以没有语言活动的其他要素，也要没有其他要素掺杂在里面，才能够建立起来。（3）言语活动是异质的，而这样规定下来的语言却是同质的：它是一种符号系统；在这系统里，只有意义和音响形象的结合是主要的；在这系统里，符号的两个部分都是心理的。（4）语言这个对象在具体性上比之于语言毫不逊色，这对于研究特别有利。此可参考该书第四章《语言的语言学和言语的语言学》的相关内容。参阅［瑞士］弗尔迪南·德·索绪尔《普通语言学教程》，第36—37页，第40—42页。

② 杨大春：《感性的诗学：梅洛-庞蒂与法国哲学主流》，人民出版社2005年版，第306页。

上为我们之所是"①。对于身体而言，言语是不可缺少的，我们不是在认识了事物之后才命名事物的，符号与意义在身体的表达中同时发生。对于事物而言，只要我们找不到物体的名称，连最熟悉的物体在我们看来也是不确定的。正是从语言作为身体的表达而非意识的表达出发，他认为作为身体行为的言语是本源性的，语言只不过是身体行为的言语在次生意义上形成的。正如他所指出的那样，"我对我的身体的姿势和空间性的意义有严格的意识，它使我预测到我与世界的关系而不用我专题性地表述我将把握的对象或者在我的身体与世界提供给我的通道之间的更大关系。只要我没有明确地对它进行反思，我对于我的身体的意识就没有中介地意指着围绕我的某些风景，如我的手指对于对象的纤维和细粒的意指。在同样的方式上，我所说出的和听到的言语都充满着一种含义，它在语言身势的结构本身中是可读出的，以至于声音的一丝颤抖、一点改变，某一句法的选择都足以修正它，然而，整个表达从不限制在自身之内，它总是作为印迹向我呈现，没有什么思想只能在透明中给予我，而且我们紧紧把握寓居于言语中的思想的整个努力，在我们的指头间留下的只不过是一丁点儿语言材料"②。基于此，他把语言分为"能表达的语言"和"被表达的语言"两个方面。这里"能表达的语言"就相当于索绪尔所说的"言语"，"被表达的语言"就相当于索绪尔意义上的"语言"。前者是身体行为中意义尚未显现、意义意向处于初始状态的言语，后者则是表达活动沉淀下来、业已形成词汇和句法系统的语言。他只不过是对"能表达的语言"的"偏离"和"变形"。相对来说，梅洛-庞蒂认为前者是活语言，而后者是死语言。前者是日常语言，后者是命题语言。对于作为起源性的言语来说，"如果我们不追溯这个起源，如果我们在词语的声音下不能发现最初的沉默，如果我们不描述打破该沉默的动作，我们对人的理解将依然是表面的"③。如果我们对梅洛-庞蒂这种

---

① [德] 胡塞尔：《现象学的观念》，倪梁康译，上海译文出版社1986年版，第12页。
② [法] 莫里斯·梅洛-庞蒂：《哲学赞词》，杨大春译，商务印书馆2003年版，第51页。
③ [法] 莫里斯·梅洛-庞蒂：《知觉现象学》，姜志辉译，商务印书馆2005年版，第240页。

思想还心存狐疑的话,那么,中国古人对语言的认识则无疑对梅氏的这一理解做出了更好的诠释。中国古人很早就意识到了现成化的语言并不能穷尽事物本身的现象。而要我们"寻言观象""寻象观意",通过"言""象""意"三个阶段的"遮诠"之法通抵事物本源的途径。正如王弼在《周易略例·明象》中所言"夫象者,出意者也;言者,明象者也;尽意莫若象,尽象莫若言。言生于象,故可寻言以观象;象生于意,故可寻象以观意。意以象尽,象以言著……。"中国古代禅宗思想中"即语即默""言语道断"的思想,中国古代所讲的"不着一字,尽得风流""超以象外,得其环中"的思想,与梅洛-庞蒂身体符号语言何其相似乃尔。这就意味着现成性语言相对于言语而言的次生性意义。

其次,从身体符号出发,否决了符号的表象论或工具论,颠覆了意识符号中能指和所指二元分离的特征。传统语言哲学往往把语言视为准确传达情感或表达思想的工具,而且把清晰、准确地体现所要表达的内容视为符号的基本功能。这种信念,不仅仅是一种尝试,也主宰着精确科学这种特殊的语言符号形式。这就是说,我们的语言在各种事物的背景中找到了某种充当这些事物的语言,这种语言貌似表征了外在事物,但其实它表现的是"客观主义幻象"。在这一表象论中,一个所指因素相应于一个能指因素,因而构造了自己的一套符号系统。这些符号本身并不表示任何东西,它们从来都只表示我们习惯上让它们表示的那些东西。"由于语言符号与其表述的对象完全符合,永远不会出现我们打算说的超出于我们实际所说的,或者我们实际所说的超出了我们打算所说的情形",[①] 符号停留为在任何时刻都可以被完整地解释和证明的某种思想单纯简化阶段。这样的一种符号,在梅洛-庞蒂看来,即一种科学的、人工的、纯粹逻辑的理想符号,这样的一套理想符号系统脱离了其经验基础,忘记了它得以建构的处境性的身体基础,而人们却信以为真地以为它们就是世界源初性的表达,而且在日益发展的过程中,这种晶莹透明的语言越来越让我们不容易发现它们自身的经验性基础。"当我们使语言

---

① 杨大春:《感性的诗学:梅洛-庞蒂与法国哲学主流》,人民出版社2005年版,第300页。

成为思想的一种手段或者代码时，我们就破坏了语言，我们就阻止了自己去领会语词在我们身上达到了何种深度。"① 在梅洛-庞蒂看来，这种透明性的符号却恰是以牺牲和掩埋符号本身处身性情境为代价的。正是符号的处身性背景才使得符号充满了含混性、晦义性、不可言说性，我们并不能因为符号的这些特性就认为符号是不完美的。正是符号的这种本性亦如其本真地表达了事物的本真面目。因此，我们的当务之急是放弃这种透明性符号，回归到这种身体符号。在这种身体符号回归中，能指和所指才达到了统一。使我们重新拥有了对待物的各种可能性。使被意识符号遮蔽掉的感性世界恢复其丰富性和神秘性，恢复其既有的感性光辉。无疑地，维特根斯坦的符号"家族相似"的思想、海德格尔后期对诗的关注、梅洛-庞蒂对绘画的关注，都可视为是对这种身体符号的进一步回归与推进。

　　通过以上对维特根斯坦、海德格尔和梅洛-庞蒂思想的简要梳理，我们不无惊奇地发现，在后现代社会，他们在对符号（语言）的思考中，都不约而同地实现了"符号学转向"。对于维特根斯坦来说，符号"语义学"转向"语用学"，从"图像符号"转向"游戏符号"，对于海德格尔来说，符号从"科学符号"转向"诗性符号"。而对于梅洛-庞蒂而言，符号从"意识符号"转向"身体符号"。这一符号转向的共同价值旨趣就在于对日益膨胀的玄远纯思、抽象推理的意识哲学以及其表达机制的意识符号的反动，以及对以亲身的、体验的、语用的、默会的身体哲学及其表达形式身体符号的备极推崇。之所以要进行这样的一番"转向"工作，并不是要把今日隳突喧嚣、如日中天的意识符号彻底地消灭，而是旨在善意地提醒人们警醒地认识到这些意识符号在肆意发展的同时，又把人类及其社会都被残酷无情地裹挟进这个人类自身所编织的万劫不复符号之网中，受其奴役之苦。提醒人们不要忘记这种符码统治得以形成的始源之根，不要忘记其当初创始形成期间的良善初衷。不要忘记人类自身既是外在世界的创始之源，也是一切发展的价值之基。正是基于此，张再林教授在近年来力辟意识哲学的基础上推出了身体哲学的研究，又

---

① ［法］莫里斯·梅洛-庞蒂：《符号》，姜志辉译，商务印书馆2005年版，第20页。

在身体哲学的研究中推出了身体符号思想。他由此把人类社会的符号系统分为两大部分，一为意识符号系统，亦称之为科学符号或推论性符号系统，即用来指称不在场的事物或者是替代事物的概念，其本身没有意义，符号与其指称的事物、意义是分离的。既为身体符号系统，也为存在性境域显现的审美符号系统。是一种有意味的随物赋形的符号形式。张再林教授的这一看法与牛宏宝教授在《美学概论》一书中对符号的分类异曲同工。他把人类的符号系统分为指称性符号或推论性符号和存在境域显现符号或生命符号。前者即我们所说的意识符号，后者即我们所说的身体符号。① 这种身体符号就体现在人类所创造的一切艺术形式中。这种符号学的划分既是对维特根斯坦、海德格尔、梅洛－庞蒂思想的一脉相承，也是对他们思想的创造性继承和发展。这种身体符号的提出既得益于西方身体符号的理论资源，也沾溉于中国古代尤其是《周易》一书中至为丰富的身体符号思想。

第三节　言出乎身：中国古代《周易》的身体符号特性

耐人寻思的是，基于意识哲学构建而成的符号学体系所遭遇后现代哲学的诸多反省和批判及其在此基础上符号学转向，为我们认识和发现中国古代文化的符号系统提供了有益的镜鉴和难逢的机缘。由于"五四"以来中国积弱积贫的政治、经济现实，使得国人把造成这一切状况的由头归因于中国文化以及表征这一文化的符号身上，甚至有过所谓"汉字不灭，中国必亡"的极端口号，进而以矫枉过正的激进姿态，不加分辨地实现对中国文化特别是中国"落后"文字符号的改造上，这其实是"西方中心论"在语言文字符号系统的表现。这种"西方中心论"的思想对中国文字的轻蔑态度不但体现在傲慢的西方思想家那里，而且也体现在现代中国一代大思想家们"救亡图存"殷切的期望中。19世纪德国颇有名气的思想家赫尔德就曾这样可笑地描述过汉字："中国人为他们那个

---

① 牛宏宝:《美学概论》，中国人民大学出版社2005年版，第190页。

属少数几种古老象形文字之一的汉字发明了一个由八万个字符组成的庞大体系，并且由六种或六种以上的字体令世界上其他民族逊色，这是一件在大事上缺乏想象力，而却精于雕虫小技的表现。"另外他还就此对汉语符号的应用贬低道："汉语中的一切尽是些千篇一律的雕虫小技，说的内容很多，而用的因素很少，书写一个因素要用许多本书，那种一笔一画地书写他们文字的做法是何等的劳而无功！"而在胡适等一代思想先驱所力倡的"白话文运动"以及继之"废除汉字符号"而力图"符号拼音化"对中国文字符号脱胎换骨改革的道路上，中国文字也遭遇了千古未有之变局。这种向西方符号学"见贤思齐"的过程中，不但使中国符号文字原本的内在基质湮没不彰，而且使中国语言符号患上了严重的"失语症"（aphasia）。① 其实，作为符号学之父，索绪尔在其《普通语言学教程》中，就给我们异常鲜明地指出汉字文化系统迥异于拼音文化系统的特别之处。也就是说，他的符号学原则，并不是一种适用于一切符号学的，他说："只有两种文字的体系：（1）表意体系，一个词只用一个符号表示，而这个符号却与词赖以构成的声音无关。这个符号和整个词发生关系，因而也就间接地和它所表达的观念发生关系，这种体系的典范例子就是汉字。（2）通常所说的'表音'体系。他的目的是要把词中一连串连续的声音模写出来，表音文字有时是音节的，有时是字母的，即以言语中不能再缩减的要素为基础的。……我们的研究将只限于表音文字，特别是只限于今天使用的以希腊字母为原始型的体系。"② 这方面的

---

① "失语症"一词在20世纪90年代中期由四川大学曹顺庆教授有感于中国文化在唯科学是举遮蔽了中国文化话语面临濒危而率先提出，意指中国文化在文化全球化的过程中面临着被全面西化而失去自我表达能力的隐忧，此语提出后在学界引起普遍共鸣。不过今天看来，中国语言文字之所以并未被拼音化替代，这与中国语言文字符号自身特点密不可分。也就是中国语言文字符号自身形象性的特点。这一点可以从周祖谟的论述中得到进一步的印证。"汉字本身是一直向表音方向发展的，但是由于始终没有脱离固有的象形和表意的系统，没有发展成为纯粹拼写语音的文字，所以还是一种表意系统的文字。汉字所以长期没有发展为拼音文字，……还应当说跟汉语的特点有关。在创造文字的时候，汉语的词语大部分都是单音节的词，而且语法上的形态变化很少，在这种情形之下，方块字是能够表达古汉语的结构的，所以没有发展成拼音文字。另外，汉语从很古就有不同的方言，方言之间最大的分歧是语音，这种表意性质的文字自然就成为有力的交际工具了。"参加周祖谟《问学集》，中华书局1966年版，第12页。

② ［瑞士］费尔迪南·德·索绪尔：《普通语言学教程》，第50—51页。

论述说明了索绪尔对于自己语言研究的范围有高度的自觉,而后世大多学者往往对此置若罔闻。① 正是基于表意符号系统和表音符号系统的这一差别,以及基于这种语音中心论的表音符号系统的霸权地位的诸种危机,德里达在解构本源形而上学时也颠覆了与本源形而上学血肉相连的语音中心论,对文字学推崇有加。另外还有莱布尼茨、德勒兹等对中国文字符号也极力推崇。

其实,即使在崇尚拼音化符号系统里,索绪尔的符号学也并非是符号学的不二法门。与其同期的美国实用主义也并非如索绪尔符号学那样,把符号学严格地建立在能指/所指、共时/历时、语言/言语等截然二分的立场上。不同于索绪尔的美国实用主义符号学家皮尔斯就把符号学建立在三元关系的基础上,如果借用索绪尔符号学严格的能指/所指二分原则的话,则皮尔斯把符号学分为象征符号(Symbol/symbol),其中能指和所指无相似关系而是一种纯粹的任意和约定关系;图像符号(Icon/iconic),其中能指和所指具有某种的相似性;索引符号(Index/indexical),其中能指和所指在外形上或因果性上有相似关系。显然,图像符号和索引符号并未如象征符号那样悬置指涉物。但遗憾的是,后人在符号学研究中大多坚持了索绪尔符号学观点。从而使皮尔斯符号学趋于沉寂。在今天符号学面临危机之际,这个一度沉寂的符号学家才进入了人们关注的视野。

正如索绪尔在《普通语言学教程》一书的前言中所指出的那样,符号学(语言学)研究与其他学科不一样的地方在于先有观点和方法,然后才有其研究的对象,也就是说符号思想是建构起来的。索绪尔对于这一点是有清醒的意识的。"语言学这门学科不同于其他学科,这种差别在

---

① 特别申明的是,一如李河先生对此做了精辟的分析,他认为,索绪尔《普通语言学》的英译是 Course in General Linguistics,这里的 general 同时有一般、普遍的意思,因而该书也可以译为"一般语言学教程",这似乎意味着它覆盖了所有的语言学对象,但事实并非如此。而索绪尔在这一点上是有深度自觉的,但后人却往往对此置若罔闻。具体可参阅《哲学动态》2011 年第 10 期李河先生的《语言的灵与肉——索绪尔语言学与汉字"六书"对读的体会》一文。同时也可参阅栾栋教授在《感性学发微》的"字问"一章的精彩阐述。栾栋《感性学发微》,商务印书馆 1999 年版。

于其他学科的研究对象是预先给定的,然后我们才采用不同的观点进行研究,而语言学的对象不是事先给定的,是先有观点然后才有对象,即'所采用的观点创造了研究对象'。"① 那么,索绪尔的符号学理论建立于何种观念之上呢?在这一点上,李河先生一针见血地指出,索绪尔的符号学能指/所指等二分理论是笛卡儿哲学身—心二分的语言学版本。也就是说,当这一哲学基础解体之后,与之相伴的符号学体系也就随之溃败。这也就是"符号学转向"的深层动因之所在。

明乎此,我们就不难理解当西方符号学家们在看到其符号面临的诸多危机而翘首引颈探寻化解这一符号危机的诸多努力中,对中国文字情有独钟的缘由之所在。因为中国的符号学体系正如索绪尔所指出的那样,走的是一条不同于西方拼音化符号的表意符号体系,而这一符号体系得以产生的深层思想的是不同于意识哲学的身体哲学。但毕竟由于他们自身对于中国文化及文字的理解上隔膜而难免有臆想之嫌。

近年来,长期沉浸和致力于中西哲学比较的张再林教授,不仅基于对现实的深切关怀和弘扬国学的崇高使命,而且基于哲学自身的内在发展逻辑,发掘了研究中国古代哲学的全新范式——身体范式。正如他在该书前沿中所说:"较之西方的意识哲学,什么是中国传统哲学自身特有的属性?在笔者看来,这就是中国哲学之根深蒂固的'身体性'(the body of subject)。这种'身体性'表现为中国古人一切哲学意味的思考无不与身体有关,无不围绕着身体来进行,还表现为也正是从身体而非意识出发,中国古人才为我们构建了一种自成一体,并有别于西方意识哲学的不无自觉的哲学理论系统。这种'身体哲学'不仅是对中国哲学本来面目的真实还原,同时,还使其以一种'准后现代'的气质和特性,与西方后现代主义的后意识哲学范式的哲学殊途同归,并从中体现出一种不无前瞻和具有现实批判眼光的人类新的时代精神。"② 并且在此研究的基础上,与之相应地把中国古代的符号系统也看作一种不同于科学符

---

① 张绍杰:*Course in General Linguistics*,外语教学与研究出版社2001年版,第34页。
② 张再林:《作为身体哲学的中国古代哲学》,中国社会科学出版社2008年版,第3—4页。

号系统的身体符号系统。从而使中国古代哲学及其符号系统在沉寂百年之后又再次地焕发新的生机与活力。

在笔者看来,张再林教授对中国古代哲学"身体范式"的体认,与同样致力于中西哲学比较,而且在比较中凸显中国文化之特色的王树人教授的"象思维"和张祥龙教授的"缘构成理论"一样①,他们的共同旨趣是对西方传统意识哲学的反拨和纠偏,都是对中国传统哲学彻底经验主义及其符号表达系统的理论自觉。从而使身体与外在事物打并归一。此即庄子所谓"天地与我并生,而万物与我为一。既已为一矣,且得有言乎?既已谓之一矣,且得无言乎?"(《齐物论》)。在某种意义上说,一旦我们把中国哲学定位为身体哲学,与之相应,一如《周易》所言,"言出乎身",中国古代的符号也是一种身体符号。在笔者看来,相对于意识符号来说,身体符号有以下几个方面的特点。②

既然我们已经指出中国古代的哲学是一种不同于意识哲学的身体哲学,自然,基于这种身体哲学的符号系统也必然是一种身体符号系统。这一点在中国古代的《周易》文本中体现得尤为明显。在《周易》这部中国古老的文化典籍里,关于对"身"的论述俯拾即是。除《周易》讲:"利用安身,以崇德也"(《系辞下》)把如何安顿好我们的身体作为全书的理论旨归外,还见之于"君子安其身而后动"(《系辞下》)、"身安而国家可保"(《系辞下》)、"君子以反身修德"、"不远之复,以修身也"(《系辞下》)以及"言出乎身"(《系辞上》)等不胜枚举的关于对"身"的论述。正是这种对我们至为切己之身的异乎寻常地关注,从而使中国古代的哲学在其思想的开端把关注的目光不是投向外在广漠而荒蛮的世界,从而开显了不同于西方哲学的身体哲学。"周易的身体哲学的既深且

---

① 关于王树人教授的"象思维"思想可参阅其《传统智慧的再发现》,作家出版社1995年版,第7—12页。进一步了解参阅《回归原创之思——"象思维"视野下的中国智慧》,江苏人民出版社2005年版。张祥龙教授的"缘构成理论"可参阅《海德格尔与中国天道》与《现象学与孔夫子》等。

② 在这里,笔者要特别说明的是,在这里提出中国古代的身体符号系统,并无意否定中国文化符号系统中的意识符号的存在。比如中国古代名学就具有典型的意识符号的特征,限于学养所限,不做拓展论述。关于意识符号的有关特点可参阅第一章的相关内容。

巨的意义首先在于，从'近取诸身'出发，其把身体及其行为作为宇宙之发生的原点与起源，从中构造出'太极→两仪→四象→八卦'这样一种'根身显现'的动态宇宙论模式。在这里，'太极'的本体即人的身体，'两仪'的天地乃人立身之所，'四象'的四方即人身体行为的取向，'八卦'的卦象不过是人践行的形象。"① 正是《周易》中对身体处境性特征的强调，才使得中国古人在创造自己对外在世界的表达符号系统时，其所创造的符号系统充满了诸多的身体隐喻。在这种"以身度物"的亲感亲历中，物并没有像西方符号系统那样被抽象为单纯的声音符号，以至于这种符号为人们认同之后，我们从符号本身丝毫辨别不出其与物的任何牵连，仅仅属于人的一种声音刺激，物本身却逃之夭夭了。相反，中国符号系统的从无间尔我的身体出发，在对物的符号表达中，我们还能非常鲜明地感受到中国符号的所表达的物的原始形象（image）。这一点不但中国古老的《周易》中得以充分地彰显，而且在中国古代文字符号的创始之源"六书"中也无一例外地体现。

"圣人有以见天下之赜，而拟诸其形容，象其物宜，是故谓之象"（《系辞上》）。同样，"古者包牺氏之王天下也，仰则观象于天，俯则观法于地，观鸟兽之文，与地之宜，近取诸身，远取诸物，于是始作八卦，以通神明之德，以类万物之情"（《系辞下》）。正如《周易》符号学系统告诉我们的那样，即使在今天看来颇似抽象的符号系统，也是古人"近取诸身，远取诸物"的结果。在《周易》最为基本的两个"卦符"阳爻（乾卦）和阴爻（坤卦）两个符号，古人也明白无误地告诉我们这并不是他们心想臆造的抽象元素，而是来自于创造生命奇迹的男根与女阴。"乾，阳物也；坤，阴物也。阴阳合德而刚柔有体，以体天地之撰，以通神明之德"（《系辞下》）。正是在这一阴阳互动造化中，不但为我们创造了人类生命的奇迹，繁衍出子子孙孙无穷尽矣的人类生命后代，使生命在造化之中得以绵延赓续，而且也在其中为我们"拟诸形容"般地"范围天地之化而不过，曲成万物而不遗"（《系辞上》）创造了指涉万物的符号表达系统。所以《周易》中六十四卦，三百八十四爻的每一卦的大

---

① 张再林：《作为身体哲学的中国古代哲学》，中国社会科学出版社2008年版，第61页。

象和每一爻的小象,都既是"天垂之象",又以一种"天人合一"的方式成为身体的隐喻和象征。① 从而形成了一个无比丰富的易卦符号系统,这一易卦符号系统不但有严格的符号结构和推演规则,而且还具有丰富的语义解释,从而使外在的宇宙、社会、人事执于身体符号的股掌之中。

中国符号系统的身体性特征,不但在《周易》的符号系统中得以彰显,而且也无一例外地体现在中国的文字系统中。在《说文解字》序中,许慎给我们道明了其创造符号的内在秘籍。"仓颉之初作书,盖依类象形,故谓之文,其后形声相益,即谓之字;文者,物象之本。字者,言孳乳而浸多也。"也就是说,中国古代的"象形、指事、会意、形声"等造字法和"转注、假借"的用字法无不是建立在对"物象之本"这一对外在事物的反映上。正如语言学家陈梦家所言:"我们从文字发展的历史,知道愈古的文字愈象形,愈近于图画,是从图画蜕变而来的。此意古人早已见出,宋郑樵《文书证篇》象形第一条曰:'书与画同出,画取形,书取象;画取多,书取少。……书穷能变,故画虽取多而算常少,书虽取少而得算常多。六书也者,皆象形之变也。'"② 不过中国古代这一文字的符号特点在经过"隶变"之后其源初的象形旨意不复显眼而已。这一点却在中国的书法系统中得以完美地展现。也就是说中国书法艺术虽是"抽象的线条艺术",但是,它仍然是一种"状物"的艺术,古人讲"书画同源"即为此理。在这里我们不妨引用一段唐代大书法家孙过庭在《书谱》中的精彩描述以资佐证。他讲:"观夫悬针垂露之异,奔雷坠石之奇,鸿飞兽骇之姿,鸾舞蛇惊之态,绝崖颓峰之势,临危据槁之形,或重若崩云,或轻若蝉翼,导之则泉注,顿之则山安,纤纤乎似初月之出天崖,落落乎犹众星之列河汉,同自然之妙有,非力运之能成,信可谓智巧兼优,心手双畅。"从此一描述中我们窥到了书法家创作书法作品时不正是在揣摩外在自然事物的形态中创作出来的吗?

正是中国符号系统的亲身性特征,使得缘发《周易》的中国符号系

---

① 不但《周易》中最基本的元符为男根与女阴的象征,而且其每一经卦中如乾、兑、离、震、巽、坎、艮、坤,也分别是身体的象征。乾为首、兑为口、离为目、震为足、巽为股、坎为耳、艮为手、坤为腹。(《周易·说卦》)。

② 陈梦家:《中国文字学》,中华书局2006年版,第253页。

统不是一种唯识论意义上的指义式意识符号系统，而是唯身论意义上的生命指征论意义上的生命符号系统。因而它不是意识符号严格意义上的能指/所指、共时/历时、隐性/显性、静态/动态严格对峙。而是能指/所指、共时/历时、隐性/显性、静态/动态二者之间无间尔我、显微一体的混沌一体。在意识符号系统中，索绪尔的能指/所指（Sr/Sd）抑或颠倒索绪尔的拉康的能指/所指（Sr/sd）之间，它们之间永远无法抹去横隔在它们之间黑白分明的"/（Bar）"一样（如图6-1），相反，中国符号系统由于缘发于男女两性的生命机制的阳爻（—）和阴爻（— —）的"亲密的区分"，并没有那条无法逾越的"/（Bar）"，而是就如负阴抱阳的旋转90度太极图那样你中有我，我中有你，并且始终处于生生不息、循环往复的动态平衡之中（如图6-2）。正是这种无间尔我的"亲密的区分"，才使我们更进一步地了解了中国身体符号的鲜明特征。

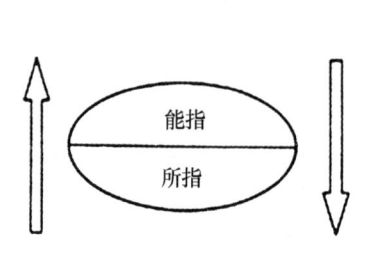

图6-1　修正后的符号图　　　　图6-2　调整后的太极图

首先，这种符号学一方面，它有形有象，以"拟诸形容，象其物宜，是故谓之象"（《系辞上》），象征着具体的物和事；另一方面，它又以"圣人立象尽意以尽情伪"的方式蕴含着普遍性的意义。"象也者，像也"。正如从身体符号出发，我们并不像西方符号学那样对事物本身进行一番意识符码的抽象编码，正像贡华南教授对这一意识符号所概括的那样，"大家知道，西方自康德以来，现象仗着康德赋予它的合法性理论、权利所向披靡，而得以在当代放纵，恣行，物自身随着现象之统治而逐渐退隐，故在一定意义上可说此乃康德以谦卑之名义实施的放纵。胡塞

尔统一现象与本质，特别其向先验现象的推进，无疑赋予了现象以更权威、更实质的地位，现出的现象都是'爱多斯'（'相'），即柏拉图意义上的具有统治力的'相'，随着笛卡尔解析几何打通数和形，19世纪以来的数理逻辑打通了数与理，并最终贯通了数、形、理，从而使数字、表象都成为名副其实的'相'，成为这个现实世界的决定者、统治者，今日之表象与数字都成为柏拉图那个在这个世界之外决定这个世界的'相'，从历史上看，表象、数字先后逼退了诸神、万物（对世界本身实施祛魅使万物都成为不过如此的'表象'和'数字'），也正在逼退了人，诸神、万物、人都成为不过如此的表象和数字。今日的科学根据数据库便可以随便造物、造人，一切都化为一，都化为表象和数字，从而实现了'万法归一'，但也使我们离物越来越远"[1]。正如笔者前已论述的那样，这种从意识符号出发对物的把握符号自身的自我编码，总是与物相疏远。20世纪中国哲学家精练地将意识符号这种对物的抽象行为概括为"执一以范多，执型以范实"[2]。正是基于此，海德格尔批判这种对物的抽离而强调对物的先行领会、先行把握。而《周易》的身体符号系统并不以物之"真理"（存在者真理）而是以物之"真际"（存在的真理）为追求鹄的。这一先行探求物之"情伪"为其旨归。但这一旨归并不是因强调物之"真际"的"个性"而失去了交流性和可公度性，相反，就像自然科学通过自然科学的实验和逻辑推演所获得普遍性的真理那样，这一对物之"真际"身体符号系统也以其身体间性的方式而同样为人们心领神会，而具有默会的普遍性和真理性。

其次，《周易》的身体符号系统没有意识符号系统共时与历时的严格二分，而是共时与历时须臾不离的"合体无间"。正如索绪尔所强调的那样，意识符号共时与历时的二分是符号学的重要前提。意识符号系统正是有感于"万物皆流，无物常驻"而主张通过对物的瞬时态的把握而一劳永逸地达到对物的本质性永恒真理的稳态认识。这种对物的意识符号的把握方式因其不切实际而成为十足的"伪命题"，因为这种共时与历时

---

[1] 贡华南：《味与味道》，上海人民出版社1996年版，第73页。
[2] 金岳霖：《知识论》，商务印书馆2005年版，第229页。

的二元对峙的意识符号系统却恰恰以对物之自然的遮蔽为代价,使物自身所具有的活泼的生机与活力,其与时消息的内在信息消逝殆尽。正因如此,马克思·舍勒不无道理地指出,这种意识符号的共时与历时的分离包含着"对世界的怨恨"。金岳霖则不无忧虑地感叹:"客体的自然正在消失,知识的力量、工业的力量和社会组织更是让人不寒而栗。"①

相反,在《周易》的身体符号系统中,这一符号系统却始终坚持符号的共时态与历时态的"妙合无垠",强调符号时间性的"当下"与空间性的"当位"的统一。而且这种统一并不是一成不变的凝固的稳静态,而是"与时俱进""随时偕行"地与物为迁流动的变动态。正如《周易·系辞上》所言:"圣人设卦观象,系辞焉而明吉凶,刚柔相推而生变化,是故吉凶者,失得之象也,悔吝者,忧虞之象也。变化者,进退之象也。刚柔者,昼夜之象也。六爻之动,三极之道也。是故君子居则观其象而玩其辞,动则观其变而玩其占,是以自天佑之,吉无不利。"正是由于《周易》符号系统因其流动不居的变化系统,后人却往往将其视为一部占卜吉凶的卜筮之书,从而使《周易》这部充满古人智慧结晶的著作蒙上了一层宿命论思想,成为街头那些算命先生自炫高深而实为欺世骗人的宝典。正如智者所言"善占者不易",如果我们揭开笼罩其上的神秘面纱,其不过是周人自身对当时其生活世界的"身体书写"。这一由六爻构成的身体书写既不存在内部的裂隙,也没有脱离外部的世界,因为六爻不但包含着具体的天、地、人三个位置,而且也表示与此符号相联系的主体具体的人生处境,在对外在世界摹写的同时,每一爻也蕴含着其不同的价值论追求旨趣,从而使身体符号表达系统充满生生不息的变化几微。具体而言,一方面,卦象的爻的数、位在某一特定的卦象中固定的秩序,具有相对确定性、共时性;另一方面,"爻也者,效天下之动也""爻者言乎变者也",这一卦象符号系统的符号又具有流动性和变化性,这一符号的变化系统也使人的意义追求相应与之相偕同行。从而使《周易》这一身体符号系统虽然是"迁善改过"并以追求最终的"利用安身""吉凶悔吝"为终极旨归,但并不意味着《周易》的每一卦符都

---

① 金岳霖:《道、自然与人》,生活·读书·新知三联书店2005年版,第163—164页。

是趋吉避凶的，只有在身体力行中，在生命的相因相生中才可能"逢凶化吉"，才可能"否极泰来"，"化干戈为玉帛"。"刚柔者，立本者也；变通者，趋时者也"（《系辞下》）。正因如此，使得《周易》的身体符号系统中六十四卦符因其符号的"互文"特征而使这一身体符号不是一成不变、机械僵化的，而是动态开放、辩证发展的。并因身体符号的"互文"性特征而使其不仅教导我们如何认识外在纷繁复杂、扑朔迷离的外在现象，而且告诉我们如何安顿我们的烦扰不安、欲火不息的灵魂，从而使《周易》这一身体符号系统不仅是辨明"是非"的唯识主义符号，而且是表达"真伪"的唯情主义符号。而正是身体符号"既遂人欲又遂他欲"的"互文"之"情"而消解了过分膨胀的恶欲。① 一如《周易·系辞下》所言："八卦以象告，吉凶以情迁。爱恶相攻而吉凶生，远近相取而悔吝生，情伪相感而利害生。"

再次，《周易》的身体符号系统不是意识符号隐性与显性的严格对立，而是显性和隐性的"体用不二"。如果说意识符号系统因其能指与所指的严格二分而使符号遵循着"以名指实""言以尽意"的语义符号系统，遵循"名逐物而迁，言因理而变"（欧阳建语）理想符号系统，那么，身体符号系统因其阴阳互抱的特性而坚持"显隐、幽明互为一体""言不尽意"的语用符号系统。如果说前者因强调能指与所指的严格二分而产生了中国古代的"正名"论思想，那么，后者因强调能指和所指的合二为一而形成了中国符号"贵意论"理论。正如笔者前已提及的那样，《周易》思想似乎早已先知般地窥破语言符号自身"言不尽意"的局限性，从而提出了"立象尽意"的思想。从而使那难言之意通过易象符号而实现了"范围天地之化而不过，曲成万物而不遗"（《系辞上》）。这就像老庄之"道"，虽然"道"因是"有"和"无"的统一而不可说，但总必须行诸符号才能为人们所理解，虽然，"常言"不能言说，它还必须想办法通过其他途径来实现对"道"的传达，所以庄子就通过"卮言""重言""寓言"来实现对"道"的表达。通过这样的符号语言，"道"

---

① 张再林、燕连福等：《身体、两性、家庭及其符号》，西安交通大学出版社2010年版，第77页。

之"无"的部分被曲折幽微地体现出来。就像海德格尔发现了逻各斯作为原始性话语符号而具有遮蔽和无蔽的两面特征一样,《周易》的易象符号因其阴阳的两面特征也具有幽明的二维特征,即具有可见和不可见的、在场与不在场两面特征。易象符号的这一特征唯有通过有限才可通抵无限。这使得这一符号超越了单纯的指涉功能,而负载了更多的信息,而这些信息的获得只有在知觉和实践场中身体的直接性处境中才能得到真正的理解。正是这一点,使身体符号系统总是蕴含着意味无穷的特点,使得人们总能"望文生义"地赋予语言符号丰富的意义。也正是身体符号的这一特征,在很大程度上影响了中国古代"意象论""意境论"的思维特征。中国古代语言符号所强调的"象外之象""味外之旨"无不与中国古代身体符号所强调的显隐一体的特点联系在了一起。这一点,正如古代学者王炎所云:"圣人之经,或言约而旨博,或语密而意深。读者未必遽了。非文王周公隐而不发也。开其端于言之中而存其意于言之外。欲学者深思而自得之。则象所蕴蓄意味深长,可玩而不可厌也。"①

最后,《周易》的身体符号系统还具有族类性而非个体性或结构性的特点。正如我们前已述及的那样,《周易》的符号系统是由阴阳两爻和八八六十四卦变衍成的生命符号系统。又由于符号系统由卦象和卦辞组构而成,阴阳两爻的任一变化又演变成不同的卦符。这就使得《周易》的身体符号系统充满了无穷无尽的动态演变玄机,与社会本身的生生不息的变化若合符节。也正因此,"象,即类也",《周易》的每一卦象既被人们用来通过类推的方式占卜或预测人生的穷达祸福,也被人们以类推的方式来感知和把握外在的对象,从而和西方意识符号的因果逻辑思维有了根本的不同。在类推的过程中由于每个人的人生阅历和悟性高低的不同,自然对这一卦象的解读也略有差异,从而使《周易》的身体符号系统不同于意识符号系统的个体主义或整体主义对于外物的本质主义的把握,而具有维特根斯坦语用符号学意义上家族相似的特性。也就是说,《周易》的族类性符号特征使这一身体符号系统的因其交感的特性也不乏审美的特征。

---

① 王炎:《读易笔记序》,《影印文渊阁四库全书》(卷115),第5页。

总之，通过对以上身体符号系统的揭扬，我们较为清楚地认识到，在人类语言符号系统发展过程中，其实存在着两种语言符号系统：一为意识符号系统，一为身体符号系统。如果说意识符号系统具有祛身性、同一性、祛时性的特点的话，那么，身体符号系统则具有亲身性、差异性和历时性的特点。如果说意识哲学基于意识哲学之意识内在性而导致符号并不指涉外在事物而是符号系统的任意编码的话，那么，身体符号系统则注重人与物的不即不离的亲身相感而形成了万物一体的境界。如果说意识符号系统基于人生在世结构的"主体—客体关系"而形成了人与物之间表象性认识论关系，那么，身体符号系统则基于"人—世界"的融合式关系而形成了人与世界的审美境界。因此，在意识符号系统如日中天从而导致人类越来越走向虚拟仿真世界而远离最原始最真实的生活世界的今天，发掘和提出身体符号系统就具有极为重要的意义。

第七章

结论与展望

第一节 结论

就像海德格尔通过对"存在"的发现，为无家可归的西方人重启诗意栖居的精神家园那样，我们对《周易》身体符号学的发掘也绝非"发思古之幽情"，而旨在为我们这个身心被符号模塑、生活被媒介掏空、意义被资本锚定、能指僭越所指的符号唯心主义危机寻求可能化解的一线生机。也是为这个被"科技白昼"所照耀的"世界图像时代"探索通达澄明世界的可能之途，更为重要的是，寻求这个被意识符号的求真话语所支配而导致感性经验贫乏的超越之路。

在哲学发展的整个历程中，如何如其本真地绽现我们身居其中的现象世界一直是哲学家们孜孜不倦、持之以恒为之探索的重要话题。但令人遗憾的是，哲学家们在此领域付诸的努力很快就遭到后来者的无情否定。正如笔者前已指出的那样，由于立足于意识哲学的意识符号系统，总是从意识的"我思"这一主体性哲学视野出发，因此，其所认识到的外在世界只不过是自我建构的"客观幻象"，这种主体建构的外在现象是以牺牲现象本身的丰富性为代价而以追求现象之本质为鹄的，因此，以此方式实现对现象的掌握不但不逮现象本身而且离其越来越远。这种把探求现象之本质视为对现象之把握的理论在资本逻辑的支配下，变本加厉地歪曲了物之本身，但人们却沉湎在自己所创造的"超真实"世界执迷不悟。同样，与唯理性主义意识哲学一样，经验主义虽以反对意识哲学的形而上学为旨归，但它依然没有摆脱意识哲学的窠臼，因为它终究以探求物的真理为目的，依然是一种自我建构的哲学。要真正地实现我们对物的真实把握，就必须颠覆对已有的思维模式的固守，不是从我们的"意识"而是从我们实际生活的"身体"出发，才能为我们把握"物之真际"提供真正的可能。因为首先是我们的身体亲历亲感而不是意识直面我们所面向的世界。正是在这一我们身体的行为中自持自在的物才会向我们如实呈现。正是在这一意义上，我们说物体借我们的身体而得到了澄明。前面我们所指出的理性主义的态度和经验主义都是身体在对物的主题化的结果中以"不切身"的方式形成的。只有在物与生命的"切身"相感中我们不但通达了万物之真际，而且也通达了万物之美。① 也正是在这个意义上，我们可以说自然科学的基础不在自然科学本身，而在于自然科学扎根于其中的感性世界。正如马克思所言："感性必须是一切科学的基础。科学只有从感性的意识和感性的需要这两种形式的感性出发，因而，只有从自然界出发，它才是真正的科学。全部历史都是为了使'人'成为感性意识的对象和使'作为人的人'的需要成为[自然地、感性的]需要所做的准备。历史本身是自然史的一个现实的部分。正像关于人的科学将包括自然科学一样，自然科学往后也将包括关于人的科学：这将是一门科学。"②（着重号为原文所加）而这种对感性的知觉在以资本符号及其意识哲学日隆年盛的时期，虽然感性世界与人的身体相感相通的直接性而成为与人最为亲近的事情，但是与人最为亲近的事情在日常生活中却成为与人最为遥远的事情。因为在日常生活中，人们总是以意识哲学的"计算性思维"和"功利之眼"来打量自己的周遭世界，人们总是生活在意识符号为我们编织的时空天地中而迷途不返，而事物本身所具有的诗性光辉却被无端地遮蔽了。③ 那么要回到这种感性

---

① 朱光潜先生曾说："艺术家的'超脱'和科学家的'超脱'并不相同，因为'科学家经超脱到'不切身'（impersonal）的地步。艺术家一方面要超脱，另一方面和事物仍有'切身'的关系。"参考朱光潜《朱光潜美学文集》（第1卷），上海文艺出版社1982年版，第24页。

② [德]马克思：《1844年经济学—哲学手稿》，人民出版社1979年版，刘丕坤译，第82页。

③ 在《1844年经济学—哲学手稿》中，马克思对这种粗陋的感觉进行了批评。正如他所说："忧心忡忡的人甚至对最美丽的景色都无动于衷，贩卖矿物的商人只看到矿物的商业价值，而看不到矿物的美和特性，他没有矿物学的感觉。"

现实，就必须对人们习以为常的思维惯性进行"悬置"，从而完成知觉体系的转变，达到身与事接而境生、境与身接而情生的本源性物之真际。因此，必须以荡涤日常生活中对象的知识探索和外在功利的追求为代价才可还原出一个至为亲和的感性天地。所以意识哲学在回归感性的过程中经过了一段迂回曲折的道路，也就是必须经过"审美距离说"（布洛）、"审美无功利"（康德）、"心斋"、"坐忘"（庄子）一番"澄怀味象"的现象学的还原才可能实现与感性的亲密接触。也就是说，身体哲学就是以非概念、非功利的亲和态度去直接打量外在的感性对象的非现成性的缘构发生的方式。在这一方式中，物以其本真的方式向人们呈现出来。这一点在《周易·咸卦》中得到充分的体现，"咸，感也，不曰感而曰咸。咸，皆也，无心之感，无所不感。所谓寂然不动，感而遂通天下之故者，若有心之感，则非《易》之道矣。"无心之感，即是说人在与万物的交互过程中并不对对象做观念或意愿的把握。而这一交感过程中，现象本身就是美的，现象本身就是身体的表达。由此就不难理解中国美学的很多术语诸如形神、气韵、风骨、肌肤、血肉、眉目、主脑以及肥、瘦、刚、柔、味、品其直接就是身体符号的表达。这一身体符号之于我们具有非同寻常的重要意义。

一方面，它让我们重新认识了中国古代身体哲学的本来面目，看到了中国古代身体哲学不同于西方意识哲学的知识话语系统和基本精神。有别于西方传统意识哲学，中国古代身体哲学是一种从身体出发的体验论哲学。这种体验论哲学因其强调身体的亲感性而从理论上纠正我们日益远离事物本身的偏见，从而真正地让人们重临"物、真、善的重建时刻"。由于媒介、交通技术的异常发达所造成的"时空压缩"，人们就像生活在本杰明所描述的商品展示橱窗里的"霓虹式的梦幻影像"里。如鲍德里亚所指出的那样，人们已经丧失了对真实世界的知觉，而完全生活在一个由抽象的意识符号系统所统治的世界中。人们眼里的事物已失去了事物之为事物的源初面目。事物更多地成为被符码化和被功利所算计的消费之物，源初的纯粹之物被遮蔽了。如何恢复事物的源初状态，改变这个被科学主义极端的求真话语所支配而导致人之知觉系统中感性经验的贫乏？身体哲学把万物看作一体、把人看作自然的一部分、强调人对物的从属、依赖和物对人的亲切、包容的血脉相连、身物一如的特性，无疑为我们开启了一条重返物之真际的澄明之道。

另一方面，中国古代"以身为感"的身体符号系统也对挽救日益严峻的生态危机不无启示意义。生态危机的真正根源就在于人们出于狭隘自私的物质满足而过于重视物本身的经济价值和科学价值，忽视物本身所具有的诗性光辉和内在价值。事物除经济价值、科学价值之外，还有"生命支撑价值、生命价值、消遣价值、稳定性和自发性价值、辩证的价值、宗教的价值"[①] 等自身价值。事物自身价值建立在人与事物本源的关系上。这种本源意义上的关系是一种"物物而不物于物"的关系，是物自身之美的呈现。人们在对物的审美关系上所形成的对物之美的发现，会自然地由对物的赞叹过渡到物的保护。正如席勒所认为的从"自然人"向"道德人"的过渡必须使他成为审美意义上的人一样，对物的生态保护也必须实现从物的"是"走向物的"善"，这中间离不开人们对物之"美"的发现，正是在对物之美的发现中"是"与"应该"的二元坚执涣然冰释，生态保护的意识油然而生。"现代化以来的人类文化行为形态中，只有审美和艺术才集中而纯粹地保留着人对待自然物的真正良善的经验态度。"[②] 这种对物之美的发现离不开我们身体亲感亲历以及在这种亲感亲历中所形成的即物即语的身体符号系统。

还需进一步说明的是，笔者对以具有唯心倾向的意识符号系统的批判而对身体符号系统的弘扬，并不是对意识符号系统在人类文明进程中所具有的重要作用的断然否定，而是通过对意识哲学及其意识符号系统的批判，揭露其先天的缺陷和不足，阐明在促进人类社会得以巨大发展的同时，与之相伴的是带给人类生存的诸种危机和隐患。正如笔者前已论及，意识哲学及其意识符号系统都是一种从"心"出发的以主客关系为主的哲学，自然，外在的世界都无不是"心"的镜像。也就是说，人是通过"心"来观照世界的，世界成为"心"这一镜中之物。罗蒂因此

---

① ［美］霍尔姆斯·罗尔斯顿：《哲学走向荒野》，刘耳、叶平译，吉林人民出版社2000年版，第119—148页。

② 尤西林：《人文精神与现代性》，陕西人民出版社2006年版，第296页。

而把欧洲近现代哲学看作"心物"关系的镜像哲学，并从"心物"角度把欧洲哲学的发展过程分为"心的发明"到"无心"阶段，最后达至"心"本身的退场。正如罗蒂所说："起源于十七世纪人企图使'心'成为一种自足的探究领域这种观念，它试图对心理过程提出一种准机械性的论述，以便以某种方式认识某些知识主张和拒绝另一些知识主张。"①如果说近代哲学的"心物"镜像关系还具有一种朴素的反映关系，那么，到了后现代时期，这种"心物"的镜像关系在作为意识符号集中体现的资本符号的作用下，发生了根本性变化，这种变化就在于对"物"的超强编码。而这种被超强编码的物又反宰于人对外在世界的认知和理解。从而不但遮蔽了人们认识外在事物的其他可能性，而且导致了人的意义危机。正是基于此，后现代主义哲学家们不遗余力地展开了对这种具有"同一性"意识哲学及其意识符号系统的批判，反对把本质主义的思维方式的意识哲学及其符号系统作为看待万物的唯一尺度，提出了针对"同一性"意识符号系统的"差异性"的哲学。譬如，阿多诺对"非同一性"的推崇，德勒兹对"异质性"哲学的强调等，无一不是对这种意识哲学及其符号系统的拒斥。这种拒斥的实质就在于反对对存在性原初境域的强制统一。

正如我们前已论及，反对意识符号系统必然要进行一番思维范式的彻底革命，从现成论走向生成论，从知识论走向存在论，从"思在合一"转向"身在合一"，只有从"身体"出发，从身体意向性出发，才能为我们彻底地还原出一个物之本真的感性天地，才能永葆哲学的生机与活力。在这种身体的意向性活动中，身体的符号表达系统在"随物赋形"过程中自然形成。这种不带先见地通过身体意向对"存在性境域"如其本真地呈现的身体符号系统，就充分体现在人与万物的直觉性体验活动交互呈现中，固然这种对"存在性境域"进行澄明的身体符号系统也必然经历一番简化和抽象的过程，这样的简化和抽象的身体符号形式可能不再具有纯粹事物的形式，但它一定携带着事物的信息和人的存在性的境域

---

① [美]理查德·罗蒂：《哲学与自然之镜》，李幼蒸译，商务印书馆2003年版，第114页。

活动。正是在这个意义上，我们认为诗歌、小说、戏剧、绘画、音乐等审美符号形式都无不是身体符号系统的表现。也就是说，这一身体符号系统所体现的世界万物并不是与人疏离的、陌生的、僵化的、概念化的意识符号系统，而是与人亲近的、有意味的、充满生气的携带着存在性境域信息的身体符号系统。不是分析的、理性的意识符号系统，而是整体的、感情的身体符号系统。正是由于身体哲学及其身体符号系统对存在性境域是一种直觉的、当下的、前概念的、前逻辑的领域的关注，因而，它是对意识哲学及其意识符号系统的本源性奠基，为我们把握和认识世界提供了诸多的可能性，是意识符号系统得以形成的源头活水。由此，意识哲学和意识符号系统与身体哲学及其身体符号系统不是"非此即彼"绝然对立，而是"不即不离"亲密区分。因此，在以资本、媒介等意识符号系统对日常生活殖民化的今天，挖掘身体哲学及其身体符号系统对于我们解决面临现时代的困境而言，就具有非同寻常的意义。

第二节　展望

一旦我们弄清了身体符号在当代社会所具有的积极意义，而且明白中国古老的《周易》不但是身体哲学的发源地，而且是身体符号的真正故乡，我们也才能真正明白自"五四"以来，当我们以"科学"的眼光把具有身体符号特征的中国传统文化视为不科学语言符号且对其自轻自贱而向西方看齐时，恰恰把中国传统文化中最精髓的东西丢掉了。而中国身体符号这种"丢魂落魄"一直以来是中国现代思想家难以抹去的心头之痛。梅洛-庞蒂曾经在其《知觉现象学》中写到了一个叫施耐德的病人，其在"二战"中因其受伤而被截去了一只腿，但是在手术后的一段时间，他却时时产生了一种幻觉，似乎自己那只截取的腿还在一样，只有在行动中受挫而导致身体刺骨疼痛时，他才意识到自己那只腿的不存在。其实，我们对待具有身体符号特征的中国文化又何尝不是那只施耐德的"幻腿"呢？在这一转化过程中，对中国文化的意识符号化编码又何尝不是国人内心的"幻肢痛"？即便如此，仍然有许多智者包括那些沐浴过欧风美雨的新儒家的代表，诸如牟宗三、熊十力、唐君毅、徐复观等一代大师，他们并没有完全受宰于西方文化，仍然对中国传统文化一往情深，不断提撕和发掘中国传统文化的既有之身体符号本质。当代大陆著名学者诸如王树人教授的"象思维"理论、张祥龙教授的"缘构成"理论、张世英教授的"诗性语言"、张再林教授的"身体符号"思想等，步其后尘对中国文化特质的进一步的发掘与弘扬，不正是对意识符号如日中天的时候不遗余力地纠偏和反弹吗？不正是对不同于西方传统意识符号系统的身体符号系统念兹在兹的深情眷恋吗？更为重要的是，当我们对自己的文化弃若敝屣时，在异乡他国的思想家，诸如莱布尼茨、海德格尔、德里达那里中国文化却受到了异乎寻常的青睐，而且西方文化的身体语言转向和中国传统身体符号灵犀相通，这其中不正昭示着一种具有身体符号的中国古代文化新一轮的伟大复兴吗？不正意味着西方传统意识符号"日暮途穷"之际中国身体符号的生机再现吗？

　　正如笔者一再申明的那样，对符号唯心主义研究在一些学者的论文中还只是偶有提及而尚未主题化的研究课题，因而这还是一片尚待开垦的处女地。笔者不自量力斗胆地从事这一研究，只能算是在此领域进行的一个初步尝试和探索，在研究过程中可能还存在着诸多的不足和问题，很多问题还有待进一步的深化，很多方面还有待完善，有些提法还有待商榷，但迫于时限和学识所限，加之人文研究领域永难企及的"绝对完美"，我只能就此交差了，只能把对这一领域的存在遗憾和尚待开拓的研究领域留待来日。一如陶渊明所言的"奇文共欣赏，疑义相与析"，作为符号学研究领域的尝试性工作，拙文难入"奇文"之列，但我虔诚地翘首企盼专家的批评指正不吝指教，以使该问题的研究走向深入。

附录一

符号的幽灵[*]

——符号唯心主义批判

与其他哲学家对人的认识有所不同,新康德主义者卡西尔把人定义为符号的动物。在卡西尔看来,正是有别于动物条件反射之信号的符号,才使人超越了人自身生存的有限现实世界,而具有了无限发展的前景。"没有符号系统,人的生活就一定会像柏拉图著名比喻中洞穴中的囚徒,人的生活就会被限定在他的生物需要和实际利益的范围内,就会找不到通向'理想世界'的道路。"[①] 正是作为人之意义(significance)载体的符号系统才使人摆脱了实在的世界,而迈入了属人的符号世界。但是作为人文本体意义之载体的符号由于实践活动的受动性而使符号命名活动的语境消失之后,难免沦为实用操作意义上僵死的非超越的涵义(meaning)符号。一如卡西尔所言:"为了表象实在,为了能够多少把握一点实在,心理过程就不得不使用符号。然而任何符号系统都不免于间接性之苦,它必然使它本想揭示的东西变得晦暗不明。这样,尽管语言的声音努力想要表达主观和客观的情状,内在和外在的世界,但在这一过程中它所保留下来的却不再是存在的生命和全部的个性,而是掐头去尾的僵死的存在。"[②] 而这一已遭变异的僵死存在的符号却成为一套自主、自律、

---

[*] 本文曾发表于《人文杂志》2010年第3期。
[①] [德]卡西尔:《人论》,甘阳译,上海译文出版社1985年版,第53页。
[②] [德]卡西尔:《语言与神话》,于晓译,上海译文出版社1987年版,第34页。

自控地自行运演的形式符号系统，反客为主地实施对人的支配与宰制，从而使立足于人性指引的意义符号消弭隐遁。

不过，索绪尔从根本上打破了早期符号学黏滞于外在事物的局限，他认为符号是由无涉于外在指涉物的两个独立成分构成。一是能指（signifier），即语音信息的接受者所听到的口语词汇的听觉形象；二是所指（signified），即由于能指的刺激，在接受者心中所唤起的意义，而能指与所指之间的意指方式却是任意的，而这种任意性一旦约定俗成就会被人们普遍地接受。也就是说"在音响形象（或能指'树'），也即概念（概念所包括的所指）和在大地上生长的实际的物质的树之间并无必然的'符合'之处"①。继索绪尔之后，在关于能指与所指的意指关系上，巴赫金和罗兰·巴特则不约而同地认为由于人们利益诉求的不同和身份地位的差异，符号的能指与所指之间的约定不仅代表一种指示方式，而且还内蕴着更为丰富的文化含义。一如巴特所言"axe"（斧子）一词指示用于砍木头的特定工具，在某些文化中，拥有一把斧子也可能意味着拥有很高的社会地位。巴赫金则认为没有纯粹意义上的符号，任何符号都带着符号言说者背后的目的与动因。正是基于此，在符号学的构成部分中，作为意义区分机制的"能指"与"所指"由于符号言说者的意图和诉求的不同，而使符号的"能指"僭越于"所指"之上实现对符号的自由"赋义"。这种"消所归能"的"符号唯心主义"行为，就为晚期资本主义社会的符号统治奠定了坚实的理论基础。

一 符码统治

吊诡的是，晚期资本主义非但未如人们所预想的那样走向终结，反而显示了更为强劲的发展势头。1968 年爆发于法国的"五月风暴"，作为无产阶级政党代表的共产党人，在革命中不但没有成为学生的指导和坚强后盾，发挥革命的先锋和领导作用，反而站在拥护国家机器的立场上，让左翼人士大失所望。除此之外，其他发达资本主义国家的无产阶级革

---

① ［英］特伦斯·霍克斯：《结构主义与符号学》，瞿铁鹏译，上海译文出版社 1987 年版，第 16 页。

命也遭遇了类似的历史命运。而在这一世界风云的变化过程中，无产阶级之阶级意识的日趋衰微引起了人们的深入反思，在这一反思过程中，许多思想家几乎普遍认识到，与早期资本主义处境不同，处于"后工业社会"的晚期资本主义，在科学技术大力促进下，物质产品获得了极大丰富，已从一个由工业资产阶级控制的生产社会转向一个由符号及其符号体系所控制的消费社会。这一消费社会携科技革命之力实现了由"冶金术"（metallurgic）社会向"符号制造术"（semiurgic）社会的过渡。实现了符号从"外爆"（explosion）向"内爆"（implosion），从"冷媒介"向"热媒介"，从"真实"（reality）向"超真实"（hyperreality）的根本性变化。而在这一符号的转变过程中，无产阶级的身份地位发生了重要变化，已由以前仅靠出卖自己劳动力为生的被剥削的工人阶级，变成了顺应晚期资本主义发展要求富有专业技术和管理知识的蓝领工人和白领阶层，甚而成为拥有不菲社会财富的"新中产阶级"。他们不但失去了早期革命的热情和积极性，而且认同自己所处身于其中的社会统治。也就是说，晚期资本主义已由早期赤裸裸的经济压榨和政治奴役转变为更为"温和"与"人道"的符码（code）统治，而这种符码统治就体现在符号不但对人的无一幸免地宰制与规范，拜金主义的价值观念渗透一切领域，人成为金钱的傀儡，而且实现了对人的社会区隔和身份建构，使人们从迷恋于"物的功能消费"转向钟情于"物的符号消费"。从而使符号系统所承载的价值形态内化到人们无意识的身体之中，让符号认同成为身体内部的自我管控，从而使矛盾斗争的焦点发生了重大的转移，社会的结构发生了重要的变化，社会面临的不再是往昔壁垒森严的阶级对立和困扰资本主义的经济危机，而是"人为物役"的符号危机。

依照马克思的理解，符号经济在人类社会的日常生活中所发挥的作用并不是一蹴而就的，在人类社会早期，由于社会分工和人们生产方式的局限，每个人所生产的物品不可能完全满足自己各方面生存所需，为了得到各自在生存过程中所匮乏的物品，必然进行物品交换，最初交换活动仅局限于物物交换，后来随着商品交换的逐步深入，一种凌驾于所有商品之上的商品——货币符号——应运而生。货币符号的出现成为人类经济活动中具有里程碑意义的重要事件，被马克思喻为经济学发展史上"惊人一跳",也成为第一个获得符号地位并逃离使用价值的商品。因为拥有某种商品仅仅意味着拥有商品的使用价值,而拥有作为"一般等价物"的货币就等于潜在地拥有了一切商品的使用价值。特别是当这种货币符号以纸币形式出现而被人们普遍接受的时候,一种不同于实体经济的符号经济便统摄了整个人类的社会生活,从而将质上千差万别的商品变成了由货币衡量的仅在量上有差别的商品。这一货币符号不仅使人们摆脱了经济交往中物品的交换方式,降低了人们在经济活动中商品的交易成本,而且改变了商品的交易方式,拓展了商品的交易范围。尤为重要的是,这种货币符号在活劳动的作用下又转换成一种能够带来价值增殖的资本符号,使得"货币从它表现为单纯流通手段这样的一种奴仆形象,一跃而成为商品世界中的统治者和上帝"[1]。因为从前生产的目的只是需求的简单满足,货币只是一个中介的成分。而现在,在这个方面,实现剩余价值(利润)成了其最终的目的,因此作为生息资本的资本符号一旦放贷出去,"那就无论它是睡着,还是醒着,是在家里,还是在旅途中,利息都会日夜地长到它身上来"[2]。随着经济深入发展,资本符号便逐渐成为经济活动重要的内生力量,并以股票、债券、期货等花样翻新的符号经济衍生品的形式而成为引领经济增长的重要引擎。这样,一种不同于实体经济的证券化、虚拟化、资本化的符号经济日益成为人们竞相追逐的目标和生命意义的全部。这一符号经济结构上的先决条件就是能指的自主化,能指不再拘泥于客观现实的制约,也不再以简单的两分关系束缚于所指,而是能指反噬所指,变成自己的指涉物。以至于有学者倡言人类社会进入了一个全新的时代——符号经济的时代。"整个的经济世界仿佛就是一群符号在表演,真正的物质生产反而淡化了,工业时代生产凝重的机器、厂房和烟囱,在金融全球化的时代几乎被花样翻新的符号所淹没。"[3]

与马克思所处身于资本主义的商品生产阶段不同,晚期资本主义社

---

[1] 《马克思恩格斯全集》(第30卷),人民出版社1995年版,第173页。
[2] 《马克思恩格斯全集》(第46卷),人民出版社2003年版,第443页。
[3] 张晓晶:《符号经济与实体经济》,上海人民出版社2002年版,第2页。

会已摆脱了商品紧缺、物质贫乏的生产时代，而步入了商品过剩、物质丰裕的消费时代。诚如鲍德里亚所言："今天，在我们的周围，存在着一种不断增长的物、服务和财富所构成的惊人的消费和丰盛现象，它构成了人类自然环境中的一种根本性变化。恰当地说，富裕的人们不再像过去那样受到人的包围，而是受到物的包围。"① 与马克思对商品的分析稍有不同，鲍德里亚认为"物远不是一种实用的东西，它具有一种符号的社会价值，正是这种符号的交换价值才是更为根本的——实用价值常常只不过是对物的操持的保证"。② 如果说在马克思那里，我们看到了作为交换价值的货币符号凌驾于商品的使用价值之上，从而使商品退居其次的话，那么，鲍德里亚则把商品的符号价值视为彰显等级和凸显声望的标志，则再一次使商品远离了其功能性的特性，因为"物从来都不存在于它们所发挥的功能之中，其中凸显了威望，……指认拥有者的存在和他们的社会地位"。③ 在鲍德里亚看来，人类所处的社会永远是一个差异化的等级社会，如果说在差异化的古代社会，人们对符号的占有和享受只能取决于特定的世袭地位和阶级特权的话，那么随着这种不平等的世袭地位和身份特权的被打破，以前只能被达官显贵和特权阶层所拥有和控制的体现等级秩序的"强制性的符号"，现在就转变成为人们可以凭借财富拥有的任意符号。因为"社会真正的阶级划分在景观中被消除了，取而代之的是统一消费的符号，它将每个人都作为平等的消费者对待"④。但表面上的消费平等却难掩实质意义上的不平等，这种不平等就体现在人们所拥有的差异化的商品的符号价值，因此不是物本身的使用价值而是物的使用价值之外的象征物的差异的符号价值，成了体现身份地位的重要标志。人们购买和消费这些商品与其说购买的是商品的使用价值，不如说购买的是商品自身所负载的与身份和地位相称的符号价值。恰如鲍氏所言："在我们的社会尽管种族隔离已经消失，但是在购买、市场和

---

① ［法］鲍德里亚：《消费社会》，第1页。
② ［法］鲍德里亚：《符号政治经济学批判》，第2页。
③ ［法］鲍德里亚：《符号政治经济学批判》，第2页。
④ ［美］道格拉斯·凯尔纳：《波德利亚：一个批判性读本》，陈维振等译，江苏人民出版社2008年版，第64页。

私人财产等所有的上层结构的背后往往存在着社会区分的机制,在对物品的选择、积累、操控和消费中,我们必须要承认这种区分机制的存在,此种区分和声望的机制正是价值系统的基础和融入社会等级秩序的基础。"① 正因如此,在当代社会,即使在使用价值上并无多大差别的商品,商家们总是煞费苦心地要开发出不同系列和型号的商品,以满足和取悦于处在不同社会阶层上人们的差异化身份符号需求,人们也正是通过对不同商品型号的购买彰显自己的社会地位。正是基于此,鲍德里亚认为马克思的政治经济学应该让位于符号政治经济学。而这种商品的符号价值,在当今触目皆是的广告符号中得到最为鲜明的表征。

而这种"对物的依赖"(主要指对货币符号、资本符号、符号价值的依赖)最终都全部指向人们所拥有的商品上,从而使看似简单的商品笼罩上诡秘的气息。一如马克思所言,"最初一看,商品好像是一种简单而平凡的东西。对商品的分析表明,它却是一种很古怪的东西,充满形而上学的微妙和神学的怪诞"②。作为一种存在物的商品,不仅被人们简单地所使用,它更是人的社会关系和人的能力的重要体现,但商品所具有的体现社会关系和人的能力的意义却总是隐匿不彰,而主要以商品的形式体现出来,因为在资本主义社会中,能够直接为人所见的只有商品,社会关系是间接表现出来的。如果说在人身依附的古代封建社会,人们所生产的产品更多地打上了生产者自身鲜明的个性烙印,还能依稀看出商品与意义的有机联系。那么,到了产品以流水线方式生产的资本主义社会,产品的生产完全掩盖从事生产的人和在什么条件下的生产境况,成了失去身份个性具有同一品质的"公共交换产品",而产品生产的这些始源的背景意义在产品的消费过程中被无端地掏空了。在商品的使用价值无甚差别的时代,面对琳琅满目令人眼花缭乱的商品世界,产品的意义机制就成为人们选择某种商品的重要尺度,正是在这个意义上,作为体现符号价值的广告就乘虚而入,成为填补在流水线上所生产的"无个

---

① 转引自高亚春《符号与象征——鲍德里亚消费社会批判理论研究》,人民出版社 2007 年版,第 126 页。
② 《马克思恩格斯选集》(第 2 卷),人民出版社 2012 年版,第 122 页。

性的商品"意义生产的重要方面。"正是由于这个原因，看起来'微不足道'的广告才会有这么强大的力量。本质上，广告给商品所赋予的意义并不是虚假的，而是这个意义在商品的生产意义被掏空后的空地上成了统治者，在与商品的互动过程中，人需要有关商品的意义。资本主义的社会关系打破了传统上生产者与产品的'有机联系'。同时，可能来填充这个空隙其他机构（如家庭、社区、宗教）也被资本主义削弱了。这时广告就有了力量，因为它提供有关商品的意义是无法从其他地方获得的。这样的力量，源自人对意义的渴望，即人总要在商品的世界中，以符号来确定自己的位置。"① 但是，广告能否真正地代表商品在形成过程中所蕴含的真实意义呢？

实际的情形是，广告并没有实事求是地反映产品本身所具有的真实意义，而是与产品销售商沆瀣一气地"蒙骗"消费者。正如罗兰·巴特所说："一切广告都言说着产品（这是其涵指），而它却叙事着其他事物（这是其直指）。"② 因为生产者生产商品的最终目的就是要把自己所生产的产品让消费者来购买，而处在财富极为丰富、商品过剩的消费时代，为了避免产品的滞销而陷入卖不出去的困境，如何使"剩余物"让人们所购买，成为销售者挖空心思不得不面对的课题，而广告就成为生产商为推销产品而营造"意义"消费的锐利武器，为满足和刺激人们的欲望需求发挥了推波助澜的作用。那么，广告是如何实施它的这一目的的呢？

首先，广告通过欲望刺激方式来诱导人们对商品的消费。按照鲍德里亚的理解，人类的需求系统大致而言可以分为基本需要和社会需要。在人的基本需要阶段，一个人最起码知道他需要什么，即作为一个人他总要吃、喝、睡、繁衍、居住，等等。但是当超越了人的基本需要之后，人就不知道他需要什么了，人的这种需要就会被其所生活的社会文化系统所操控。处在一个差异化的社会，人的社会方面的需求就会在与周围人的心理攀比过程中来确定，而处在一个永远等级化的社会，一个人的欲望需求就成了永无止境的追求。而在实现自己的欲望追求过程中，欲

---

① ［美］苏特·杰哈利：《广告符码——消费社会中的政治经济学和拜物现象》，第61页。
② ［法］罗兰·巴特：《符号学历险》，第186页。

望更多地是以商品化方式呈现出来,而广告正是利用这一点不断地制造物品神话,以趋时鹜新、花样翻新的方式不断满足人们永不落伍的欲望追求。"广告既不让人去理解,也不让人去学习,而是让人去希望,在此意义上,它是一种预言性话语。"① 正基于此,我们看到广告并不把宣传商品本身的性能作为主要目的,而是选取更多的社会名流和明星大腕作为产品的形象代言,似乎人们买了某位形象代言人的商品,人们也就会享受像明星一样的奢华生活,从而制造一种消费幻象,使人们丧失了对世界的真实感觉。

其次,广告通过符号修辞来实现对人的"消费控制"。广告并不是站在消费者的立场而是站在销售商的立场,为了替雇主服务,广告就把与所要销售的产品(符号学意义上的所指)并不具有必然联系的意义(能指)"嫁接"到该产品上,独具匠心地把"罗曼蒂克、珍奇异宝、欲望、美、成功、共同体、科学进步与舒适生活等等各种意象附着于肥皂、洗衣机、摩托车及酒精饮品等平庸的消费品之上"。② 对于符号的这种功能,我们可以从杰姆逊在考察当代资本主义社会时,对于香烟这种商品的分析上充分地体现出来。"在资本主义社会,垄断是商品生产的一个特征,产品都是成批地生产,而且,都是大同小异。比方说有五家香烟公司,生产的香烟基本上都一样,生产技术都是同一水平,那么怎样才能推销这些大同小异的香烟呢?人们于是给不同的香烟一个不同的形象,然后说服消费者相信各种香烟的味道都是独特的。他们会说'万宝路'抽起来不同于'温斯敦',虽然两种香烟的味道实际上是一样的。这就要求让消费者相信在抽'万宝路'时,他能够获得一种特殊的东西。因此'万宝路'香烟总是和西部的风光、马背上的好汉、辽阔的空间等等联系在一起,这样就产生了不同的精神商品,不同的物神。"③ 虽然杰姆逊的分

---

① 张晓晶:《符号经济与实体经济——金融全球化时代的经济分析》,上海人民出版社 2002 年版,第 97 页。

② [英] 迈克·费瑟斯通:《消费文化与后现代主义》,刘精明译,译林出版社 2000 年版,第 21 页。

③ [美] 杰姆逊:《后现代主义与文化理论》,唐小兵译,北京大学出版社 1997 年版,第 221 页。

析是针对香烟而言的，但对所有的商品都适用。正是在广告"美丽的谎言"的蛊惑诱导下，以至于人们在日常生活中失去了理性的观察力和判断力，成为了一个失去自我主体而被广告牵引和麻醉的"受控消费的动物"。

需要强调的是，处于后工业社会，人们的消费观念和消费方式也在生产者处心积虑的引导下，发生了根本性变化。"消费先行生产"成了人们普遍接受的观念，整个社会从机制和制度上也鼓励这种消费观念。也就是说在人们还没有赚到足够的购买所需商品的费用之前，就可以以信贷或透支的方式预先享受自己所需的理想产品，颠覆了传统意义上人们的消费模式，体现了消费对人的生活的决定与影响。如我们今天的贷款买房购车都是新消费观念引导的结果。岂不知在这样的消费行为背后人们已先行地把自己异化给了付款人。

二 符号唯心主义批判

符号自身在发展的过程中，基于膨胀的利益博弈等诸多因素所形成的能指与所指的背离而造成的能指僭越所指之上的"能指游戏"。使符号愈鹜愈远离开了其奠基的良善愿望，脱离了物之"真际"而反缚于一套自主、自律、自控的形式符号系统，其重要的原因在于符号的"唯心主义"特质。这种符号唯心主义的特质，从现实的层面而言，是与人类社会高度发达物质文明密不可分。就像贺麟先生所言："唯心论是因科学发达、知识进步而去研究科学的前提知识条件，因物质文明发达而去寻求创造物质文明、驾驭物质文明的心的自然产物。故物质文明与科学知识最发达的时代，往往唯心论也愈盛……无创造物质文明、驾驭物质文明的需要，无精神上的困难需得征服的自然人，绝不会感觉精神的重要，绝不会发生唯心的思想。"[①] 就理论层面而言，这种"符号唯心主义"的特质就在于意识哲学的理性化所导致的"身心二分""以心控身"所引起的主体对客体的支配性统治，这实际上是肇端于近代笛卡尔祛身化意识哲学所致的结果。这一思想对符号学的影响就体现在：一方面，符号中

[①] 贺麟：《近代唯心论简释》，上海人民出版社2009年版，第4页。

所指与能指的分离，以及能指僭越于所指之上，变成了能指在脱离所指的情况下的随意"赋义"行为。另一方面，这种意识哲学的理性化还体现在这种概念符号系统的共时性特点对物的历时性特点的抹杀，从而使一个原本充满丰富性和多样性且具有生机与活力的事物成为符号宰制下的同一之物。

其实，在这种符号发展的同时，一些有识之士也在不遗余力地展开了对这种符号唯心主义的批判。就符号经济而言，首先，货币符号在任何时候、任何情况下，都是从交换过程中自然产生的，它是交换关系的产物，是客观的交换关系派生出来的货币符号，而不是货币符号演绎出交换关系和交换物。但是，人们在实践中却颠倒和混淆了二者之间的关系，一切实在的产品和劳动竟成为货币的代表，往往把与货币发生关系的交换对象当作货币符号的派生物，从而导致货币拜物教和拜金主义的盛行。在早期的《1844年经济学—哲学手稿》中，青年马克思就借莎士比亚之口，对货币凌驾于一切之上的现象发出情感的控诉"这东西，只这一点点儿，就可以使黑的变成白的，丑的变成美的，错的变成对的、卑贱变成尊严、老年变成少年、懦夫变成勇士"。在这里马克思借用莎翁的话深刻地批判了在货币符号的作用下人的社会生活、经济生活和精神生活日益地单向度化，而给个体生命所带来的难以医治的创伤。更重要的是，随着货币符号向资本符号的推进，马克思又揭示了笼罩在资本符号下"钱能生钱"的神秘面纱，通过符号的解魅，揭示了资本符号增殖的秘密乃是工人阶级所创造的剩余价值。激烈地批评了作为资本的货币符号所带给人的身心之摧残。以至于"劳动者在自己的劳动中并不肯定自己，而是否定自己，并不感到幸福，而是感到不幸，并不自由地发挥人的肉体和精神，而是使人的肉体受到损伤，精神遭到摧残"。从而使"动物的东西变成了人的东西，而人的东西变成了动物的东西"。[①]

其次，固然符号经济在经济发展过程中促进了经济发展，在投融资方面可以激发经济发展的活力，但其自身并不带来经济总量（GDP）的增长，而只是货币之间流量的盈亏流转而已。这样的符号经济容易滋生

---

① [德]马克思：《1844年经济学—哲学手稿》，人民出版社1979年版，第47、48页。

经济生活中大量的"食利者"阶层，因为符号经济中的投资者们，他们并不从事实体经济的生产，但他们却分享了实体经济的利润增长，从而极大地挫伤人们从事实体经济的积极性。

再次，符号经济的发展也可能给人们带来了难以预料的发展风险，因为符号经济在其发展过程中必须具有良好的信用价值和完善的借贷系统方面的制度支撑，一旦支撑符号经济的制度系统处于瘫痪状态，那么符号经济的发展就会因此而使经济发展面临崩溃状态。美国因房地产市场所引发的全球领域"多米诺骨牌效应"般的次贷金融危机，就使我们每一个人看到建立在货币信贷基础上依赖于指称和代码的人类符号体系的现代金融体系自身的脆弱性。因此，从根本上说，当今的次贷危机与其说是西方经济制度的危机，不如说是植根于意识符号系统中能指与所指的严格分离，植根于符号与生俱来的"唯心主义"，以及植根这种"唯心主义"所导致的"以名乱实"的"符号暴力"。消费社会的鲍德里亚，则提出了一种商品自身的符号价值，从某种意义而言，这不过是立足于符号学基础上对商品自由地"赋义"行为，其实质仍是执迷于符号唯心主义的结果。

最后，在符号的发展过程中，商品符号的"能指"凌驾于"所指"的"不及物"思想，使得"广告的形象与要销售的产品可能有也可能没有什么关系，如果我们把现代广告同直接有关的金钱、性和权力剥离开来后，就几乎剩不下什么"[①]。一方面，广告不但以符号的形式在建构人们的虚假消费，而且蛊惑和诱导消费者，使得消费者所购买的商品并不是基于商品本身的使用功能，而是广告所宣扬的凸显其等级身份的符号价值。广告的这种现象最为集中地体现在当今社会的身体消费上，如果说在古代宗教社会，身体还是人们的一种话语禁忌的话，那么在现代，随着身体的诸多禁忌被打破之后，身体特别是女性的身体成为广告的主题，无论是美容化妆，还是时装保健，无不受到媒介符号的引导，从而使开发身体、管理身体、美化身体、保养身体成为经济发展的命脉，使身体还未摆脱生产主义的异化牢笼，又陷入消费主义的陷阱。以至于人

[①] 谢立中编：《西方社会学经典读本》，北京大学出版社2008年版，第987页。

的身体在广告符号的引导下成为同质化、标准化的身体。另一方面，在经济生产中，由于生产厂家不注重产品质量升级改造反而在广告营销、符码统治方面斥以巨资，大做文章，不但使消费者购买了徒有虚名的商品，欺骗了消费者，还因大部分产品利润被广告商所分割而使自己在投资方面捉襟见肘，导致扩大再生产因资金短缺而陷入困境。前者就体现在许多丧失良知、不负责任的名流大腕为华而不实的商品做广告形象代言而身陷官司，害人害己；后者就体现在许多在央视黄金时段成为广告标王的企业昙花一现，风光不再。

其实，这种符号唯心主义的毒瘤在我们的现实生活也屡见不鲜，从过去我们经济发展中的"浮夸风""放卫星"，到今日我们经济发展中的"唯GDP主义""人力资本"符号的推出，从过去的"物的使用价值消费"到今日的"物的符号消费"，甚至于在高科技传媒下参照物的消失和"超真实"的出场，这一切无不体现了符号无以匹敌的威力，也无不体现了受控于符号宰制下生命的不可承受之重。诚如怀特海所言："人类通过他那一套繁复的符号转移体系，可以养成奇迹般的敏感性，感受遥远的环境以及未定的未来，但是也要付出代价，因为每一符号转移都可能含有任意归罪于不恰当危险做法。"① 正是基于"唯心主义"的意识符号系统所造成的符号崇拜、历史虚无、以身为殉等驰心旁骛的诸种"不恰当的做法"。导致人类自身越来越远离至为根本的身体关怀和生命自身的"意义"匮乏，反宰于这种业已分离、偏转、转移的意识符号，把愈鹜愈远的变异的符号当作意义追求的目标和顶礼膜拜的对象。如何破解西方符号学在自身发展过程中的积重难返的悖谬性张力，现代西方的哲学家们力求尝试性地破解这一符号学自身发展的内在危机。重返符号与人源初的意义机制。这种符号学的重建既体现在维特根斯坦使符号学从语义学到语用学的转向，又表现在海德格尔后期从被"座架"所统辖"科技符号"所造成的"世界图像"向亲近物自身的"诗性符号"的转向。但终因囿于意识哲学的思维惯性和身体维度生命关怀的缺失而不着边际。

---

① [英]A.N.怀特海：《符号的意义及效果》，周邦宪译，贵州人民出版社2007年版，第102页。

近年来，受西方身体哲学转向的启发，结合对中国古代文本的解读，我们提出了作为一种有别于意识符号系统的身体符号系统，为我们至为彻底地化解祛身性抽象意识符号的重重危机提供了新的突围之路。这种身体符号肇端于尼采，发展于海德格尔，成熟于梅洛-庞蒂。虽然他们每个人关于"身体符号"的观点不免仁智互见，但他们都主张身体之于生命意义的亲在性，从而力辟一种祛身性的、独白性的、本质性的唯心主义的推论性意识符号，而倡导一种亲身性的、互文性的、家族性的审美主义的身体符号。力主从科学符号向身体符号的转变，从"思道"走向"身道"，从玄远纯思、思辨推绎的意识符号，回归注重当下、身物不二、即目呈现的身体符号。

无独有偶，当代西方符号的这一身体转向与遥远的中国古代符号学思想暗通款曲。与西方这种意识符号迥然有别，中国古代的符号学就是一种本源意义上的身体符号学，这种身体符号学不是利用理性，狂妄地对外部世界掌控，而是对生命意义的揭扬。这种符号不是意识符号能指与所指、历时与共时的分离，而是能指与所指、共时与历时体用不二、显微无间的合一。这种身体符号发端于中国古老的《易经》，植根于男女生命原发机制的"阴爻"和"阳爻"亲密区分。一方面，它有形有象，以"拟诸形容，象其物宜，是故谓之象"（《系辞上》），象征着具体的物与事；另一方面，又以"圣人立象尽意以尽情伪"（《系辞下》）的方式蕴含着普遍性的意义，内含着义与理，因此不同于西方指义论意义的科学符号，而是特殊与普遍相统一表达生命意义的审美符号。一方面，卦象中任何一爻的变化，卦象本身都会发生变化，呈现出符号的流动性和可变性；另一方面，卦象中爻的数、位的特定秩序，又具有相对的确定性，因而它在强调符号的共时性、确定性同时，又并未舍弃符号的历时性和变化性，从而使符号表达与人的意义追求相偕同行。一方面，这种卦象意指着社会和自然的变迁，"变化者，进退之象也"（《易传·系辞上》），另一方面它又以"圣人设卦观象系辞焉，而明吉凶"（《易传·系辞上》）而蕴含着符号自身的"利用安身""吉凶悔吝"的价值旨趣，从而使符号自身不仅指涉着外在的对象,而且蕴含着生命的价值意蕴,① 这一切都与当代西方符号学的身体转向在精神旨趣上殊途同归。在身心被符号模塑、生活被媒介掏空、意义被资本锚定,能指篡越所指的意识符号隳突喧嚣、如日中天的时代,一种有别于意识符号的身体符号的出场,不正为我们化解愈演愈烈"人为物役"的"符号唯心主义"危机昭示了一条救赎之道吗?

---

① 杨国荣:《成己与成物:意义世界的生成》,人民出版社2010年版,第42页。

附录二

消费社会和符码统治[*]

——鲍德里亚消费社会理论批判研究

在鲍德里亚看来,晚期资本主义社会的一个明显的事实是人们已经摆脱了早期资本主义的物质匮乏状态,而达到了物质财富的极大丰裕,摆在人们面前的重大问题已经不是如何生产更多的物质产品,而是设法如何把更多的商品想办法销售出去。而如何销售这些产品,鲍德里亚在借鉴巴塔耶"普遍经济学"和索绪尔、巴特等符号学思想基础上,提出了有别于马克思政治经济学的符号政治经济学,不但把符号政治经济学看作对马克思政治经济学的发展和超越,而且视为消费社会的重要理论指南。那么,鲍德里亚符号政治经济学是如何成为消费社会的理论指南的,这一理论对于晚期资本主义社会产生了怎样的影响?这是值得我们探讨和思考的重要问题。

一 消费社会中符号价值的理论缘起

由于晚期资本主义社会一方面进行经济制度的自我更新,吸收了计划经济的有益成分,使得资本主义频发的经济危机有所放缓;另一方面,随着科技发展和经济增长,人们的物质生活水平得到了大幅提升,而使受益的被统治阶级接受和认同了现行社会体制,革命热情逐渐丧失。因而晚期资本主义社会不但未如马克思预言的那样被社会主义所取代,反

---

[*] 本部分内容发表于《符号与传媒》2014年春季号。

而使力图取代资本主义的社会主义革命一再受挫,法国的"五月革命"的失败就是一个极为典型的写照。那么,导致这一现象发生的深层原因何在?在我们看来,除了晚期资本主义经济政策的自我调整外,造成这一深层变化的根由无疑是晚期资本主义社会思想文化的重大转变,这一重大的转变就体现在,从早期市场资本主义为了完成资本积累所主张的禁欲主义思想,转向晚期垄断资本主义为促进商品消费而激发物欲的纵欲主义观念。① 从而把人们从关注资本主义早期的阶级斗争的革命热情引向了晚期对体现自我身份地位的符号价值追求。一如瑞泽尔所言:"想象一场由那些整天成为'宝马'轿车而不是'现代'轿车的消费者所需的金钱而忙忙碌碌的人们来承担社会革命是极其困难的。"由此,"这种改变不仅是经济经济结构和经济形式的转变,同时也是一种整体性的文化转变"②。而对符号价值的追求是从刺激人们的消费欲望开始的。

  人的欲望对于社会的发展而言具有举足轻重的作用,正如马克思所言,自古以来人的贪欲和权势欲是推动社会发展的有力杠杆,但在生产力落后和物质财富极为有限的时代,人们对欲望的追求还处在仅仅满足于生理需要和使用价值为目的,"人在这种状态下生产的东西不多于他直接的需要,他需要的界限也就是他生产的界限"③。欲望被视为"被诅咒的部分",因而禁欲主义思想历来是古代统治者所倡导的一种思想观念。统治阶级总是通过宗教、道德、法律等种种手段来抑制普通大众的物质消费欲望,一方面是为了促进商品的扩大再生产,另一方面是为了满足自身穷奢极欲的物质享受,所以在早期专制社会和资本主义发展的初期,"无论在物质上和精神上,臣民几乎处于禁欲状态,而君主的欲望却得到了充分的满足,臣民的欲望转化成君主之欲望的欲望,……于是,前者

---

  ① 在关于资本主义的起源问题上,从文化根源上,有两种截然不同的说法:一种是马克斯·韦伯的《新教伦理与资本主义精神》,韦伯认为正是新教伦理的禁欲主义思想为早期的资本积累乃至资本主义的发展奠定了基础;与之相反,桑巴特在《奢侈与资本主义》一书中,却认为早期资本主义的发展与封建贵族阶级及新兴资产阶级的奢侈型消费有关,正是他们的奢侈型消费才促进了资本主义的发展。
  ② [美]乔治·瑞泽尔:《后现代社会理论》,谢立中译,华夏出版社2003年版,第113页。
  ③ 《马克思恩格斯全集》(第42卷),人民出版社1979年版,第33页。

无个体的欲望可言，后者的个体欲望却无限膨胀，专制体制使君主变成了社会体"①。但是，到了资本主义社会发展的晚期，在科学技术的发展下，人们的物质财富达到了极大的丰裕，"存在着一种由不断增长的物、服务和物质财富所构成的惊人的消费和丰盛现象。……富裕的人们不再像过去那样受到人的包围，而是受到物的包围"②。加之封建社会人们先定的社会地位及等级界限被打破，摆在人们面前的不再是基本生存和生产问题，而是如何消费以及使人们自觉地实现对商品的购买问题。如果仅仅局限于人们实际的生活需要而满足于购买商品的使用价值，显然是不能解决生产过剩问题，进而实现商品的最终目的和促进经济发展。因此，在人们的基本需求得到满足之后，必须不断制造和刺激人们的欲望，以便于让人们心甘情愿地购买他们实际生活中并不具有多大价值，但却能给他们带来某种欲望满足的商品，这才是晚期资本主义社会面临的迫切课题。因而在晚期资本主义社会，消费比生产更重要。正如鲍德里亚所说："关于消费的一切意识形态都想让我们相信我们已经进入了一个新纪元，一场决定性的人文'革命'把痛苦而英雄的生产年代与舒适的消费年代划分开来了，这个年代终于能够正视人的欲望。"③ 但是，人的欲望却是一个无法定性和定量的变数，之所以人的欲望难以确定，就是因为在人的心理世界中，人的欲望始终总处在一种"这山望着那山高"般欲壑难填的"亏欠感"，而这种"亏欠感"也正是在我们与周围世界"他者"的比较中油然而生的。而在消费社会中，刺激消费者进行消费的就是要制造消费者不断追求承认和卓越的欲望，而永远活在"他者"眼中的"亏欠感"，使其永无休止地走在试图消弭自我"亏欠感"召唤之路上。而实现这一途径是借助于"符号的能指游戏"来完成的。因为"倘若不借助于能指符号，我们将不能再遭遇真正的欲望对象，……，能指成了欲望机器的真正内驱力"④。正是在这种符号价值的引导下，消费者

---

① 韩桂玲：《吉尔·德勒兹的身体创造学研究》，南京师范大学出版社 2011 年版，第 124 页。
② ［法］鲍德里亚：《消费社会》，第 1 页。
③ ［法］鲍德里亚：《消费社会》，第 64 页。
④ 张一兵：《不可能的存在之真——拉康哲学映象》，上海人民出版社 2005 年版，第 7 页。

从未面对过自己的需要，它内在于他所安排的那些符号。那么，鲍德里亚是怎样发现了物的符号价值的呢？在这里我们有必要追溯一下鲍德里亚形成物的符号价值的来龙去脉，以便于我们更为清楚地把握其消费社会的符号价值的逻辑。

鲍德里亚符号政治经济学思想的形成在很大程度上受启于巴塔耶"普遍经济学"思想的影响。正是借助于巴塔耶的"普遍经济学"思想，鲍德里亚提出了有别于物的功利性价值之外的物的非功能性的符号价值。相对于巴塔耶的"普遍经济学"而言，古典经济学是从狭隘的功利主义思想出发来看待经济发展的，认为生产发展的目的就是经济的增长和财富的积聚。巴塔耶则认为正像生命有机体的成长过程中能量的生产总要多于能量的消耗，而多余的能量必须被"排泄"出去一样，资本主义社会也必须把自己生产的更多的剩余价值想办法"消耗"出去，否则过多的商品积累如果不能得到及时"消耗"，便会导致晚期资本主义经济危机频发，从而使经济发展处于停滞和恶化的状态。因此晚期资本主义消费比生产更重要，而如何实现这一点，也就是说如何刺激人们去购买除了满足自己的生活资料所需之外的其他商品，就必须借助于超出商品的符号价值来实现。因为"无论在符号逻辑还是象征逻辑里，物品都彻地与某种明确的需求或功能失去了联系"①。而这一点也像费瑟斯通所指出的那样，"在鲍德里亚看来，面向大众的商品生产运动的重要特征，是在资本主义交换价值的支配下，原有的'自然'使用价值消失了，从而使商品变成了索绪尔意义上的记号，其意义可以任意地由它在能指的自我参考系统中的位置来确定，因此，消费就绝不能理解为对使用价值、实物用途的消费，而应主要看作是对记号的消费"②。另外，促发鲍德里亚从马克思的政治经济学走向符号政治经济学的还有莫斯、列斐伏尔等思想的影响。在莫斯《礼物》一书中，作为商品的礼物已经丧失了其自身所具有的实用价值，而成了商品拥有者自身地位和身份权力的象征。而受

---

① ［法］鲍德里亚：《消费社会》，第1页。
② ［英］迈克·费瑟斯通：《消费文化与后现代主义》，刘精明译，译林出版社2000年版，第124页。

列斐伏尔"消费受控官僚制社会"的影响,促使鲍德里亚借助于索绪尔、巴特等符号学理论完成消费社会的符号价值的创制。

众所周知,索绪尔对于符号学思想的重大贡献就在于建立了符号学独立、自足的体系,① 也就是说,符号学中的符号并不是对现实事物的指涉,而是由能指(signifer)和所指(signified)所构成的。前者指的是语音信息的接受者所听到的口语词汇的听觉形象(sound),后者指由于能指的刺激在接受者心中所唤起的意象(mental image),能指和所指之间并无内在的联系而具有任意性,它们的结合是特定社团的契约使然。"符号的任意性并不是意味着符号本身的选择完全交由言说者来决定,而是意味着符号本身与它所表达的对象内容之间不存在自然的联系,事实上,在社会当中使用的每一个表达中介都必须以约定俗成的集体行为为基础。"② 如果说,索绪尔的符号学还仅仅限于符号学自身的理论建构的话,那么,巴特在继承索绪尔符号学理论的基础上,进一步修正和改变了符号学的发展方向,打破了符号学自我封闭的狭小天地,进入了对各种社会生活现象的分析,从而使符号学由普通符号学发展至社会符号学,极大地拓展了符号学表现范围。

相较而言,如果说索绪尔的语言符号只注重语言符号的形式而不注重语言符号实质的话,那么,巴特的符号学则依据的是具体的非语言的实物,是这些实物的"实用"关系和意义;此外,如果说索绪尔所谈及语言符号的理据性来自于社会的约定俗成,来自于社会的契约关系,那么,巴特则认为符号的这一理据性是由少数的技术专家、决策集团来制定的。并通过杂志书写、媒体展示等形式传达出来,而被大多数群众所接受。③

---

① 关于符号是否指涉外在事物的问题,是符号学中的一个关键,本维尼斯特曾就此批评过索绪尔的符号学思想,认为符号学的符号就是对外在事物的指涉,而这一点又遭到了索绪尔的反批评,认为本维尼斯特根本不是符号学家,符号学只有在不指涉外在事物时,才是真正的符号学研究。
② 林信华:《社会符号学》,东方出版中心 2011 年版,第 114 页。
③ 项晓敏:《零度写作与人的自由——罗兰·巴特的美学思想研究》,复旦大学出版社 2003 年版,第 116—117 页。

鲍德里亚正是立足于马克思的政治经济学思想,并在继承以上符号学思想的基础上,建构了消费社会的符号学理论。受索绪尔语言符号学的启发,索绪尔发现了符号学中能指和所指二者之间的关系,类似于马克思政治经济学中商品的交换价值和使用价值之间的关系。正如符号学的能指凌驾于所指一样,商品关系中的交换价值也最终凌驾于使用价值之上。但在马克思那里,商品的交换价值的价值量还取决于商品生产过程中商品所付出的社会必要劳动时间的多少;而在鲍德里亚这里,商品的符号价值则完全超越了商品本身的生产过程中所付出的劳动时间的多少,而完全受马克思政治经学之外人们所赋予的商品的意义来决定。一如凯尔纳所言:"商品之于鲍德里亚如同语言之于索绪尔,二者都具有能指和所指结构,具有抽象、等价和可互换性这些索绪尔所赋予语言符号的特点,也就是说,对于符号学家来说,语词是抽象的概念,这些概念根据等价、交换、可替代性等具体的规则在语言结构中可以被整合在一起,同样,商品也构造了一个系统,在这个系统里,交换价值——商品的价格、市场价值等——和商品符号构造了价值的形式系统,其中个人或物品可以被相互替代。因此,鲍德里亚证明,商品被结构化为一个符号价值系统,受到规则、符码和社会逻辑的制约。"[1]

如果说马克思曾把交换价值对使用价值的超越看作人类社会的"惊人一跳",在我们看来,鲍德里亚符号价值超越于商品的使用价值和交换价值的思想,便是更为"惊人一跳"。那么,符号价值又由什么决定呢?鲍德里亚认为,符号价值并非由符号自身的价值来决定,而是由其社会的差异逻辑来决定,是以它们带来的社会声誉以及所展现的社会地位和权力的方式来衡量的。实际上,鲍德里亚在他的《物体系》和《符号政治经学批判》著作中,分别为我们阐述了"古物"、"收藏品"和"艺术品"等游离于物品使用价值之外的物品的符号价值。[2] 这其中,人们之所

---

[1] Douglas Kellner, Jean Baudrillard, *From Marxism to Postmodernism and Beyond*, Cambridge: Polity Press, 1989. p. 21.

[2] 鲍德里亚在《物体系》和《符号政治经济学批判》中分别阐述了"古物"和"艺术品拍卖"中物的非功能性的价值和意义,这些物品超越了物的使用价值而体现了其符号价值,可分别参阅[法]鲍德里亚《物体系》,第85—95页;《符号政治经济学批判》,第101—114页。

以对"古物"情有独钟或对"艺术品拍卖"趋之若鹜,就在于人们看重的并非是物品本身的使用价值,而是物品的符号价值。而这一符号价值的建构不是来自于商品自身的使用价值或这一商品本身所付出的社会必要劳动时间的多少,而是来自于人们对于符号的"赋义"行为。正是基于此,人们认为鲍德里亚的符号政治经济学已经完全脱离了马克思主义政治经济学的历史唯物主义基础,消费不再是一个经济学的问题,而是一个人们如何赋予符号意义的文化问题。这一符号价值的"赋义"行为一如巴特以上所言,在现代社会越来越由社会的媒介组织来建构和完成。

二 消费社会中符号价值的建构之途

如前所述,消费社会中商品的符号价值并不完全通过生产商品所耗费的社会必要劳动时间来决定,也不完全由商品的使用价值来决定,而是由商品的符号价值来建构。这一点在消费社会变得尤其重要。一方面,在消费社会中,当人们生活的基本需要得到满足之后,如何刺激人们购买更多的商品,符号价值在其中发挥着非常重要的作用。在此,鲍德里亚曾给我们描述了这样一种购物实验:即让消费者进入一超级购物市场,让他们免费在有限的时间内尽可能拿走他们所需的东西,结果发现消费者在琳琅满目、美轮美奂的商品世界里,拿到的也不过是一些价格低廉、微不足道的东西,因而在充斥着目不暇接、眼花缭乱的商品世界里,如何引导人们购买商品,符号价值的引导作用就显得必不可少。另一方面,在商品的功能和实用价值基本趋同的情况下,如何提高商品自身的价值或吸引人们来购买某种商品,而商品的差异化的符号价值在其中就发挥着至关重要的作用。因此,在消费社会中,面对着种类繁多、琳琅满目的商品世界,符号价值在商品社会中显得越来越重要,它带你进商场,教你买东西,帮你花钞票。

而这一符号价值的建构之途在某种意义上已经超越了当初符号的契约关系,在很大程度上由某一特定的社会团体或利益集团通过广告媒介等方式来建构。那么,媒介又是如何完成符号的价值的建构作用的呢?媒介完成符号价值主要还是通过消费社会中符号的差异逻辑来完成的。

媒介要完成符号价值的建构任务则必然要通过符号来完成。一如我们在前面所论述的，符号是由能指和所指构成，而在符号的发展过程中，符号的能指凌驾于符号的所指之上，造成了对所指的任意"赋义"活动。但是符号的这一任意"赋义"行为则必然受符号差异逻辑的主宰，而使符号所指涉的物品因此而"增殖"。因此，在符号价值的建构活动中，符号的能指就可能脱离符号的所指而完成对商品的价值重构。正如鲍德里亚所说：在消费社会中"财富和产品的生理功能和生理经济系统（这是需求和生存的生理层次）被符号的社会学系统（消费的本来层次）取代"①。因此，在消费社会的符号建构过程中，符号的能指撇开符号自身的指涉对象，而径直进入符号价值的社会建构系统，由符号的指涉功能走向了符号的意义建构功能。②而在符号价值的社会建构过程中，作为替商品生产者宣传的广告商本来应就产品的产地、性能、生产过程向消费者如实地介绍以招徕消费者对其产品的青睐，但实际上，媒介与广告商却做着与之相反，"挂羊头卖狗肉"的工作，总是"将所提供的使用价值全面最小化，并且同时通过对商品的包装和展开广告，将表象的魅力最大化，最终使商品尽可能地对人们的愿望和渴望产生咄咄逼人的效果"③。利用与商品无多大瓜葛但却能刺激消费者购物欲望的事物与观念来大做文章。独具匠心的广告，能够把罗曼蒂克、欲望、美、成功、舒适、进步等意象附着于肥皂、洗衣机、摩托车及酒精饮品等平庸的商品上，其结果是我们并非是在购买我们所需要的东西，而是在购买符码告诉我们应该购买的那些附着在商品上的"意义"。这种符号的"能指游戏"使得商品的真实成分越来越稀薄，这种"能指拜物教"所揭示的不是对实物的

---

① ［法］鲍德里亚：《消费社会》，第 50 页。

② 在这里，有必要提及的是，针对经济学中的功利主义思想，美国经济学家萨林斯提出了"文化理性"的概念，提出了文化理性制约经济发展的思想，这一点对于我们理解鲍德里亚符号价值的意义理论具有重要的启示。相关论点可参阅［美］马歇尔·萨林斯《文化与实践理性》，赵丙祥译，上海人民出版社 2002 年版。

③ ［德］沃尔夫冈·豪格：《商品美学批判》，董璐译，北京大学出版社 2013 年版，第 54 页。需要进一步说明的是，实际上，许多商品的广告都采用了这种"避实就虚"的伎俩，包括一些"套牌"的商品和商品生产的黑作坊，一旦其不为人知的实际状况被曝光后，其商品连同商品的符号价值也随之一跌千丈，国内外许多一味注重产品包装而忽视产品质量让百姓深受其害的商品，就是在媒体的曝光下而声誉扫地，从而退出消费市场的。

迷恋，而是对符码的迷恋。正是商品的符号价值建构，极大地培育和提升了消费者的消费欲望。① 而媒体的符号价值的建构往往采取以下的方式来进行。

首先，这种符号的价值建构往往同人们的社会身份认同联系在一起。在建构符号价值的过程中，如果说在封建社会人们的身份认同更多地取决于人们先定的门阀政治制度，那么，到了资本主义工业社会，随着人们政治分层的逐渐弱化，和经济分层不断强化，人们在社会身份的认同上就不再取决于先天的血缘世袭政治，而更多地取决于一个人在社会上占有财富的多少和他们的相对购买力。人们不是通过自己的力量来实现自我，而是通过消费实现自己的身份认同。人们购买"宝马"轿车的热情胜过购买"现代"轿车的热情，不是因为"宝马"比"现代"更有用处，而是因为在轿车的物体系中，"宝马"比"现代"居于更高的地位。更能体现消费者的成功和其不同凡俗的身份地位。这样，炫耀性消费作为提高声望和社会地位的手段越来越重要。特别是在后工业社会，随着"交通的发达与人口的流动，使个人的接触面有了扩大，这时他所接触到的广大群众要推断他的声望和地位，除了在他们直接观察之下所能夸示的财物（还有仪态和礼貌）为依据外，已别无其他方法"②。因此，在商品符号的价值建构过程中，广告商正是在这一点上大做文章。一方面，广告商和生产商总是要寻找社会名流和影视明星为产品寻找广告代理人，似乎人们购买了名流和明星们代言的商品自己也因此和他们一样身世不凡、容荣华贵；另一方面，广告商也处心积虑地竭力开发同一产品的不同型号，即使这些产品在性能和用途上大同小异，他们也要煞费苦心地赋予各种不同类型产品不同的意义和价值，以此作为兜售给消费者的"卖点"。也正是符号建构过程的认同机制决定着我们消费什么和不消费什么，进而根据我们消费的状况来决定我们自己在社会上的地位。也正

---

① 在1970年的美国，大概有2%的人想要一部以上的电话，3%的人想要第二台电视，20%的人想要第二辆车；而到了21世纪，经过大众传媒不断地制造欲望，相应的比例变为78%、45%和59%。参阅［英］阿兰·德波顿《身份的焦虑》，陈广兴、南治国译，上海译文出版社2009年版，第193页。

② ［美］凡勃伦：《有闲阶级论》，蔡受百译，商务印书馆1964年版，第65页。

因如此,在消费社会里,"人们从来不消费物的本身(使用价值)——人们总是把物(从广义的角度)用来当作能够突出你的符号,或让你加入视为理想的团体,或参考一个地位更高的团体来摆脱本团体"①。

其次,这种符号价值身份区隔也竭力地和社会时尚联系在一起。在符号价值建构过程中,符号价值在引领时尚方面发挥着两种重要的功能。一是符号价值起着维护购买者某种社会地位的同化功能。费瑟斯通称之为"地位性商品的获得";二是符号价值也发挥着社会地位的分化功能。"时尚变化的两种推动机制——同化和分化——都为了阶级区分。同化是为了寻找阶级集团内部的相似性,分化是为了寻找阶级、集团的差异性。尽管同化和分化是一个不断变化、运动的过程,但同化和分化的结果,最后都将形成一个阶级分明的社会结构。"② 也就是说,当代表较高阶层的社会时尚潮流的某种符号价值商品一旦为大多数较低阶层消费者所拥有的情况下,商品生产商就会制造出某种能代表社会新潮的某种商品并赋予该商品更为前卫的符号价值,以满足那些追求时尚的较高阶层消费者的需求。这样,"为获得'地位性商品',为获得表明步入了上流社会的商品而展开的斗争,使得新商品的生产率不断提高。而这使人们通过标志性商品获得上层社会地位的意义,反而变得只具有相对价值了。经常性的供应新的、时髦得令人垂涎的商品,或者下层群体僭用标志上层社会的商品,便产生了一种'犬兔'越野追逐式游戏。为了建立起原来的社会距离,较上层的特殊群体不得不投资于新的(信息化的)商品"③。因此,我们在商品社会中,常常看到新品迭现、各领风骚的现象。而广告商就是在这样不断引领变动不居"时尚"的过程中,使人们陷入追逐时尚的游戏大战之中。

最后,在消费社会里,正是在广告中并不指涉商品自身性能和实用价值而只彰显商品拥有者社会地位或身份认同的符号价值,而成为引领人们消费的行为指南。但是,这样的一种严重背离商品自身的实际而任

---

① [法]鲍德里亚:《消费社会》,第34页。
② 姚建平:《消费认同》,社会科学文献出版社2006年版,第70页。
③ [英]迈克·费瑟斯通:《消费文化与后现代主义》,刘精明译,译林出版社2000年版,第27页。

意夸饰的符号操控活动,会给我们带来什么样的后果呢?

三 消费社会中符号政治经济学批判

如果说在初始资本主义生产主义时代,在生产力尚不发达的情况下,资本家通过对工人阶级赤裸裸的剥削和压榨来实现资本的原始积累,资本符号以其显性的力量体现了其对人的异化统治。那么,到了晚期资本主义的消费主义时代,这种统治则借助于传媒的力量,以不张声势的更加隐秘的形式来实现对人的变本加厉统治。如果说早期的统治体现了两种阶级之间的对立和抗争,那么,晚期则表现了消费者对资本家的自动缴械和无意归顺。鲍德里亚曾写过一本《忘记福柯》的著作,在该书中,他认为后现代的权力已经发生了很大的变化,已经从诸如学校、监狱、医院等实体性的权力结构的统治转向了由电子媒介、符号价值等更为微观的符号权力的统治。如果说前者还使我们能隐约感受到一种"意识形态国家机器"等外在力量对我们的钳制与灌输,那么,后者则是使我们身陷其害却莫知其名的符号暴力对我们的渗透和濡化。这种符码统治给晚期资本主义社会带来了难以预料的后果。

首先,这种符码统治进一步地加深了其对人的异化统治。我们知道,在资本主义社会生产的早期,在商品的生产过程中,凌驾于使用价值之上的商品的交换价值成为抹平一切差异的符号。为了追求更多的剩余价值来扩大自己的商品生产和提高资本有机构成,资本家以延长工人的劳动时间和劳动强度来加强对工人的剥削和统治,导致了生产者处于动物般凄惨的异化境地,生产者在劳动中不是肯定自己,而是否定自己;生产者在其中并不感到幸福,而是感到不幸;生产者肉体受摧残,精神受奴役。生产者为别人建筑了宫殿,却为自己生产了贫民窟。而到了后工业社会的消费主义时代,虽然工人阶级的生活的整体状况有所改善,但其被异化的处境非但没有改变,反而以更加令人浑然不觉的隐秘方式实施着对消费者的统治,而在这种符码统治的背后依然不变的是资本逻辑对其的宰制。正如有学者所言:"在资本主义里,符号化的过程是受到经济力量支配的,说得具体一点,也就是被生产者企图攫取更多剩余价值的私心所支配着。"①也就说，19世纪资产阶级主要关心对工人进行控制，而到了20世纪，资本主义则要确保人们积极地以各种方式投入消费社会中去。这样，到了晚期资本主义社会，在劳动者所创造的剩余价值中，不但生产商从中攫取了一部分财富，而且广告的经营商也从中分得了一杯羹，②这无形之中加重了对劳动者的剥削和奴役的程度。而这种剥削和奴役似乎并不是外在强力作用的结果，而是通过电视、报纸、网络等广告媒体影响作用下人们自愿的臣服和归化。人们越来越多地沉溺自己所创造的一种外在的万花筒般的符号力量之中，不断地追逐身份而实际上丧失身份的恶性循环之中，失去了自我生存的根基。

其次，这种符号统治更加激起了人们的"流行性物欲症"，导致了人们的价值迷失和身份焦虑。"物欲症"（affluenza）在《牛津英文字典》是指：一种传染性极强的社会病，由于人们不断渴望占有更多的财富，从而导致心理负担过大，个人债务沉重，并引发强烈的焦虑感，它还会对社会资源造成极大的浪费。③也就是说，在消费社会里，由于符号价值凌驾于实用价值和商品价值之上，成为体现人民社会地位和彰显身份认同的重要途径，而体现符号价值的商品则成了竞相追逐的对象，从而使人们把对物欲的满足当作了人生价值追求和个人生活的全部。这样，人们即使实际上并不需要的商品，也会在符号价值的诱惑下疯狂购买以彰显自己不同凡俗社会身份的商品。正如马尔库塞所言："人们似乎为商品而活，小轿车、高清晰的传真装置、错层式家庭住宅以及厨房设备成为人们生活的灵魂，把个人束缚于社会的机制已经变成，而社会控制就是在它所产生的新的需要中得以稳定的。"④所以，随着网络技术的发展，现实生活中，一些被时尚操控而精神空虚和价值迷失的财富拥有者不就

---

① ［英］苏特·杰哈利：《广告符码——消费社会中的政治经济学和拜物现象》，第229页。
② 关于这一点的精彩论述读者可进一步地参阅苏特·杰哈利在《广告符码——消费社会中的政治经济学和拜物现象》一书第三章的精彩分析。
③ ［美］约翰·道格拉夫：《流行性物欲症》，闾佳译，中国人民大学出版社2006年版，第3页。
④ ［德］马尔库塞：《单向度的人》，刘继译，上海译文出版社2006年版，第10页。

是通过在网络平台炫富来证明自己的身份和地位吗？这种注重物欲追求而躲避崇高的现象不仅让人退回到动物的原形而迷失了自我，而且在侵蚀这个社会的肌体。"现代文明以金钱为最为通用的价值符号，以不同的等级不同档次的商品符号来标识人生的意义。它要人们相信，你的人生有没有意义，成不成功，你的个人价值是否得到实现，就看你能赚多少钱，你的消费档次、消费品位是怎样。现代社会就是以这样的方式来引导人们的价值需求。"① 当今拜金主义、虚无主义等价值观念充斥社会，应该和流行性物欲症有着重要的关系。

最后，这种符号统治是导致生态危机的重要原因。如前所述，消费社会中的符号价值既不反映物的实用价值，也不反映物的交换价值，而是反映人的心理需求的符号价值。正如鲍德里亚所认为："物品在其客观功能领域以及其外延领域之中是占有不可取代地位的，然而在内涵领域里，它便只有符号的价值，就变成了多多少少被随心所欲替换的了……无论是在符号逻辑还是象征逻辑里，物品都彻底地与某种明确的需求或功能失去了联系。"② 这样，人们消费的目的就不是实际需要的满足，而是商品的符号意义，而这一符号意义又是以欲望的满足来体现，而当消费以符号的差异逻辑来显示的时候，它永远不会有满足的时刻。因为，在日益差异化的社会里，在符号引导下人们不断攀升的心理的虚假欲求就会以拥有商品的方式来体现，在这样一种心竞身逐的符号游戏中，整个自然界都成为满足人类欲望的原料库，自然界失去了它作为人类家园的诗性光辉，而异化为个人的利己对象和满足其自身经济利益最大化的手段，进而转换为赢获个人身份地位的社会符码。从而对我们的生态环境造成了巨大的压力。

公允而言，鲍德里亚对晚期资本主义消费社会的分析和批判，在某种程度上，确实反映了消费社会的镜像，是对马克思早期政治经学思想的进一步发展和完善。但是，由于他过分夸大了物的符号价值而忽视了

---

① 杜维明、卢风：《现代性和物欲的释放——杜维明先生访谈录》，中国人民大学出版社2009年版，第7页。
② ［法］鲍德里亚：《消费社会》，第47—48页。

物的使用价值的维度,故其思想不免带有某种程度的片面性。甚至可以说,鲍德里亚的符号政治经济学思想也没有走出马克思的理论视野,他的符号价值仍然是资本逻辑在媒介力量的作用下导演的结果。但无论如何,鲍德里亚对晚期资本主义社会的分析和批判对于我们当下社会经济的发展具有重大的建设价值和理论启示意义。

附录三

资本逻辑：符号消费的意识形态秘密[*]

20世纪50年代以降，晚期资本主义经济结构发生了重大变化，从早期注重以商品生产为主的社会，转向晚期以符号消费为主的社会，社会也由早期意识形态国家机器统治，转向了符号意识形态统治。诚如英国思想家伊格尔顿曾言：在资本主义的早期阶段，符号与经济的联系被切断；现在，这两个领域却被不适当地重新结合起来，因为经济领域已经深深地渗透到符号领域。符号消费成为助推晚期资本主义社会经济发展的重要引擎，那么，符号消费何以成为晚期资本主义社会的经济发展的动力，符号消费产生成因、运行机理以及对我国社会发展的影响如何？破译这一符号消费背后的意识形态奥秘，使人们从符号消费的极端崇拜和盲目依赖中摆脱出来，适当干预和调控符号消费可能诱发的负面影响，建立适度合理、低碳生态的消费观念，就成为我们研究的重要课题。

一 消费即生产：符号消费的出场逻辑

与早期资本主义社会相反，晚期资本主义社会面临的重要问题并不是商品的匮乏和工人的贫困，而是物品的极大丰富和大量商品的积压滞销。一如鲍德里亚所述："今天，在我们的周围，存在着一种由不断增长的物、服务和物质财富所构成的惊人的消费和丰盛现象。它构成了人类自然环境中的一种根本的变化。恰当地说，富裕的人们不再像过去那样

---

[*] 本文发表于《未来与发展》2018年第2期。

受到人的包围，而是受到物的包围。"① 正是商品的间歇滞销导致了资本主义社会接连不断的经济危机，使资本家间歇性地面临经济发展的颠簸之痛。如何使积压商品及时销售出去，扭转这一经济发展的内在痼疾，就成为资本家面临的重要问题。为了解决这一问题，资本家一方面，让渡一部分剩余价值，增加工人的劳动工资提高工人购买力，与此同时，鼓励人们消费信贷，提高人们的消费力；另一方面，资本家则把更多心思集中于消费欲望的深度挖掘和商品生产方式的强力改变。

在人们的基本需要得到满足之后，什么样的产品才能赢得消费者青睐，进而使他们不假思索地自愿购买呢？显然，要实现这一目的就不能满足于商品的使用价值生产，因为使用价值只满足了人们生理方面最基本的需要，而必须深入挖掘人们更为高级的需要。马斯洛认为人类的高级需要就是人的情感和审美需要等精神层面需要，我们可以把马斯洛这种需要归结为人的高级需要，也就是说，人不仅像低等动物一样只是为了满足自己生理方面最基本的需要，他还有更为高级的审美及情感方面的精神需要，即使人们追求最基本的需要，也还存在优劣层次的程度差异。正如古人所言："食必常饱，然后求美，衣必常暖，然后求丽，居必常安，然后求乐。"（《荀子·节用》）。在人们基本需求满足之后，要想刺激人们的持续消费，就必须在满足人们的高级需要上下功夫，因为相对于人们的低级需要而言，人的高级需要是永无止境的。人的高级需要究其实质而言就是人对"文化"（意义）的一种价值诉求。而文化或意义就是一种符号。正如戈尔茨所言："文化概念基本上就是一种符号概念。"也如符号学家赵毅衡所说："符号是被认为携带意义的感知，意义必须用符号才能表达，符号的用途就是表达意义。"② 正是在这个意义上，我们就不难理解，法国社会学家鲍德里亚在继马克思所发现的商品的使用价值和交换价值的基础上，又创造性地提出了商品的符号价值和象征交换价值，而且把商品的符号价值抑或象征价值的生产看作使晚期资本主义经济发展的重要动力。

---

① ［法］鲍德里亚：《消费社会》，第 1 页。
② 赵毅衡：《符号学：原理与推演》，南京大学出版社 2011 年版，第 1 页。

二 非实在：符号消费的生成逻辑

鲍德里亚认为："要成为消费的对象，物必须变成符号。"① 那么物品是如何变成符号的呢？值得注意的是，消费社会中所强调的"物"绝不是指纯粹物本身，而是指物与人的关系。从物与人的关系而言，物本身具有功能性和非功能性的价值。在资本主义社会早期，人们更多关注的是物之满足人的实际需要的功能性价值，即更多强调物对于人的有用性。正是在这个层面上，马克思在很大程度上深刻论述了物成为商品，在此基础上商品所具有的使用价值和交换价值，以及交换价值凌驾和支配使用价值，从而导致资本拜物教的现象，而物的非功能性的价值却被无形中遮蔽了。随着资本主义从早期的匮乏型社会走向丰裕型社会，鲍德里亚发现了在物的功能性价值之外还存在着物的非功能性价值，在人们的生存需要得到满足之后，人们对物的非功能性价值的需求程度，已远远超越了对功能性的价值需求，鲍德里亚通过人们对"古物"的收藏行为和"艺术品拍卖"活动的分析，充分说明了物的非功能性价值在人类社会的作用。在鲍德里亚看来，人们之所以钟情于"古物"的收藏，不是由于"古物"旧日的使用价值，而是由于"古物"作为一种"时间性"的文化标志，回应了人的一种意愿：见证、回忆、怀旧、逃避等非功能性的文化意义；同样，在不同于商业性拍卖的"艺术品拍卖活动"中，天价艺术品的竞价不是取决于生产该商品的所占用的社会必要劳动时间的使用价值和交换价值，而是演变成对艺术品独一无二的"签名"的符号价值的争夺，而竞买者之所以会对艺术品不惜代价地追逐，就在于对它的拥有已经成为一种身份、地位、名望和品位的象征。艺术品越是稀世珍有，它的符号价值就越高。总而言之，这两种现象充分说明了"物"的存在价值不仅仅在于物自身的功能性价值，物自身还有其自身的非功能性价值，而这种物的非功能性价值就是鲍德里亚所提出的物的符号价值，它远非物所反映的社会必要劳动时间的交换价值所比拟的，所以，鲍德里亚提醒我们："物远不是一种实用的东西，它具有一种符号的价

---

① ［法］鲍德里亚：《物体系》，第 223 页。

值,正是这种符号的交换价值才是更为根本的——使用价值常常不过是一种对物的操持的保障。"①

在常人眼里,符号不正是一种对外在实在事物的反映或者是一种人们之间交流的工具,符号何以能够成为商品的一种价值呢?在这里,我们不能止步于符号本身外在表象,我们必须深入解剖符号内在结构,才能窥得符号自身的内在奥秘,进而了解符号何以成为商品的一种价值。在这方面,瑞士语言学家索绪尔和法国符号学家巴特对于符号学理论的研究尤为重要。索绪尔以一种截断众流的姿态改变了以往符号学研究的历时性特点,而展开了对于符号共时性内在结构的研究。索绪尔认为就像水是由氢气和氧气组成的一样,符号也是由所指(signifer)和能指(signified)两部分构成,能指代表符号的形象和声音,所指代表符号的概念,符号本身并不指涉具体的事物。正如索绪尔所说:"我们把概念和音响形象的结合叫做符号。"② 在符号学中,能指和所指之间的关系不仅是任意的,而且是约定的。这里强调的任意性是指符号和指涉的具体事物的关系是任意的,二者之间不存在必然的联系。约定性则意味着这种关系一旦形成,就不能轻易改变。如果说,索绪尔对符号学的研究只是停留于符号理论本身,那么,巴特则把索绪尔的符号学理论推进了人类社会生活一切领域,从而把普通符号学发展至社会符号学,开辟了符号学研究的新领域。

沿着索绪尔符号学的发展道路,巴特发现符号学更为隐秘的世界。在巴特看来:一是符号学既然不指涉具体事物,这就意味着符号中能指将凌驾于所指之上而最终使人类自身反宰符号本身;二是符号中能指与所指之间的"契约"关系将最终为统治集团和利益群体所主宰,从而使符号被别有用意的统治集团和技术专家所运用。而巴特正是基于此,运用符号学理论揭橥了资本主义社会符号背后不易为人觉察的奥秘,从而使符号学进入了社会批判领域。受益于巴特的社会符号学理论,继马克思的政治经济学批判之后,鲍德里亚把符号学引入了政治经济理论。在

---

① [法]鲍德里亚:《符号政治经济学批判》,第2页。
② [瑞士]费尔迪南·德·索绪尔:《普通语言学教程》,第25页。

鲍德里亚看来,"符号的形式和商品的形式是等同的"。① 商品的使用价值与交换价值的关系类似于符号的所指与能指之间的关系,一如凯尔纳所言:"商品之于鲍德里亚,如同语言学之于索绪尔,二者都具有能指和所指结构,具有抽象、等价和可交换性这些索绪尔所赋予语言符号的特点,也就是说,对于符号学家来说,语词是抽象的概念,这些概念根据等价、交换、可替换性等具体的规则在语言结构中被整合在一起,同样,商品也构成了一个系统,在这个系统里,交换价值——商品的价格、市场价值等——和商品符号构成了价值的形式系统,其中,个人和物品可以相互替代,因此,鲍德里亚证明,商品被结构化为一个符号价值系统,受到规则、符码和社会逻辑的制约。"② 正像马克思发现商品的使用价值和交换价值,以及交换价值凌驾于使用价值一样,借助于索绪尔、巴特的符号学理论,鲍德里亚发现了"物"(商品)所具有的符号价值和象征价值,拓展和丰富了晚期资本主义政治经济学研究的新维度。

三 审美化:符号消费的实践逻辑

如前所言,商品符号价值既是对商品非功能性价值的生产,也是对商品"二次度功能"(second functions)的开发。这就意味着商品符号价值的生产,一方面使商品在功能价值趋于一致的情况下,我们必须通过产品设计注重开发商品非功能性价值,以满足不同消费者的个性化消费需求;另一方面,我们必须挖掘消费者的消费心理需求,满足不同消费者的非物质化消费需要,而这必须依赖于对商品符号的价值编码来完成。在资本主义社会的晚期,体现人们社会地位和身份认同的不再是昔日的贵族特权或门第出身,而是取决于你是否拥有对于商品符号价值的购买力,你拥有商品的多寡和拥有什么样商品的符号价值,就决定了你是社会上什么样的人,所以鲍德里亚曾经不无夸张地说:"告诉我你扔的是什么,我就能知道你是谁。"对于那些不甘落伍于社会的人,或者寻找自我

---

① [法]鲍德里亚:《符号政治经济学批判》,第119页。
② [英]道格拉斯·凯尔纳:《波德里亚:一个批判性读本》,陈维振等译,江苏人民出版社2008年版,第21页。

身份认同的人,就是通过拥有商品的符号价值来实现的,而符号价值也是通过这样的编码机制来进行的。所以,符号价值的生产就是通过商品符号价值的差异化逻辑来实现人们的社会区隔和身份认同的。而这一社会区隔和身份认同的实现又是通过对"符号"审美化的赋义行为来完成的。正基于此,晚期资本主义主要通过商品的审美化、时尚化、品牌化等途径的建构来完成商品符号价值生产。

在日常生活中,审美往往因其"无功利性"的特点,而与经济发展看起来相去甚远,那么,到了晚期资本主义社会,二者又何以鬼使神差地结合在一起了呢?这主要是由于晚期资本主义社会商品的生产方式发生了根本性的变化,即从早期的物质性、功能性的、必需品的商品使用价值生产转向了非物质性、非功能性、非必需品的产品符号价值生产,个人的审美喜好成为消费者选择商品的主要理由和标准,从资本家能够生产什么样的产品,转向了消费者要我们生产什么产品。这样,就使得资本主义的生产由早期的工业资本主义生产转向审美资本主义的生产,由注重产品的使用功能的生产转向产品的审美品位的生产。正如法国学者阿苏利所言:"审美品位的对象是那些人们并非真正需要的东西,它把奢侈性消费提升到比实用性消费更重要的地位上,让感觉战胜了道理,情感战胜了理智,使愉悦变得比功效更重要。既然审美品位不涉及任何功利动机,可以想象,消费必然展开了无限的新前景。"① 因此,到了晚期资本主义社会,产品的包装、设计、款式、外形等就显得比产品的功能更加重要,商品的消费体验就显得比商品使用更重要,商品品牌的价值胜过了商品本身的价值。因为审美才能满足消费者对产品的个性化的需求,才能刺激人们的消费欲望。日常生活审美化成为晚期资本主义一道亮丽风景,审美也因此成了晚期资本主义经济增长的主要动力。

遵循符号编码的差异化逻辑,晚期资本主义社会在商品审美化的同时,又特别重视商品审美时尚化的建构。之所以追求商品生产的时尚化,也是为了加快商品消费的速率和激发人们的消费欲望,以及自己被承认

---

① [法] 奥利维耶·阿苏利:《审美资本主义》,黄琰译,华东师范大学出版社2013年版,第8页。

的愿望。作为符号，时尚并不反映自然需求的变化，不以物的使用价值为旨归，因此，商品生产者在商品的功能开发乏力的情况下，就会集中于产品的外形等款式花样翻新的设计上，并且赋予不同款式的不同审美意涵，从而使消费者在审美时尚的引领下，竞相追逐新颖时尚的产品。如果不跟着时尚走，就可能意味着你成为时代落伍者，时尚就是通过转瞬即逝的"炫"来引领时代潮流，让你成为趋时逐新的时尚引领者，成为独具特色的"这一个"和时代的弄潮者，通过消费者对时尚竞逐从而达到社会阶层分化和同化的目的。所以，商品生产商在商品的功能开发乏新的情况下，往往把更多的精力花费在商品花样不断翻新和升级换代上，以满足消费者喜新厌旧的时尚追求。

除了通过商品的时尚化来加快商品的流通速率，资本家还通过商品的品牌化建设来吸引消费者的购买欲望。"品牌构成了一个容器，装纳了欲望、感觉和信仰，这些东西通过诱导消费的手段引导舆论的流向，品牌凝聚了安全感和对未来的信心。"① 正是在品牌的诱惑下，人们对品牌本身的信任胜过了对于商品本身的信任。符号学家赵毅衡教授曾就此做过测试，他说："要决定品牌的符号价值，测试很容易做，我拿两个提包，把牌子换过：于是一个成了真货假牌子，另一个成了假货真牌子，两个提包我开出同样的价钱，而且我把作假情况全部告诉顾客，任凭他们挑选。绝大部分人会选择'假货真牌子'，消费者都知道牌子比货值钱，货可以是假的，提供最明显的商品招牌必须是真的。"② 品牌被赋予了难以量化的符号价值，这种价值远远超越了产品的使用价值和交换价值，成为无所期待的独一无二的商品。受品牌的影响，人们已经不在乎商品本身的使用功能，而更在乎商品本身的品牌价值，因为这一品牌承载着你的身份地位，彰显着你的信仰和追求，而这些比商品本身更重要。因为品牌"激起欲望的是名而不是物，卖的不是梦想而是意义"。③ 晚期

---

① ［法］奥利维耶·阿苏利：《审美资本主义》，黄琰译，华东师范大学出版社2013年版，第176页。
② 赵毅衡：《符号学：原理与推演》，南京大学出版社2011年版，第374页。
③ ［法］罗兰·巴特：《流行体系——符号学与服饰符码》，敖军译，上海人民出版社2006年版，第4页。

资本主义在商品的品牌化建设胜过商品的本身生产，并以此作为商品兜售的重要卖点。

总之，晚期资本主义正是通过商品的审美化、时尚化、品牌化等途径实现了商品的符号化建构，又通过现代发达的传媒技术完成了符号消费意识形态的散播，从而使人们不由自主地受控于符号消费意识形态的引导，成为符号消费的忠实信徒，迷失在"买椟还珠"式符号消费意识形态的幻象之中难以自拔。

四 资本逻辑：符号消费的意识形态秘密

晚期资本主义社会之所以从早期商品使用价值的生产转向晚期商品的符号价值的生产，之所以煞费苦心地通过审美化等多样化途径来完成商品符号价值的建构，就其实质而言，依然是资本逻辑从中作祟的结果。我们知道，资本逻辑的最大特性就是资本利润的最大化，以实现更多的剩余价值。在资本主义社会晚期，在生产性消费不能满足资本追求自己剩余价值最大化的前提条件下，加之市场饱和导致的产品过剩，就使得资本家不得不改弦更张，寻找更好的途径来实现剩余价值的增长方式，"当剩余利用的正常方式显然不能吸收日益增大的剩余时，剩余利用的其他方式就变得异常重要"①。而这一"其他方式"就是制造"虚假需求"，而"'虚假需求'是指那些在个人压抑中由特殊的社会利益强加给个人的需求：这些需求使艰辛、侵略、不幸和不公平长期存在下去"②。正是这种受外在支配的循环再生的"需求"最大限度地挖掘民众的消费潜能，通过符号审美化途径诱导透支性消费，推动炫耀性消费，通过使用日益完善和精心设计的暗示和洗脑技术，扩大内需，刺激消费，使消费主义意识成为民众日常生活的常识和思维逻辑，而这一消费逻辑在很大程度上又抵消了生产过剩危机和经济萧条的趋势。所以，离开了资本逻辑无法理解消费主义，同样，离开了消费主义也无法理解资本逻辑。消费主

---

① ［法］鲍德里亚：《符号政治经济学批判》，夏莹译，南京大学出版社2009年版，第2页。

② ［德］马尔库塞：《单向度的人》，张峰等译，重庆出版社1993年版，第6页。

义成为晚期资本主义的灵魂。① 因此,在晚期的资本主义社会,消费不仅仅是满足物欲的纯粹行为,还是出于种种企图对商品进行符号编码的手段与策略。在生活层面,消费从"生活之需"异化为某种"身份"、"地位"和"权势"的象征;在社会层面,消费从社会生产总过程中最末的环节转化为支撑资本主义制度、企业、团体和机构运作和存续的关键环节;在价值层面,消费从物的使用价值、交换价值转换为符号价值。消费就是消费者被符号的意指体系所指引的过程。而在这一指引过程中,消费者不但失去了对商品主体性选择能力,而且在符号编码机制和现代传媒的撺掇下,成为符号意识形态的俘获物。符号消费成为评判身份、名望、权力和社会地位的全部尺度,消费性满足俨然成为民众当下生活的全部意义和终极目的,民众的理想信念、主体价值被物欲化的消费所取代,从商品拜物教走向了符号拜物教,最终走向了资本拜物教。正如杰姆逊所指出:"我们现在已经没有旧式的意识形态,只有商品消费,而商品消费就是意识形态。"② 而这一意识形态背后依然是追求剩余价值最大化的资本逻辑作用的结果。

值得一提的是,随着我国经济社会迅猛发展,随着人们可支配收入的增长,晚期资本主义社会消费符号化现象在我国社会现代化发展过程中也不期上演,彰显个人社会地位和身份认同的炫耀性消费和透支性消费甚嚣尘上。我国社会经济发展中的需求结构也在逐渐地发生重大转型,那么,在这一转型过程中,如何规避晚期资本主义符号消费所带来的诸多影响,这是我们需要深入探究的一个重要课题。

---

① 袁三标:《资本逻辑背后的意识形态迷雾》,《社会主义研究》2017年第1期。
② [美]弗里德里克·杰姆逊:《后现代主义与文化理论》,唐小平译,陕西师范大学出版社1986年版,第26页。

参考文献

中文部分

马恩经典著作

《马克思恩格斯选集》（第1—4卷），人民出版社2012年版。
《马克思恩格斯全集》（第23卷），人民出版社1995年版。
《马克思恩格斯全集》（第30卷），人民出版社1995年版。
《马克思恩格斯全集》（第23卷），人民出版社1972年版。
《马克思恩格斯全集》（第46卷），人民出版社1980年版。
《马克思恩格斯全集》（第42卷），人民出版社1979年版。
马克思：《资本论》（第1卷），人民出版社2008年版。
马克思、恩格斯：《德意志意识形态》，人民出版社1961年版。

鲍德里亚中文著作

［法］鲍德里亚：《消费社会》，刘成富、全志钢译，南京大学出版社2006年版。

［法］鲍德里亚：《象征交换与死亡》，车槿山译，译林出版社2006年版。

［法］鲍德里亚：《生产之镜》，仰海峰译，中央编译出版社2005年版。

［法］鲍德里亚：《物体系》，林志明译，上海人民出版社2001年版。

［法］鲍德里亚：《符号政治经济学批判》，夏莹译，南京大学出版社

2009年版。

［法］鲍德里亚：《完美的罪行》，王为民译，商务印书馆2000年版。

［法］鲍德里亚：《拟仿物与拟像》，洪凌译，台湾时报文化出版企业股份有限公司2000年版。

国内鲍德里亚研究著作

戴阿宝：《终结的力量——鲍德里亚前期思想研究》，中国社会科学出版社2006年版。

高亚春：《符号与象征——鲍德里亚消费社会批判理论研究》，人民出版社2007年版。

刘翔：《采取物的立场——让·鲍德里亚的极端反主体思想研究》，中国社会科学出版社2012年版。

汪德宁：《超真实的符号世界——鲍德里亚思想研究》，中国社会科学出版社2016年版。

仰海峰：《走向后马克思：从生产之镜到符号之镜》，中央编译出版社2004年版。

张天勇：《社会符号化——马克思主义视域中鲍德里亚后期思想研究》，人民出版社2008年版。

孔明安：《物·象征·仿真——鲍德里亚哲学思想研究》，安徽人民出版社2008年版。

张一兵：《反鲍德里亚——一个后现代学术神话的祛序》，商务印书馆2009年版。

张劲松：《重释与批判——鲍德里亚的后现代理论研究》，上海人民出版社2013年版。

中文专著

北京大学哲学系外国哲学史教研室编译：《西方哲学原著选读》，商务印书馆2005年版。

崔唯航：《马克思哲学革命的存在论阐释》，中国社会科学出版社2005年版。

陈梦家：《中国文字学》，中华书局 2006 年版。

程党根：《游牧思想与游牧政治试验》，中国社会科学出版社 2009 年版。

冯俊等：《后现代主义哲学讲演录》，商务印书馆 2003 年版。

贡华南：《味与味道》，上海人民出版社 1996 年版。

贺来、白刚：《"抽象对人统治"的破除与马克思的现代性批判》，《马克思主义哲学研究》2009 年第 1 期，湖北人民出版社 2009 年版。

洪汉鼎：《诠释学——它的历史和当代发展》，人民出版社 2001 年版。

黄裕生：《真理与自由》，江苏人民出版社 2002 年版。

贺麟：《近代唯心论简释》，上海人民出版社 2009 年版。

韩桂玲：《吉尔·德勒兹身体创造学研究》，南京师范大学出版社 2011 年版。

金岳霖：《知识论》，商务印书馆 2005 年版。

金岳霖：《道、自然与人》，生活·读书·新知三联书店 2005 年版。

凌晨光：《当代文学批评学》，山东大学出版社 2001 年版。

李彬：《符号透视：传播内容的本体诠释》，复旦大学出版社 2003 年版。

刘怀玉：《现代性的平庸与神奇——列斐伏尔日常生活批判哲学的文本学解读》，中央编译出版社 2006 年版。

李幼蒸：《理论符号学导论》，中国人民大学出版社 2007 年版。

李振：《货币文明及其批判——马克思货币文明思想研究》，人民出版社 2009 年版。

林信华：《社会符号学》，东方出版中心 2011 年版。

牛宏宝：《美学概论》，中国人民大学出版社 2005 年版。

宋祖良：《拯救地球和人类未来——海德格尔的后期思想》，中国社会科学出版社 1993 年版。

孙周兴：《后哲学的哲学问题》，商务印书馆 2009 年版。

吴国盛：《时间的观念》，中国社会科学出版社 1996 年版。

王岳川：《西方文艺理论名著教程》，北京大学出版社 2003 年版。

汪民安主编:《身体的文化政治学》,导言,河南大学出版社 2004 年版。

汪民安:《谁是罗兰·巴特》,江苏人民出版社 2006 年版。

汪民安:《尼采与身体》,北京大学出版社 2008 年版。

吴琼:《雅克·拉康:阅读你的症状》,中国人民大学出版社 2011 年版。

王炎:《读易笔记序》,影印文渊阁四库全书(卷 115)。

项晓敏:《零度写作与人的自由——罗兰·巴特美学思想研究》,复旦大学出版社 2003 年版。

夏林:《穿越资本的历史时空》,社会科学文献出版社 2008 年版。

杨大春:《感性的诗学:梅洛-庞蒂与法国哲学主流》,人民出版社 2005 年版。

尤西林:《人文精神与现代性》,陕西人民出版社 2006 年版。

张世英:《进入澄明之境》,商务印书馆 1994 年版。

张再林:《我与你和我与它——中西社会本体论比较研究》,西北大学出版社 1999 年版。

朱立元:《当代西方文艺理论》,华东师范大学出版社 1997 年版。

张世英:《两种哲学,两种语言观》,《北京大学学报》2000 年第 4 期。

张绍杰:《Course in General Linguistics》,外语教学与研究出版社 2001 年版。

张晓晶:《符号经济与实体经济——金融全球化时代的经济分析》,上海人民出版社 2002 年版。

朱国华:《权力的文化逻辑》,上海三联书店 2004 年版。

张再林:《中西哲学的歧异与会通》,人民出版社 2004 年版。

张有奎:《现代性的哲学批判——从马克思生存论角度的分析》,社会科学文献出版社 2005 年版。

张祥龙:《海德格尔传》,商务印书馆 2007 年版。

张再林:《作为身体哲学的中国古代哲学》,中国社会科学出版社 2008 年版。

张再林、燕连福等：《身体、两性、家庭及其符号》，西安交通大学出版社 2010 年版。

赵毅衡：《符号学：原理与推演》，南京大学出版社 2011 年版。

中文期刊

鲍伶俐：《资本逻辑与经济空间生成与扩张》，《上海交通大学学报》2010 年第 4 期。

成穷：《自然审美的两种基本样式》，《四川大学学报》2002 年第 5 期。

黄玉顺：《符号的诞生——中国哲学视域中的符号现象学问题》，《中山大学学报》2009 年第 3 期。

胡潇：《语言符号能指、所指关系建构机理的认识论分析》，《哲学动态》2010 年第 11 期。

季晓峰：《从意识经验到身体经验——梅洛-庞蒂身体现象学研究》，博士学位论文，华东师范大学，2010 年。

鲁枢元：《诗情的消解和西美尔的货币哲学》，《粤海风》2004 年第 2 期。

柳洲：《后现代经济的本质：广义符号经济》，《经济学家》2007 年第 1 期。

彭锋：《身体美学的理论进展》，《中州学刊》2005 年第 3 期。

孙斌：《艺术：物之守护》，《复旦学报》2006 年第 5 期。

王善平：《现代性：资本与理性形而上学的联姻》，《哲学研究》2006 年第 1 期。

王宁：《国家让渡论：有关中国消费主义成因的新命题》，《中山大学学报》2007 年第 4 期。

王宁：《从节俭主义到消费主义转型的文化逻辑》，《兰州大学学报》2010 年第 3 期。

吴兴明：《重建生产的美学——论解分化及文化产业研究的思想维度》，《文艺研究》2011 年第 11 期。

谢遐龄：《中国：现代化呼唤传统文化精神回归——兼论中西文化交

融之前景》,《复旦学报》1995 年第 3 期。

叶秀山:《论时间引入形而上学之意义》,《哲学研究》1998 年第 1 期。

阎孟伟:《马克思的"感性世界"理论与现象学运动》,《哲学研究》2006 年第 6 期。

叶舟:《在北大讲解脱之道》,广西科学技术出版社 2008 年版。

杨国荣:《何谓意义——论意义的意义》,《文史哲》2010 年第 2 期。

张再林、李重:《现象学之惑:对"纯粹"与"不纯粹"之争的解绎》,《陕西师范大学学报》2007 年第 3 期。

张有奎:《资本逻辑与虚无主义的批判》,《哲学动态》2011 年第 8 期。

中文译著

[美] 艾伯特·奥·赫希曼:《欲望与利益》,李新华、朱进东译,上海文艺出版社 2003 年版。

[美] 丹尼尔·贝尔:《后工业社会的来临——对社会预测的一项探索》,高铦译,商务印书馆 1984 年版。

[英] 布洛克:《美学新解》,滕守尧译,辽宁人民出版社 1987 年版。

[德] 比梅尔:《海德格尔》,刘鑫译,商务印书馆 1996 年版。

[美] 威廉·巴雷特:《非理性的人》,段德智译,商务印书馆 1996 年版。

[法] 皮埃尔·布迪厄:《实践与反思——反思社会学导引》,中央编译出版社 1998 年版。

[法] 罗兰·巴特:《神话——大众文化诠释》,许蔷蔷等译,上海人民出版社 1999 年版。

[美] 马克·波斯特:《信息方式》,范静哗译,商务印书馆 2000 年版。

[古希腊] 柏拉图:《斐多》,杨绛译,辽宁人民出版社 2000 年版。

[美] 马克·波斯特:《第二媒介时代》,范静哗译,南京大学出版社 2000 年版。

［德］齐格蒙特·鲍曼：《全球化——人类的后果》，郭国良，徐建华译，商务印书馆 2004 年版。

［英］约翰·B. 汤普森：《意识形态与现代文化》，高铦等译，译林出版社 2005 年版。

［法］罗兰·巴特：《流行体系——符号学与服饰符码》，敖军译，上海人民出版社 2006 年版。

［美］斯蒂文·贝斯特、道格拉斯·凯尔纳：《后现代理论——批判性的质疑》，张志斌译，中央编译出版社 2006 年版。

［美］瑞安·毕晓普、道格拉斯·凯尔纳：《鲍德里亚：追思与展望》，戴阿宝译，河南大学出版社 2008 年版。

［法］罗兰·巴特：《符号学原理》，李幼蒸译，中国人民大学出版社 2008 年版。

［法］罗兰·巴特：《符号学历险》，李幼蒸译，中国人民大学出版社 2008 年版。

［瑞士］费尔迪南·德·索绪尔：《普通语言学教程》，高名凯译，岑麒祥、叶蜚声校注，商务印书馆 1980 年版。

［美］艾伦·杜宁：《多少算够——消费社会和地球的未来》，毕聿译，刘晓君校，吉林人民出版社 2004 年版。

［法］雅克·德里达、［意］基阿尼·瓦蒂莫：《宗教》，杜小真译，商务印书馆 2006 年版。

［法］居伊·德波：《景观社会》，王昭凤译，南京大学出版社 2007 年版。

［美］凡勃伦：《有闲阶级论》，蔡受百译，商务印书馆 1964 年版。

［德］费尔巴哈：《基督教的本质》，荣震华译，商务印书馆 1984 年版。

［英］迈克·费瑟斯通：《消费文化与后现代主义》，刘精明译，译林出版社 2000 年版。

［法］高概：《话语符号学》，王东亮编译，北京大学出版社 1997 年版。

［芬］尤卡·格罗瑙：《趣味社会学》，向建华译，南京大学出版社

2002年版。

［德］胡塞尔：《现象学的观念》，倪梁康译，上海译文出版社1986年版。

［德］马丁·海德格尔：《存在与时间》，陈嘉映、王庆节译，生活·读书·新知三联书店1987年版。

［德］胡塞尔：《纯粹现象学观念》，李幼蒸译，商务印书馆1992年版。

［德］马丁·海德格尔：《海德格尔选集》，孙周兴编，生活·读书·新知三联书店1996年版。

［德］马丁·海德格尔：《形而上学导论》，熊伟、王庆节译，商务印书馆1996年版。

［德］黑格尔：《哲学史讲演录》（第3卷），商务印书馆1996年版。

［德］马丁·海德格尔：《路标》，孙周兴译，商务印书馆2000年版。

［德］马丁·海德格尔：《荷尔德林诗的阐释》，孙周兴译，商务印书馆2000年版。

［德］胡塞尔：《生活世界现象学》，克劳斯·黑尔德编，倪梁康、张廷国译，上海译文出版社2002年版。

［美］戴维·哈维：《后现代的状况——对文化变迁之缘起的探究》，阎嘉译，商务印书馆2003年版。

［美］大维·哈维：《时空之间——关于地理学想象的反思》，引自包亚明主编《现代性与空间的生产》，上海教育出版社2003年版。

［匈］阿格尼丝·赫勒：《现代性理论》，李瑞华译，商务印书馆2005年版。

［德］于尔根·哈贝马斯：《现代性的哲学话语》，曹卫东译，译林出版社2006年版。

［美］尤金·哈格洛夫：《环境伦理学基础》，杨通进等译，重庆出版社2007年版。

［美］A. N. 怀特海：《符号的意义及效果》，周邦宪译，贵州人民出版社2007年版。

［德］马丁·海德格尔：《论真理的本质——柏拉图的洞喻和〈泰阿

泰德〉讲疏》,赵卫国译,华夏出版社 2008 年版。

[德] 马丁·海德格尔:《物的追问——康德关于先验原理的学说》,赵卫国译,上海译文出版社 2010 年版。

[法] 皮埃尔·吉罗:《符号学概论》,怀宇译,四川人民出版社 1988 年版。

[美] 苏特·杰哈利:《广告符码——消费社会中的政治经济学和拜物现象》,马姗姗译,中国人民大学出版社 2004 年版。

[德] 卡西尔:《人论》,甘阳译,上海译文出版社 1985 年版。

[捷克] 卡莱尔·科西克:《具体的辩证法》,傅小平译,社会科学文献出版社 1989 年版。

[德] 卡西尔:《人文科学的逻辑》,沉晖等译,中国人民大学出版社 1991 年版。

[德] 康德:《判断力批判》,邓晓芒译,杨祖陶校,人民出版社 2004 年版。

[英] 柯林伍德:《自然的观念》,吴国盛译,北京大学出版社 2006 年版。

[美] 道格拉斯·凯尔纳:《波德利亚:一个批判性读本》,陈维振等译,江苏人民出版社 2008 年版。

[美] 霍尔姆斯·罗尔斯顿:《哲学走向荒野》,刘耳、叶平译,吉林人民出版社 2000 年版。

[美] 斯科特·拉什、约翰·厄里:《组织化资本主义的终结》,征庚圣、袁志田等译,江苏人民出版社 2001 年版。

[美] W. 罗斯托:《经济增长的阶段》,郭熙保、王松茂译,中国社会科学出版社 2001 年版。

[美] 大卫·理斯曼:《孤独的人群》,王昆等译,南京大学出版社 2002 年版。

[美] 理查德·罗蒂:《哲学与自然之镜》,李幼蒸译,商务印书馆 2003 年版。

[德] 罗姆巴赫:《意义:哲学和现象学探求意义和价值的基本问题》,王俊译,张祥龙校,《外国哲学》2009 年第 20 期。

［法］莫里斯·梅洛-庞蒂：《哲学赞词》，杨大春译，商务印书馆2003年版。

［法］莫里斯·梅洛-庞蒂：《符号》，姜志辉译，商务印书馆2005年版。

［法］莫里斯·梅洛-庞蒂：《知觉现象学》，姜志辉译，商务印书馆2005年版。

［加］马歇尔·麦克卢汉：《理解媒介——论人的延伸》，何道宽译，商务印书馆2009年版。

［德］尼采：《权力意志——重估一切价值的尝试》，张念东、凌素心译，商务印书馆1998年版。

［美］特伦斯·霍克斯：《结构主义和符号学》，瞿铁鹏译，上海译文出版社1987年版。

［法］梅洛-庞蒂：《知觉的首要地位及其哲学结论》，王东亮译，生活·读书·新知三联书店2002年版。

［英］斯密：《国富论》（上卷），唐日松等译，商务印书馆1972年版。

［荷兰］斯宾诺莎：《笛卡尔哲学原理》，王荫庭、洪汉鼎译，商务印书馆1997年版。

［德］维尔纳·桑巴特：《奢侈与资本主义》，王燕平、侯小河译，上海人民出版社2000年版。

［美］理查德·舒斯特曼：《实用主义美学》，彭锋译，商务印书馆2002年版。

［美］理查德·舒斯特曼：《哲学实践》，彭锋等译，北京大学出版社2002年版。

［德］叔本华：《作为意志和表象的世界》，石冲白译，商务印书馆2004年版。

［美］理查德·舒斯特曼：《生活即审美》，彭锋译，北京大学出版社2007年版。

［美］理查德·舒斯特曼：《身体意识与身体美学》，程相占译，商务印书馆2011年版。

［意］瓦迪斯瓦夫·塔塔尔凯维奇：《西方六大美学观念史》，刘文谭译，上海译文出版社 2006 年版。

［美］赫尔曼·戴利，肯尼思·N. 汤森：《珍惜地球——经济学·生态学·伦理学》，商务印书馆 2001 年版。

［德］马克斯·韦伯：《新教伦理与资本主义精神》，于晓、陈维刚等译，陕西师范大学出版社 2006 年版。

［德］维特根斯坦：《哲学研究》，李步楼译，商务印书馆 2010 年版。

［德］齐奥尔格·西美尔：《货币哲学》，于沛沛、林毅、张琪译，张亮杰校，华夏出版社 2002 年版。

［英］特里·伊格尔顿：《美学意识形态》，王杰等译，广西师范大学出版社 1997 年版。

［古希腊］亚里士多德：《尼各马科伦理学》，苗力田译，中国人民大学出版社 2003 年版。

汉译外文论文

［波兰］罗兰·波斯纳：《符号污染：对符号生态学的思考》，李红霞摘译，《国外社会科学》2004 年第 4 期。

［德］克劳斯·海尔德：《真理之争——哲学的起源与未来》，《浙江学刊》1999 年第 1 期。

［德］U. 梅勒：《生态现象学》，《世界哲学》2004 年第 4 期。

［美］理查德·舒斯特曼：《通过身体思考：人文学科的教育》，《学术月刊》2007 年第 10 期。

［法］F. 斐迪耶等：《晚期海德格尔三天讨论班纪要》，丁耘译，《哲学译丛》2001 年第 3 期。

外文部分

国外鲍德里亚英文著作

Jean Baudrillard, *The System of Objects*, tr. Jemes Benedict, London: Verso, 1996.

Jean Baudrillard, *The Consumer Society*, tr. George Ritzer, London: SAGE Publiations, 1998.

Jean Baudrillard, *For a Critique of the Politic Economy of Sign*, tr. Charles Levin, St, louis: telos Press, 1981.

Jean Baudrillard, *the Mirror of Production*, tr, Mark Poster, New York: TelosPress, 1975.

Jean Baudrillard, *Symbol Exchange and Death*, tr. Sheila Faria Goyser, Ann Arbor: the University of Michigan Press, 1994.

Jean Baudrillard, *Seduction*, tr. Brian Singer, New York,: St. Martin's Press, 1990.

Jean Baudrillard, *Forget Foucault*, tr. Nicole Dufresne, New York: Semiotext（e）, 1987.

国外相关外文文献

Adorno, *Aesthetic Theory*. London; The Athlone Press Ltd. 1997.

Jean Baudrillard, *Cool Memories*（1987 – 1990）. Duke University Press, 1996.

Jean Baudrillard, *Forget Foucoult*. New York: Semiotext（e）.

Jean Baudrillard, *Simulations*. New York: Semiotext（e）.

Baudrillard. L'Autre par lui – mime, habilitation, Galitation, Galilee, 1987.

Braverman H., *Labour and Monopoly Capital*, Monthly Review Press, New York. Ero Tarasti: *Existential Semiotics*, Indiana University press. 2000.

Georges Bataille, *the Accursed Share*: *An Essay On General Economy*, Volume, consumption. Trans, Robert Hurley, New York, Zone Books, 1998.

P. Bourdieu, *Distinction*: *A Social Critique of the Judgement of Taste*. Translated by R. Nice. London: Routledge and Kegan.

Gilles Deleuze and Guattarri, *Anti-Oedipus*: *Capitalism and Schizophrenia*, Minneapolis: University of Minnesota Press, 1982.

Mike Gane（ed.）, Baudrillard live: *Selected Interviews*, London, 1993.

Mike Gane. Jean Baudrillard, *Critical and Fatal Theory*. London and New

York: Routledge. 1991.

Eugene Hargrove, *Foundations of Environmental Ethics*, Englewood Cliff, NJ: prentice-hall, 1989.

Henri Lefebvre, *Everyday life in the Modern World*, London &New York, Transaction Publisher, 1984.

Lvant, *On the Religion of Use-Value"*, unpubished Xerox, university of Regina. 1983.

Hans-Georg Moeller, *before and after representation*, semiotica.

Rolston H. , *From beauty to duty: aesthetics of nature and environmental ethics*, in *Environmental and the Arts*, Ashgate.

后　　记

本书即将付梓出版，我的内心不免悲欣交集。悲叹的是本书是我历时最长，用力最多的一部著作，但在本书写作过程中，却常有刘勰在《神思》篇所言"方其搦翰，气倍辞前，暨乎篇成，半折心始"的力不从心之感，虽常怀不安，修持不辍，但交稿有时，我也只能把此一阶段辛劳的成果示人了，至于命运如何，就像离开母亲的脐带分娩而出的孩子，交由各位方家来批评指正了。

欣喜的是，虽然写作难度远远超乎了自己的预料，但在写作过程中我有幸得到了诸多老师、同学、朋友无私帮助和鼎力支持，特别是我的导师张再林教授及其同门向学的燕连福、张云龙、胡军良、李重、张兵、曹瑜、鲁杰、王建华、唐学亮等，在论文写作过程中或为我出谋划策，提出良善建议，或为我千里之外惠寄资料，或在我遇阻气馁时为我解困纾难，正是得益于他们倾力扶助，本书才得以完成和出版。今生有幸忝列张师门下与诸位师友向学问道，真是人生一大幸事。

本书在完成过程中也得到所在单位领导吴溥峰书记、杨文选院长以及科技处薛伟贤处长、马克思主义学院梁严冰院长以及共事多年的诸多同人的关心与鼓励，在此我对他们表示深挚而真诚的感谢。另外，本书部分内容曾以论文形式在刊物面世，在此我对未曾谋面的编辑也深表谢意。

本书的出版历时较长，皆因不时被手头临时工作打断，感谢中国社会科学出版社朱华彬副编审对于延迟交稿的谅解以及对于本书认真、细心的修改，在此深表谢忱。

需要说明的是，本书是 2016 年度教育部人文社会科学研究规划基金项目（项目编号：（16YJA710010）的阶段性成果，受益于项目的资助，本书得以出版，在此特表感谢。

最后要提及的是，在我最为艰难的时候，我的父母和家人全力以赴操持家务，他们付出的艰辛和给予的支持是我全心投入并顺利完成该项研究的关键。在此，也把此书献给他们。

学问之路，道阻且长，唯有不断奋进，才能不负人生，此书出版，既是小结，也是开始。

是为记。

李军学
2021 年国庆节前夕